Taieb Debbagh

Dafir Kettani

Système de Management de la Cybersécurité Nationale

Système de Management de la Cybersécurité Nationale

Référentiel, Modèle de Maturité et Guide d'Implémentation

Taieb Debbagh

Dafir Kettani

ISBN: 9798882585951

Imprimé à la demande par Amazon

« La cybersécurité, c'est comme un jeu d'échecs :

anticiper les mouvements de l'adversaire

est la clé pour protéger votre Roi »

Table des matières

Liste des figures

Liste des tableaux

Preface

A United Nations convention on cybersecurity and cybercrime is needed for the global society to achieve standards and norms for security, peace, and justice in cyberspace. From the year 2000, United Nations General Assembly adopted several Resolutions and participated in the global development of regulating cyberspace. The global organizations of United Nations, such as the International Telecommunication Union (ITU) in Geneva, and the United Nations Office for Drug and Crime (UNODC) in Vienna, became also leading organizations in the development.

ITU established in 2007-2008 a High-Level Experts Group (HLEG). Taïeb Debbagh was leader of the Work Area on Organizational Structures, and the discussions focused on a potential framework for the evaluation and assessment of cybersecurity readiness.

The principle of State sovereignty applies in cyberspace. A State enjoys sovereign authority regarding the cyber infrastructure, persons, and cyber activities located within its territory, subject to its international legal obligations.

More than 125 countries have signed and/or ratified cybersecurity and cybercrime conventions, declarations, guidelines, or agreements, having resulted in fragmentation and diversity on the global level.

Today the developments of the global IT companies have been so rapid and the impact on the global society so enormous, without developing any international regulations and guidelines for cyberspace. The global private IT companies have now been the leading organizations on global Internet governance, without any global Internet governance guidelines.

Countries around the world are in 2023 realizing that cyberspace must be regulated to protect their sovereignty, national information infrastructures, and citizens. Searching for a common ground on legal measures, and a common understanding of the need for a dialogue on cybersecurity and cybercrime, has been in focus for the leaders and lawmakers in the world.

Cyberspace has created new opportunities for global cyberattacks on the infrastructures of sovereign states and other serious global cybercrimes. The global cyberattacks may even constitute a threat to international peace and security, and need a global framework to promote peace, security, and justice, prevent conflicts and maintain focus on cooperation among all nations.

Governments, private industry, and the global society are relying upon continuous availability and integrity of information and communications infrastructures. Only through developing compatible standards for cybersecurity and laws can such innovation continue to grow. How we shape standards on cybersecurity, and legal norms of conduct today, will affect the future growth in technology and innovations.

This book fits fully into the field of reflection advocated by the High Level Expert Group (HLEG), of the International Telecommunication Union (ITU), by proposing a comprehensive National Cyber Security Strategy. The proposed approach applies to all States and Regions of the Planet, according to a generic, resilient, propsective and holistic approach, in terms of governance of national cyber security, within a regulatory and legal compliance framework.

Stein Schjolberg
Chief Judge (ret.)
Chairman of the HLEG
ITU – Global Cybersecurity Agenda (GCA)

Préface

Une convention des Nations Unies sur la cybersécurité et la cybercriminalité est nécessaire pour que la société mondiale atteigne des normes et des standards de sécurité, de paix et de justice dans le cyberespace. À partir de l'an 2000, l'Assemblée générale des Nations Unies a adopté plusieurs résolutions et a participé au développement mondial de la réglementation du cyberespace. Les organisations mondiales des Nations Unies, telles que l'Union internationale des télécommunications (UIT) à Genève et l'Office des Nations Unies contre la drogue et le crime (ONUDC) à Vienne, sont également devenues des organisations chefs de file dans ce développement.

L'UIT a créé en 2007-2008 un Groupe d'experts de haut niveau (HLEG). Taïeb Debbagh était Président de la commission relative aux structures organisationnelles, dont les travaux ont porté sur un cadre potentiel pour l'évaluation et l'appréciation de l'état de préparation à la cybersécurité.

Le principe de la souveraineté des États s'applique dans le cyberespace. Un État jouit d'une autorité souveraine sur la cyberinfrastructure, les personnes et les activités cybernétiques situées sur son territoire, sous réserve de ses obligations juridiques internationales.

Plus de 125 pays ont signé et/ou ratifié des conventions, déclarations, lignes directrices ou accords sur la cybersécurité et la cybercriminalité, ce qui a entraîné une fragmentation et une diversité au niveau mondial.

Aujourd'hui, le développement des entreprises informatiques mondiales a été tellement rapide et l'impact sur la société mondialisée si énorme, sans que soient élaborées des réglementations et des lignes directrices internationales pour le cyberespace. Les entreprises privées mondiales spécialisées dans les TI occupent désormais le devant de la scène en matière de gouvernance mondiale de l'Internet, en l'absence de directives en la matière.

En 2023, les pays du monde entier se rendent compte que le cyberespace doit être réglementé pour protéger leur souveraineté, leurs infrastructures nationales d'information et leurs citoyens. La recherche d'un terrain d'entente sur les mesures juridiques et d'une compréhension commune de la nécessité d'un dialogue sur la cybersécurité et la cybercriminalité a été au centre des préoccupations des dirigeants et des législateurs du monde entier.

Le cyberespace a créé de nouvelles occasions à l'échelle mondiale au profit des cyberattaques transfrontalières contre les infrastructures d'États souverains et d'autres cybercrimes mondiaux graves. Les cyberattaques d'envergure mondiale peuvent même constituer une menace pour la paix et la sécurité internationales, nécessitant un cadre mondial à même de promouvoir la paix, la sécurité et la justice, afin de prévenir les conflits et maintenir l'accent sur la coopération entre toutes les nations.

Les gouvernements, le secteur privé et la société mondialisée comptent sur la disponibilité et l'intégrité continuelles des infrastructures d'information et de communication. Ce n'est qu'en élaborant des normes et des lois compatibles avec la cybersécurité qu'une telle innovation pourra continuer à se développer. Notre manière de façonner aujourd'hui les standards de cybersécurité ainsi que les normes juridiques en matière de conduite, aura une incidence sur la croissance future de la technologie et des innovations.

Ce livre s'intègre pleinement dans le champ de réflexion prôné par le Groupe d'experts de haut niveau (HLEG), de l'Union internationale des télécommunications (UIT), en proposant une Stratégie de Cybersécurité Nationale complète. La démarche proposée s'applique à tous les Etats et Régions de la Planète, selon une approche générique, résiliente, prospective et holistique, en matière de gouvernance de la cybersécurité nationale, et ce dans un cadre de conformité règlementaire et légal.

Stein Schjolberg
Juge en Chef (ret.)
Président du HLEG
UIT – Programme mondial cybersécurité (GCA)

Avant-propos

L'humanité se dirige dans un avenir proche vers une omniprésence des « Technologies de l'Information », avenir au cours duquel la technique d'information sera intégrée dans les objets du quotidien. Les Technologies de l'Information (TI) constituent une composante essentielle de l'innovation, et les pays dotés d'un indice mondial de l'innovation élevé tendent souvent à afficher de meilleures performances économiques, une compétitivité accrue et une productivité plus élevée. En effet, les trois pays figurant en tête du classement de l'Indice mondial de l'innovation (Suisse, Suède et Etats-Unis d'Amérique) en 2023 (WIPO 2023), se distinguent parmi les 8 premiers pays ayant la plus forte productivité en entreprise. En outre, ce secteur hautement innovant joue un rôle clé dans la croissance économique et la création d'emplois. La disponibilité des données, la fiabilité des réseaux, et la sécurité des systèmes d'information deviennent de plus en plus critiques pour plusieurs pays. Si les infrastructures technologiques sont le cœur invisible et pourtant vital de notre société, leur protection s'avère d'une importance majeure étant donnée leur criticité, ce qui se traduit d'une part par le déploiement de solutions de sécurité robustes minimisant leur vulnérabilité, et d'autre part, par l'adoption des bonnes pratiques de sécurité. Un certain nombre d'analystes pensent que la menace de cybersécurité est réelle, imminente, et de plus en plus sévère. La pertinence des technologies de l'information (TI) pour les économies est indéniable. En effet, la technologie exacerbera les inégalités, tandis que les risques liés à la cybersécurité demeureront une préoccupation constante. Ainsi, bien que la cybersécurité soit considérée comme étant la source de difficultés relevant d'une importance nationale, les risques encourus sont souvent sous-estimés.

Il fut un temps où, en 1986, le premier cas connu de virus informatique en provenance d'un magasin d'informatique à Lahore, au Pakistan, avait été signalé. Depuis, l'espace cybernétique a été marqué par des changements significatifs dans le niveau de sophistication des cybermenaces : ainsi, le « Forbes Technology Council » a identifié pour l'année 2023 les 20 principales tendances à surveiller en matière de cybersécurité, notamment le « Malware » et le « Phishing », mais encore la « Fuite de Données », l' « Ingénierie Sociale », le « Ransomware », et l' « Attaque Distribuée de Déni de Service » (DDoS). Préalablement, le rapport du NIST avait pointé du doigt en 2019 les cinq menaces les plus communes auxquelles font face les entreprises, proposant un framework complet (NIST 2018) adapté au monde de l'entreprise.

Dans un contexte mondial où les cybermenaces touchent l'ensemble des secteurs socio-économiques d'un pays, la cybersécurité devient une affaire d'Etat. Les frameworks intra ou intersectoriels ne suffisent plus, pointant du doigt la nécessité d'une vision stratégique de la cybersécurité, à une échelle gouvernementale, selon des normes et des standards, dans une perspective d'interopérabilité.

Cet ouvrage présente « NCSec » (National CyberSecurity Strategy), une proposition de « Stratégie de Cybersécurité Nationale », à travers le modèle de référence « NCSecMS » (National CyberSecurity Management System). Celui-ci s'inspire des recommandations du « Guide pour la mise en place d'un système de gestion de la cybersécurité nationale » élaboré par l'Union internationale des télécommunications. Le toolkit associé au modèle de référence « NCSecMS » résume les bonnes pratiques de la cybersécurité nationale, dans un alignement total avec les recommandations de ce guide. Son implémentation repose sur les prémices de la gestion de projet selon PMBOK, puisque cette norme est par excellence adaptée aux projets de grande envergure. Les principales ressources mises à la disposition aideront les décideurs à la concrétisation de leur stratégie de cybersécurité nationale, en alimentant par la même occasion le « Global Cybersecurity Index » (GCI), selon les recommandations de l'UIT. L'une des composantes du modèle de référence « NCSecMS » proposé, à savoir la matrice RACI des rôles et responsabilités, notée « NCSecRR », a été citée par l'OTAN en 2016, dans son « Programme de Référence Générique de la CyberSécurité », au niveau de sa quatrième thématique « Gestion de la cybersécurité dans le contexte national », en tant que « Cadre de cybersécurité ».

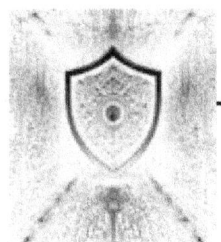

Chapitre
1

Introduction

1.1. Contexte Général

Depuis plusieurs années, l'Union internationale des télécommunications (UIT) opère selon la vision consistant à encourager et à faciliter la coopération régionale et internationale entre les Gouvernements, le Secteur Privé, les Associations Professionnelles et les Universités. Cette même vision œuvre à contribuer à la création d'un environnement des TICs, qui soit fiable, interopérable et sécurisé.

Le Programme mondial cybersécurité « Global Cybersecurity Agenda » (GCA) de l'UIT offre un environnement propice pour la coopération internationale, contribuant au renforcement de la confiance et de la sécurité. Il recommande, entre autres, d'utiliser le cadre de ce Programme « GCA » afin d'orienter davantage les travaux de l'UIT vers les efforts visant à renforcer cette confiance et cette sécurité dans l'utilisation des technologies de l'information et de la communication (TICs) (UIT 2008). Le programme « GCA » est toujours d'actualité (UIT 2019). Fondé sur une approche et une initiative multipartites, il tire parti de la capacité et de l'expertise de différentes organisations, avec pour objectifs de favoriser la coopération internationale, et de promouvoir l'échange de connaissances sur ce sujet.

Dans cet élan, l'UIT a œuvré pour mettre à la disposition des Etats un ensemble de conseils pratiques, dans le cadre de l'élaboration d'une stratégie de cybersécurité nationale. Celle-ci favorise un cyberespace sûr, sécurisé et résilient, dans le cadre d'une collaboration très large avec 19 de ses partenaires mondiaux. Le « Guide pour l'Élaboration d'une Stratégie Nationale de Cybersécurité » (UIT 2018) (UIT 2021-a) en est la parfaite illustration.

L'UIT a proposé préalablement, et pour la première fois en 2014, le « Global Cybersecurity Index » ou « GCI » (UIT 2015), un indice à même de mesurer l'engagement des États Membres en faveur de la cybersécurité. Cette référence est suffisamment fiable pour sensibiliser au caractère multidimensionnel de la question.

L'UIT a également segmenté son activité selon un découpage sectoriel, dont le « Secteur du développement des télécommunications » (UIT-D) met en œuvre des projets s'employant à réduire la fracture numérique et à favoriser la transformation digitale, afin de tirer parti des possibilités qu'offrent les TI. Ses travaux visent en priorité les populations marginalisées partout dans le monde vivant dans les pays les moins avancés.

La Commission d'études 1 de l'UIT-D a établi, dans le cadre de la Question 22-1/1 (UIT 2010-2014) qui lui a été confiée, des rapports relatifs aux bonnes pratiques concernant divers aspects de la cybersécurité, couvrant la période 2010-2014. Le « Groupe du Rapporteur pour la Question 22-1/1 » a été constitué, et sa tâche définie par la « Conférence Mondiale de Développement des Télécommunications », lors de la réunion qui s'est tenue à Hyderabad (Inde) en 2010. Durant quatre années, ce groupe a traité toutes les questions relatives à la cybersécurité, mentionnées dans son programme de travail. Parmi celles-ci figurent :
1) comment le guide pourrait-il contribuer à la mise en place d'un système de management de la cybersécurité nationale ?
2) quelles sont les bonnes pratiques relatives à la création de partenariats entre le Secteur Public et le Secteur Privé visant à appuyer les buts et objectifs en matière de cybersécurité ?
3) comment développer la capacité nationale de gestion des incidents liés à la sécurité informatique ?
4) comment gérer un CERT national, et selon quels facteurs de réussite ?
5) quelles sont les bonnes pratiques en matière de protection des réseaux des fournisseurs de services Internet (ISP) ?

1.2. Objet de l'Ouvrage

Cet ouvrage s'inscrit comme une réponse à la première des cinq questions précédentes, relative au guide pour la mise en place d'un système de management de la cybersécurité nationale. C'est le fruit d'un travail ayant duré quatre années consécutives, entre 2008 et 2012, élaboré par ses deux auteurs, combinant recherche académique et expertise professionnelle : il s'est concrétisé par plusieurs publications dans des conférences scientifiques internationales, ainsi qu'une synthèse globale présentée en 2010 lors de la Conférence de plénipotentiaires (PP-10) tenue à Guadalajara (Mexique). Cette contribution a été approuvée à l'unanimité par tous les pays participants. Soumise officiellement en 2014 à la Question 22-1/1 de la commission 1 (UIT 2010-2014), elle a été retenue par celle-ci dans le volet 1 relatif au « Guide pour la Mise en place d'un Système National de Gestion de la Cybersécurité».

Il a fallu attendre l'année 2018, pour que l'UIT publie son propre « Guide pour l'Élaboration d'une Stratégie Nationale de Cybersécurité », visant à aiguiller les dirigeants et les décideurs nationaux dans leur réflexion globale sur la cybersécurité, ainsi que dans l'élaboration, la préparation et la résilience de toute stratégie de cybersécurité nationale. Ce guide, apparu en 2018 et dont la seconde édition a été publiée 3 ans plus tard (UIT 2021-a), trouve sa place dans la « chaîne de valeurs » de la cybersécurité nationale, comme préalable incontournable en rapport avec la mise en place de toute stratégie de cybersécurité nationale, dont le modèle de référence « NCSecMS » proposé dans cet ouvrage est une illustration : il est considéré aujourd'hui comme le précurseur des systèmes de gestion de cybersécurité nationale, tel que soumissionné à la Question 22-1/1 et approuvé par cette dernière en 2014. Ainsi, après l'avoir pensée (Plan) puis déclinée (Do) en une proposition destinée aux instances internationales, les auteurs ont estimé qu'il était important de procéder à un contrôle (Check) suivi d'un ajustement (Act) de la stratégie de cybersécurité nationale « NCSec », préalablement à ce qu'elle soit mise à la disposition des décideurs, et ce dans le cadre d'une approche d'amélioration continue PDCA. Ainsi, c'est en rapport avec le « Guide pour l'Élaboration d'une Stratégie Nationale de Cybersécurité », que cet ouvrage a été pensé, l'occasion pour ses auteurs d'y étoffer les diverses facettes du **système de management de la cybersécurité nationale** de la Question 22-1/1 : cette approche permettra de détailler les concepts associés à la cybersécurité nationale, et d'évaluer le système proposé, en rapport avec les « principes généraux » et les « meilleures pratiques » reconnues à l'international.

Cet ouvrage présente le modèle de référence « NCSecMS », en proposant une méthodologie à même d'élaborer la stratégie de cybersécurité nationale « NCSec ». Il s'inspire des recommandations du guide pour la mise en place d'un système de management de la cybersécurité nationale, et pour lesquelles il suggère un toolkit résumant les meilleures pratiques. Les principales ressources mises à la disposition faciliteront la mise en œuvre d'une stratégie de cybersécurité nationale, et contribueront au processus d'alimentation du « GCI » (Global Cybersecurity Index), selon les recommandations de l'UIT.

1.3. Portée de l'Ouvrage

Avec l'évolution rapide du domaine de la cybersécurité, et l'apparition systématique et ininterrompue de nouveaux défis, il devient primordial de mener des actions d'envergure à l'échelle des pays, permettant d'abord de mieux faire comprendre aux parties concernées les enjeux de la cybersécurité, de mieux les préparer aux menaces inhérentes, et de renforcer ainsi la cyberrésilience. La formation et l'échange d'expertise sont de mise.

Aujourd'hui, tout comme dans l'avenir, les Etats sont à la recherche de systèmes de cybersécurité **valables** et **interopérables**, dont le périmètre s'applique à l'échelle nationale, ou régionale : de tels systèmes sont supposés servir de référence aux pays désireux de concevoir et d'**élaborer des programmes et des formules de cours** dans le domaine de la **formation professionnelle** en rapport avec la **cybersécurité nationale**. Ils devraient contribuer également à améliorer l'interopérabilité civile et militaire entre Etats dans le domaine de la cybersécurité, de manière à renforcer la collaboration, dans la perspective d'unifier la vision en matière de formation et d'échange d'expertise, capables de s'adapter à l'évolution des besoins.

Le modèle de référence « NCSecMS » a rejoint ce cercle restreint des systèmes intervenant dans le développement de **programmes internationaux de référence**, comprenant des cursus et des objectifs d'apprentissage liés à la **cybersécurité**. Sa matrice RACI est citée dès 2016, comme référence dans le document intitulé « Programme de Référence Générique de la Cybersécurité » (OTAN-GPPP-CMRC 2016), au niveau de sa quatrième thématique « Gestion de la cybersécurité dans le contexte national ». Figurant au niveau du second bloc « T4-B2 », intitulé « Cadres de cybersécurité nationaux », ce programme international de référence recommande de développer des activités de formation autour de la matrice RACI associée au modèle « NCSecMS », appelée « NCSecRR ». Développé par une équipe multinationale d'universitaires et de praticiens au nom de l'OTAN et du Groupement d'institutions d'études de défense et de sécurité du partenariat pour la paix (PPP), il sert de ressource à l'OTAN et ses partenaires cherchant à développer une image complète de toutes les questions nationales et internationales, liées à la cybersécurité.

Aussi, le modèle de référence « NCSecMS », à travers ses composantes, a pu frayer son chemin et jouir d'année en année d'une notoriété tant au niveau de la R&D, que dans les milieux professionnels, depuis sa validation en octobre 2010 lors de la Conférence de plénipotentiaires PP-10 à Guadalajara au Mexique, puis son approbation par l'UIT, au niveau de la Question 22-1/1, en 2014 :
- En effet, « NCSec » a été cité comme référence dans un article scientifique publié au nom du Gouvernement indien (BAHUGUNA A. 2020) ;
- Il a aussi fait l'objet de citations dans plusieurs mémoires, dont celui d'une thèse de doctorat (KARABACAK B. 2015), faisant référence au modèle de maturité « NCSecMM » parmi six modèles dont il est le plus ancien. Une thèse plus récente (IMAMVERDIYEV YADIGAR N. O. 2021) affirme que ce modèle permet le calcul du « GCI » (Indice Global de Cybersécurité de l'UIT).

A travers cet ouvrage, le modèle de référence « NCSecMS » propose une ligne de conduite complète, cohérente, et rigoureuse : il permet d'organiser et de hiérarchiser les appréhensions de tout système de cybersécurité nationale, englobant toutes ses facettes complexes, liées à la gouvernance, à la politique, à l'exploitation, à la technique et au juridique. D'une manière plus générale, le modèle de référence « NCSecMS » propose aussi un toolkit permettant d'accompagner la démarche proposée, et de générer de manière succincte les éléments de diagnostic de la cybersécurité nationale. Enfin, il offre aux décideurs nationaux une méthodologie traçant les efforts à déployer en matière de cybersécurité.

1.4. Public Cible

Ce livre s'adresse en premier lieu aux décideurs politiques responsables de la mise en place d'une Stratégie de Cybersécurité Nationale, particulièrement ceux relevant d'Etats collaborant de manière étroite avec l'Union internationale des télécommunications sur le volet de la Cybersécurité Nationale, notamment le point relatif au « GCI » (Indice Global de Cybersécurité). En effet, le modèle de référence « NCSecMS », proposé dans cet ouvrage, a été développé dans le respect des recommandations de l'UIT, et la plupart de ses composantes ont été approuvées au niveau de la Question 22-1/1 de l'UIT [UIT 2010-2014].

Suite à des échanges avec certaines institutions africaines, le référentiel proposé intéresserait certainement plusieurs pays africains qui n'ont pas encore mis en place une stratégie Cybersécurité nationale.

Cet ouvrage s'adresse aussi à l'organisme ayant produit la norme COBIT, à savoir l'ISACA [ISACA 2023], mais également ses chapitres nationaux, dont la communauté nombreuse est susceptible de s'intéresser au modèle de référence proposé, en y voyant une inspiration de COBIT 2019 à l'échelle nationale. M. Taieb Debbagh étant depuis mars 2024 le Président de l'ISACA Casablanca Chapter, l'une de ses priorités consistera à proposer ce modèle de référence « NCSecMS » à l'ISACA internationale et en particulier à l'équipe en charge de la Cybersécurité.

Aussi, cet ouvrage serait susceptible d'intéresser les organismes de formation et de recherche impliqués dans le développement de programmes internationaux de référence, comprenant des cursus et des objectifs d'apprentissage liés à la cybersécurité. Il servira alors de ressource à même de développer une image complète de toutes les questions nationales et internationales, liées à la cybersécurité. Ainsi, cet ouvrage intéressera, à l'international, toute entité cherchant la mise en place d'un écosystème complet chargé de l'assistance en matière de cybersécurité.

Enfin, les parties prenantes publiques ou privées impliquées dans le développement et la mise en place d'une stratégie de cybersécurité, trouveront également un intérêt à consulter cet ouvrage.

1.5. Structure Globale de l'Ouvrage

Cet ouvrage comprend huit chapitres :

Après ce chapitre introductif, le second chapitre présente le système de management de la cybersécurité nationale, à savoir le modèle de référence « NCSecMS », après avoir effectué une synthèse sur les enjeux de la cybersécurité nationale. Les chapitres suivants se consacrent respectivement à la présentation de chacune des composantes du modèle de référence « NCSecMS » : ainsi, le troisième chapitre est dédié principalement à la description des concepts de base du référentiel « National CyberSecurity Framework » (noté « NCSecFr »). Le quatrième chapitre se consacre à la description de la structure détaillée du référentiel « NCSecFr », à travers ses cinq domaines et ses 34 objectifs, puis à la définition du contour des rôles et responsabilités dans le cadre de la matrice RACI nationale « National CyberSecurity Roles and Responsibilities » (notée « NCSecRR »). Le cinquième chapitre se focalise sur le modèle de maturité proposé « National CyberSecurity Maturity Model » (noté « NCSecMM »), et sur la métrique associée. Le sixième chapitre présente le guide de conception « National CyberSecurity Design Guide » (noté « NCSecDG ») du modèle de référence « NCSecMS ». Le septième chapitre, qui précède la conclusion de cet ouvrage, est consacré au guide d'implémentation « National CyberSecurity Implementation Guide » (noté « NCSecIG »), dont il propose un découpage en étapes, tout en y associant une description détaillée.

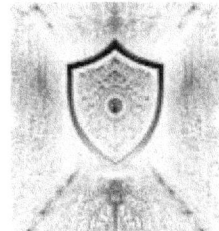

Chapitre

2

Enjeux de la Cybersécurité Nationale

2.1. Problématique

2.1.1. Cyberdéfis et Cybermenaces

Avec une surface d'attaque de plus en plus étendue, les entreprises doivent anticiper et se préparer à l'évolution des menaces en matière de cybersécurité, dues à l'essor que connaissent l'augmentation du travail à distance, l'utilisation du Cloud, la 5G, la Supply Chain, l'IA, la Blockchain, l'IoT ainsi que la Réalité Virtuelle et Augmentée.

Des services nouveaux apparaissent, dont certains s'avèrent d'une gravité sans précédent, notamment le « **Cybercrime As A Service** » **(CaaS)**, et le « **Hacktivisme** », outrepassant les régulations exigées en matière de cybersécurité, d'où la nécessité d'assainir leur volet légal. Le spam, encore plus dangereux que les virus, les vers et les chevaux de Troie, a également évolué pour devenir un véhicule de diffusion des logiciels malveillants, qui constituent aujourd'hui le moyen privilégié d'opérer des formes diverses de cybermenaces, pour ne citer que la fraude financière en ligne. Il est dorénavant utilisé en tant que vecteur de propagation des virus et des logiciels espions. En 2022, près de la moitié des emails échangés à travers le monde correspondait à des spams, et la proportion des emails échangés considérés comme légitimes approchait le tiers.

Avec les changements de stratégies opérés par les pirates informatiques, les ransomwares, les attaques de déni de service distribué (DDoS) et l'usurpation d'identité représentent les principales tendances. Le déploiement croissant des dispositifs mobiles (téléphones mobiles 5G, consoles de jeux vidéo, portables, etc.) et des services de réseaux mobiles laissent planer à l'horizon de nouvelles menaces à l'encontre de la cybersécurité. Celles-ci pourraient se révéler plus dangereuses que les attaques sur les micro-ordinateurs car ces derniers bénéficient déjà d'un niveau significatif de sécurité.

Aussi, la place occupée par l'IoT est appelée à s'étendre, connaissant une croissance de près de 300% en l'espace de 10 ans : le nombre de connexions en provenance d'objets connectés passera de 13,2 milliards en 2022 à 34,4 à l'horizon de 2032 selon les prévisions (MORRISH J. 2023). En renforçant l'industrie 4.0 à travers le potentiel considérable qu'il procure, l'essor que connait l'IoT fait de ces objets une cible privilégiée des cyberattaques, en raison de l'absence de mécanismes intégrés de sécurité, la plupart du temps.

Enfin, le Dark Web constitue à lui seul, une des menaces les plus importantes sur toutes les composantes de l'économie : ce réseau de sites cryptés et intentionnellement cachés à la vue du public, n'est accessible qu'à l'aide d'un logiciel spécial souvent associé à des activités criminelles, offrant une plateforme de communication et de transactions anonymes, et souvent utilisé pour acheter et vendre des données volées.

2.1.2. Périmètre Cybernétique Concerné

Les enquêtes réalisées en 2023 ont pu faire ressortir les tendances suivantes à l'échelle mondiale : les **secteurs touchés** par les cybermenaces sont tout d'abord les « Banques et Finances » (25,2%), les « Technologies » (12,7%), et les « Médias » (8,3%), qui constituent tous regroupés plus de 40% des menaces. Cependant, celles-ci touchent également le secteur alimentaire, l'administration, les assurances, et la santé (GATEWATCHER 2023).

Aussi, le **contexte des menaces** reste peu maitrisable : lors d'une enquête menée par l'ISACA sur l'Etat de la Cybersécurité en 2023 (ISACA 2023), 48% des répondants ont indiqué que leur organisation subissait encore plus de cyberattaques que l'année passée, contre 13% qui affirmaient le contraire, et seulement 39% des répondants qui prétendaient avoir subi un nombre identique de cyberattaques par rapport à l'année précédente.

Toujours selon cette même étude, les trois principales préoccupations des répondants au sondage demeurent inchangées relativement aux cyberattaques, et ce pour la quatrième année consécutive :
- **Réputation** de l'entreprise (79%) ;
- **Violation des données** avec préjudice physique ou financier du client (69%) ;
- **Cyberattaque** sur la chaîne d'approvisionnement / **perturbation** des activités (55%).

Les auteurs de cybermenaces sont en premier lieu les cybercriminels (27%), suivis des pirates (20%), puis des initiés malveillants (12%) ou encore des acteurs étatiques (12%). Ces cybermenaces peuvent avoir de graves conséquences, telles que les pertes financières, les demandes de rançons, les atteintes à la vie privée, les interruptions de service, l'atteinte à la réputation, voire les atteintes à la sécurité nationale. C'est dans ce contexte qu'apparaît l'importance de considérer la cybersécurité comme une question d'ordre national ; néanmoins, sa mise en œuvre nécessiterait d'une part une coordination étroite entre toutes les composantes d'un pays, et d'autre part une collaboration coordonnée entre les pays et les organisations régionales, à l'échelle mondiale.

2.1.3. Confiance et Sensibilisation

La « **confiance** » et la « **sensibilisation** » jouent un rôle clé dans le maintien de la stabilité des organisations, face aux cybermenaces croissantes et incessantes. Ces deux principes fondamentaux de la cybersécurité représentent un défi systématique que les organisations devraient relever, sans lesquels leur métier risque d'être compromis.

Dans cette même étude, la « **confiance** » des répondants à l'égard de la capacité de leur équipe de cybersécurité à détecter les cybermenaces et à y réagir atteint un sommet historique de 81% en 2023. Une place remarquable, sachant que 47% des entreprises interrogées affirment que l'effectif de leur personnel de sécurité est compris entre deux et dix personnes seulement.

De plus, toujours selon cette même étude, les programmes d'éducation et de « **sensibilisation** » à la cybersécurité continuent d'avoir une incidence positive sur la sensibilisation globale des employés, 80% des sondés ayant affirmé au moins un certain impact positif. Notons que le personnel interne gère de manière intégrale environ la moitié de ses cinq principales fonctions de sécurité (identification, protection, détection, intervention et rétablissement), la plupart des autres fonctions étant partiellement externalisées.

2.1.4. Maturité, Résilience et Risques Cybernétiques

L'ISACA a introduit des questions relatives à la **maturité en matière de cybersécurité** (cybermaturité) dans son enquête menée sur l'état de la cybersécurité en 2023 (ISACA 2023). Les réponses collectées donnent un aperçu de l'efficacité des investissements en matière de sécurité d'entreprise et fournissent une base pour l'analyse comparative d'une année à l'autre :
- 55% des répondants pensent que leur conseil d'administration accorde la priorité à la cybersécurité d'entreprise ;
- 75% des répondants croient que leur stratégie de cybersécurité d'entreprise est conforme aux objectifs de l'entreprise ;
- 39% des répondants affirment que leur entreprise effectue des évaluations annuelles des cyberrisques (soit une baisse de 2% par rapport à 2022) ;
- 65% des entreprises ont déjà procédé à l'évaluation effective de leur cybermaturité en 2023, ce qui ne diffère guère des données de 2022.

Le Forum économique mondial s'est penché pour sa part sur la **cyberrésilience**, dans son récent rapport sur les perspectives mondiales en matière de cybersécurité en 2023 (WEF 2023-a) : 95% des chefs d'entreprise pensent que la cyberrésilience est intégrée aux stratégies de gestion des risques, et 93% de leurs collègues de la sécurité sont de cet avis. Le risque cybernétique s'avère donc aussi d'ordre commercial, au même niveau que le risque financier ou juridique.

La plupart des chefs d'entreprise et des cyberleaders conviennent également que l'intégration de la gouvernance de la cyberrésilience dans leur stratégie commerciale est l'un des principes les plus percutants en matière de cyberrésilience.

Ils affirment aussi que l'application accrue de la réglementation à l'échelle du secteur accroîtrait la cyberrésilience. La composante humaine demeure primordiale, en matière de cyberrésilience : le recrutement et le maintien en poste des talents cybernétiques est en lui-même un défi, grâce à des programmes de développement des compétences évolutifs. Après la vague des compétences numériques, dites « digital skills », l'heure est aujourd'hui aux « cyberskills », à travers des projets qui voient le jour, se concrétisant par de réels programmes de formation.

La réalisation d'évaluations relatives aux **cyberrisques** est essentielle à la surveillance efficace des facteurs de risque et à l'amélioration des capacités d'intervention. En effet, un faible pourcentage d'entreprises effectue des **évaluations de cyberrisques** plus souvent qu'annuellement, ce qui semble démontrer un manque de prudence à cet égard, mais qui se justifie par de nombreux obstacles face à la réalisation de telles évaluations.

Cybermaturité, Cyberrésilience et **Cyberrisques** devraient donc être règlementés, et pris en considération officiellement au niveau légal, à travers des procédures reconnues à l'intérieur de chaque pays, applicables dans chaque organisme, en tant qu'outils œuvrant à améliorer la cybersécurité, visant une évaluation sectorielle, puis nationale.

Au-delà de la question visant à identifier les organismes devant se charger de la cybersécurité d'un pays, le choix et la désignation des responsables gouvernementaux qui en assureraient la coordination mérite une attention particulière.

2.1.5. *Partenariat Public-Privé*

Les gouvernements du monde entier ont déjà fait face à des attaques informatiques, ayant recours dans certaines situations à la sollicitation de structures privées : l'une des plus spectaculaire a obligé le gouvernement américain, en 2021, après une série de cyberattaques massives au « ransomware », à faire appel aux géants de la technologie GAFAM, qui ont offert leur expertise au gouvernement américain.

Les géants de l'informatique n'ont pas été indemnes non plus de cyberattaques, dont les plus connues en 2021 ont été la fuite de données sur Facebook qui a touché 533 millions d'utilisateurs, et la cyberattaque des serveurs Microsoft Exchange.

En matière de fuite de données, près de trois milliards de mots de passe liés à des comptes Gmail et Hotmail ont été diffusés sur le Darkweb après plusieurs piratages.

Ces défis s'avèrent graves en l'absence de structures organisationnelles et institutionnelles appropriées, capables de faire face aux incidents (attaques virales, attaques de réseau résultant de la fraude, destruction des renseignements et/ou diffusion de contenus inappropriés). L'organisation des réponses aux cyberattaques constitue, à elle seule, un véritable problème.

2.2. Contexte Stratégique

2.2.1. Contexte National

Préalablement à la mise en place d'une stratégie de cybersécurité nationale, la réussite d'un tel dessein est tributaire d'un ensemble de conditions. Le contexte stratégique national va renvoyer à l'environnement global dans lequel il évoluera. Les facteurs clés de succès et les considérations qui façonneront l'élaboration d'une stratégie de cybersécurité nationale permettront, à travers une formulation aussi large que possible, de garantir sa mise en œuvre efficiente.

Ces facteurs se déclinent en :
- **Objectifs de sécurité nationale**
  La stratégie de cybersécurité nationale, de plus en plus reconnue comme un élément essentiel de la sécurité du pays, devrait être harmonisée avec ses objectifs en matière de sécurité. Cette stratégie devrait appuyer la protection des capacités de défense, des Infrastructures Critiques et Services Essentiels (IC & SE), de la sécurité publique et de la stabilité économique.
- **Cadre politique et juridique**
  La stratégie devrait être harmonisée avec le cadre politique et juridique du pays, notamment les lois, les règlementations et les politiques existants en matière de cybersécurité. Ce cadre devrait s'appuyer sur l'existant et le compléter, en assurant l'uniformité et la cohérence dans la résolution des problèmes de cybersécurité, tout en préservant les acquis.
- **Facteurs socio-économiques**
  Les priorités du pays, d'un point de vue socio-économique, devraient être explicitement définies. Elles constituent, pour la stratégie nationale, ce que la « politique de sécurité » représente pour un Système de Management de la Sécurité de l'Information (SMSI). La compréhension de l'impact économique des cybermenaces et cyberattaques est primordiale par rapport au rôle de ce dernier, comme catalyseur de l'innovation, de la croissance économique, et des répercussions sur la connectivité et sur la transformation numérique.
- **Sensibilisation et éducation du public**
  L'accent devrait être mis sur les initiatives de sensibilisation et d'éducation du public, afin de promouvoir une culture de la cybersécurité parmi les citoyens. La sensibilisation de ces derniers aux cyberrisques contribuera à les former sur la manière de se protéger, et de protéger leurs actifs numériques, par la promotion de bonnes pratiques d'hygiène cybernétique.
- **Niveaux de tolérance du risque**
  En définissant à l'échelle nationale les différents niveaux de tolérance du risque ainsi que le niveau de risque acceptable, l'établissement d'un cadre pour la gestion des risques aura pour effet de guider l'élaboration de politiques, de stratégies et d'actions en matière de cybersécurité. La stratégie devrait concilier entre « besoin en matière de sécurité » et « innovation pour une meilleure compétitivité économique ».

- **Partenariat Public-Privé**
A travers ce partenariat, des collaborations entre les secteurs public et privé devraient œuvrer pour une meilleure maitrise de l'ensemble de l'écosystème par le public, en reposant sur l'expertise du Secteur Privé en la matière. En reconnaissant le rôle du Secteur Privé en tant qu'intervenant clé dans la cybersécurité, le Secteur Public pourra mettre à sa disposition ses ressources et ses capacités. Ceci donnera lieu à l'élaboration d'initiatives conjointes, au partage des responsabilités en matière de cybersécurité, grâce à un dialogue et une coopération continus avec les dirigeants de l'industrie.
- **Coopération internationale**
Cette coopération permettra d'examiner le rôle et l'engagement du pays dans la coopération internationale en matière de cybersécurité, à travers la promotion de la collaboration et l'échange d'information avec d'autres pays et organisations régionales, et à travers des initiatives internationales.
Elle se traduira par la participation aux discussions internationales, par la contribution à l'élaboration de normes, à l'échange d'expertise, ainsi qu'à de meilleures pratiques au niveau mondial.
- **Technologie et innovation**
Il s'agit d'intégrer les progrès technologiques et l'innovation dans la stratégie de cybersécurité. Etant donnée la nature évolutive des cybermenaces et la nécessité de s'adapter aux technologies émergentes comme l'intelligence artificielle, l'apprentissage automatique, la chaîne de blocs et l'informatique quantique, l'Etat devrait encourager les efforts de recherche et de développement (R&D) afin de rester à l'avant-garde des cybermenaces.

Une stratégie de cybersécurité contribuant à un environnement numérique sûr et résilient, devra être en phase avec les objectifs globaux du pays, tenant compte des risques et des défis particuliers, et tirant parti des atouts de chacune des parties prenantes.

2.2.2. *Contexte International*

La cybersécurité n'a pas cessé de prendre une importance croissante au fil des années. Pour la première fois, en 2023, le rapport annuel de la 18ème édition du « Forum économique mondial » relatif aux risques globaux, mentionne « la Cybercriminalité généralisée et l'insécurité cybernétique », qui figure dans le Top10 des **risques globaux** encourus à l'échelle mondiale à court terme (2 ans), mais également à long terme (10 ans) (WEF 2023-b).

A l'initiative de ses pays membres, l'UIT a été appelée à jouer un rôle important en matière de cybersécurité à travers un certain nombre de résolutions, décisions, programmes, et recommandations. Par ailleurs, le Secrétaire Général de l'UIT a placé cette thématique comme priorité absolue dans ses plans d'action. L'UIT est en effet le forum idéal pour débattre de la cybersécurité à l'échelle mondiale.

Entre 2003 et 2005, les dirigeants du monde, réunis au « Sommet mondial sur la société de l'information » (SMSI) ont confié à l'UIT, en tant que facilitateur unique pour la seule ligne d'action C5, la mission de « bâtir la confiance et la sécurité dans l'utilisation des TICs ». Le SMSI a mandaté l'UIT pour promouvoir une culture mondiale de la cybersécurité. En 2006, la Conférence de plénipotentiaires de l'UIT réunie en Turquie a mis en exergue la cybersécurité comme étant une priorité pour l'Union, en termes de résolutions et de plan stratégique. Les délégués de la conférence ont également mandaté l'UIT afin de concentrer ses efforts sur les infrastructures sensibles et la cybersécurité.

L'UIT a lancé, le 17 mai 2007, le Programme mondial cybersécurité « Global Cybersecurity Agenda » (noté « GCA »), comme cadre pour la coopération internationale visant à renforcer la confiance et la sécurité dans la société de l'information (UIT 2008). Ce programme de cybersécurité offre aux pays membres de l'UIT, et particulièrement les pays en développement, l'occasion d'accroître leurs capacités en matière de cybersécurité au niveau national, afin d'améliorer leur sécurité et de renforcer la confiance dans l'utilisation des TICs, en rendant le monde numérique plus sûr pour tous.

En 2008, lors de « l'assemblée mondiale de la normalisation des télécommunications » en Afrique du Sud, l'un des événements majeurs a porté sur la cybersécurité. Il a été instrumenté afin de répondre aux préoccupations mondiales sur la sécurité dans les TICs, et de fournir un aperçu de haut niveau sur le sujet. Cet événement a également mis à la disposition de toute la communauté, des informations relatives aux problèmes de sécurité rencontrés par les différentes communautés concernées par les TICs (Opérateurs, Entreprises, Gouvernements et Personnes).

En juin 2010, la cybersécurité a été placée comme priorité du programme de travail du Bureau de Développement de l'UIT, lors de la « Conférence mondiale de développement des télécommunications » (CMDT), tenue à Hyderabad.

En octobre 2010, la Conférence de plénipotentiaires PP-10, tenue à Guadalajara au Mexique, a approuvé à l'unanimité la contribution du Maroc relative au Système de Management de la Cybersécurité Nationale, présentée par le Secrétaire Général du Département marocain en charge des TI, M. Taieb DEBBAGH. Suite à cela, le représentant du Maroc s'est réuni avec le coordinateur de la cybersécurité à la Maison Blanche, sous la présidence Obama, M. Howard SCHMIDT, à la demande de ce dernier, pour échanger sur l'importance de cette thématique, et mettre l'accent sur l'opportunité de prévoir une certification à l'échelle des pays.

En 2014, l'adoption de la résolution PP 174 (UIT 2014) a projeté l'UIT définitivement vers le devant de la scène, par rapport à la place qu'elle occupera dorénavant dans le domaine des risques liés aux TICs : en effet, cette résolution met en exergue le « rôle de l'UIT en ce qui concerne les questions de politique publique internationale, relatives au risque d'utilisation illicite des technologies de l'information et de la communication ». Elle a été suivie en 2016 par l'adoption de la résolution 52 (UIT 2016) « Contrer et combattre le spam ».

Le travail et le mandat du Programme mondial cybersécurité « GCA » s'appuient sur le second objectif du plan d'action de Buenos Aires, adopté lors de la Conférence mondiale sur le développement des télécommunications de 2017, et sur les résolutions connexes. Cet objectif vise à favoriser le développement des infrastructures et des services liés aux infrastructures de télécommunications/TICs modernes et sécurisées, y compris le renforcement de la confiance et de la sécurité dans leur utilisation.

Puis au cours de l'année 2022, la cadence de révision de résolutions déjà existantes en relation avec la cybersécurité, a connu une intensité sans précédent, à l'occasion de trois évènements majeurs organisés par l'UIT, et dont les intitulés sont résumés ci-après :

Résolution révisée	Intitulé
Résolution 130 **(UIT 2022 Bucarest)**	« Renforcement du rôle de l'UIT dans l'instauration de la confiance et de la sécurité dans l'utilisation des technologies de l'information et de la communication »
Résolution 179 **(UIT 2022 Bucarest)**	« Le rôle de l'UIT dans la protection en ligne des enfants »

Tableau 2.1 : Conférence de plénipotentiaires de l'UIT (PP-22), tenue à Bucarest

Résolution révisée	Intitulé
Résolution 45 **(UIT 2022-45)**	« Révision de la Résolution 45 sur les mécanismes pour améliorer la coopération en matière de cybersécurité, y compris la lutte contre le spam »
Résolution 64 **(UIT 2022-64)**	« Révision de la Résolution 64 sur la protection et le soutien des utilisateurs/consommateurs de services de télécommunications /technologies de l'information et de la communication »
Résolution 67 **(UIT 2022-67)**	« Révision de la Résolution 67 sur le rôle du Secteur du développement des télécommunications de l'UIT (UIT-D) dans la protection en ligne des enfants »
Résolution 69 **(UIT 2022-69)**	« Révision de la Résolution 69 sur la facilitation de la création d'équipes nationales d'intervention en cas d'incident informatique, en particulier pour les pays en développement, et la coopération entre eux »

Tableau 2.2 : Conférence mondiale sur le développement des télécommunications (WTDC) de l'UIT, tenue à Kigali en 2022

Résolution révisée	Intitulé
Résolution 50 **(UIT 2022-50)**	« Cybersécurité »
Résolution 58 **(UIT 2022-58)**	« Encourager la création d'équipes nationales d'intervention en cas d'incident informatique, en particulier pour les pays en développement »

Tableau 2.3 : Assemblée mondiale de normalisation des télécommunications (WTSA) de l'UIT, tenue à Genève en 2022

2.3. UIT & SMSI

Les résultats des deux phases du « Sommet mondial sur la société de l'information » (SMSI) soulignent que la confiance et la sécurité dans l'utilisation des TICs constituent un pilier nécessaire pour construire une société mondiale de l'information.

En effet, la « Déclaration de principes du SMSI » stipule que « le renforcement du cadre de confiance, y compris la sécurité de l'information et la sécurité du réseau, l'authentification, la confidentialité et la protection du consommateur, est un préalable pour le développement de la société de l'information et pour établir la confiance parmi les utilisateurs des TICs » (UN, ITU 2003-2005). Elle déclare en outre que « ... la culture mondiale de la cybersécurité doit être activement encouragée, développée et mise en œuvre en coopération avec toutes les parties prenantes et les organismes internationaux compétents ». En particulier, l'ordre du jour de la deuxième phase du SMSI décrit la mise en place d'un mécanisme de mise en œuvre et de suivi du SMSI, l'UIT étant proposée pour jouer le rôle de coordinateur / modérateur au niveau de la ligne d'action C5 du SMSI (UN - ITU Décembre 2005).

L'agenda de la phase II du SMSI, proposée à Tunis, cherche à « renforcer la confiance et la sécurité dans l'utilisation des TICs en renforçant le climat de confiance ». Elle réaffirme également « la nécessité de continuer de promouvoir, développer et mettre en œuvre une culture mondiale de cybersécurité, en coopération avec toutes les parties prenantes », comme indiqué dans la résolution 57/239 de l'assemblée générale des Nations Unies (A/RES/57/239 2002).

Cette culture nécessite une action nationale et une coopération internationale accrues pour renforcer la sécurité, tout en améliorant la protection des renseignements personnels et la confidentialité des données. L'accessibilité sera renforcée par la sensibilisation continue à la cybersécurité, selon le niveau de développement économique et social de chaque pays et dans le respect du développement harmonieux de la société de l'information.

Le rôle crucial que jouent la confiance et la sécurité comme l'un des principaux piliers dans la construction d'une société de l'information inclusive, sécurisée et mondiale a été l'une des principales conclusions de ce sommet (SMSI).

Les enjeux juridiques, techniques et organisationnels liés à la cybersécurité globale, de par leur nature, ne peuvent être correctement abordés qu'à travers une stratégie qui tienne compte du rôle joué par tous les acteurs concernés et des initiatives existantes dans un cadre de coopération internationale.

Les tentatives visant à relever ces défis aux niveaux national et régional demeurent insuffisantes en raison du fait que la société de l'information n'a pas de frontières géographiques définies.

2.3.1. *Ligne d'Action C5*

La ligne d'action C5 du SMSI vise à contribuer au renforcement de la confiance et de la sécurité dans l'utilisation des TICs. Comme mentionné ci-dessus, le SMSI a reconnu les risques réels et importants posés par les cybermenaces et il a chargé l'UIT de faciliter la mise en œuvre de cette ligne d'action C5 : « Renforcer la confiance et la sécurité dans l'utilisation des TICs » (UIT 2008).

Nous rappellerons les différents domaines couverts par la ligne d'action C5 avec des extraits des textes du SMSI soulignant la place qu'occupent la cybersécurité et la confiance dans l'utilisation des TICs :
-   Protection des Infrastructures Critiques et Services Essentiels (IC&SE) ;
-   Promotion d'une culture mondiale de cybersécurité ;
-   Harmonisation des approches juridiques nationales et internationales ;
-   Lutte contre le spam ;
-   Développement de la veille, de l'alerte et des capacités de réponse aux incidents ;
-   Partage de l'information sur les approches nationales et les bonnes pratiques ;
-   Confidentialité des données et protection des consommateurs.

Selon ces déclarations, la confiance et la sécurité dans l'utilisation des TICs sont essentielles et fondamentales dans la construction d'une société inclusive, et dans la mise en place d'informations sécurisées au niveau mondial, comme l'a reconnu le SMSI.

Dans ce contexte, le Programme mondial cybersécurité « GCA » se positionne comme le cadre pour la coopération internationale visant à instaurer la confiance et la sécurité dans l'utilisation des TICs au sein de la société de l'information.

Ainsi, en réponse à son mandat en tant que facilitateur de la ligne d'action C5 du SMSI, l'UIT a été chargée par la communauté des intervenants du SMSI afin de faciliter la mise en œuvre de ses grandes orientations. Avec ses 191 Etats membres et plus de 700 membres du secteur, l'UIT est idéalement placée pour proposer un cadre de coopération internationale en matière de cybersécurité. Parmi les membres de l'UIT, figurent certains pays développés, d'autres pays en développement ainsi que des pays figurant parmi les moins avancés.

L'UIT fournit donc un forum où ces divers points de vue relatifs à la cybersécurité et aux cybermenaces peuvent être discutés, avec comme objectif d'arriver à une compréhension commune entre les pays sur la manière de relever ces défis.

2.3.2. UIT – Programme Mondial Cybersécurité

En guise de rappel, le Programme mondial cybersécurité « GCA », sous l'égide de l'UIT, est un cadre de coopération internationale (UIT 2007-a), visant à proposer des solutions pour améliorer la confiance et la sécurité dans la société de l'information. Il est construit sur la base des initiatives existantes nationales et régionales (UIT 2007-b) afin d'éviter les doubles emplois et encourager la collaboration avec tous les partenaires concernés (UIT 2008).

Figure 2.1 : Programme mondial cybersécurité « GCA »

L'objectif principal du « GCA » est de proposer des solutions pour résoudre certains des défis auxquels sont confrontés les pays. La finalité ultime du « GCA » est de réaliser d'importants progrès sur les objectifs convenus dans le cadre de la lutte contre la cybercriminalité (UIT 2021-b).

Il permettra également, à terme, d'augmenter le niveau de confiance et de sécurité dans la société de l'information, en s'efforçant d'obtenir l'engagement de tous les acteurs concernés dans un effort concerté et coordonné pour y renforcer la sécurité et la confiance.

Le « GCA » repose sur cinq piliers ou domaines d'activité (UIT 2008) :
1. Mesures juridiques ;
2. Mesures techniques et procédurales ;
3. Structures organisationnelles ;
4. Renforcement des capacités ;
5. Coopération internationale.

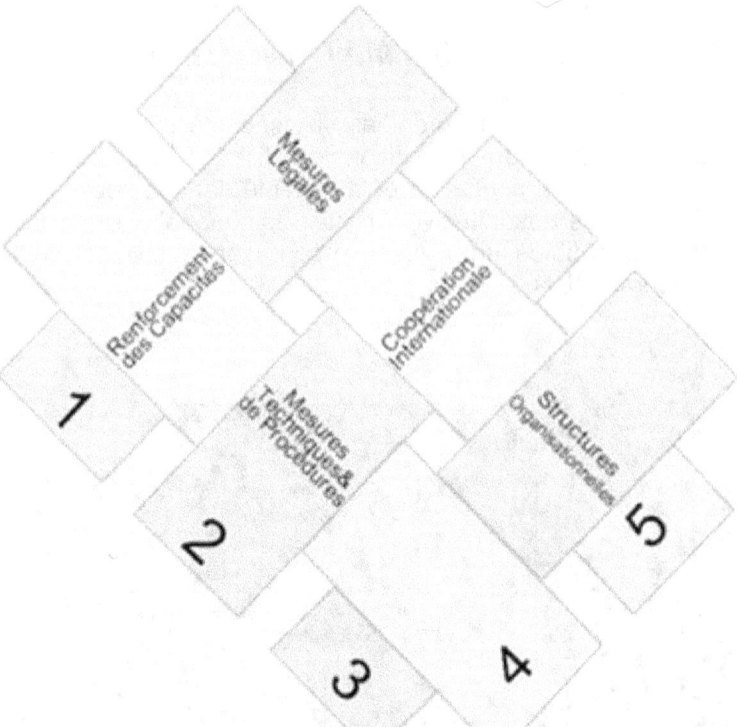

Figure 2.2 : Les cinq piliers du Programme mondial cybersécurité « GCA » de l'UIT

2.3.3. Rapport du Groupe d'Experts (HLEG)

Le rapport du Président du Groupe d'experts de haut niveau (HLEG) au Programme mondial cybersécurité « GCA » (UIT 2008) résume les propositions des différents experts par rapport aux principaux objectifs généraux intégrés à cette initiative (UIT 2022-a), en mettant l'accent sur les recommandations pertinentes (UIT 2022-b) relatives aux cinq piliers suivants :

1. **Mesures juridiques :** proposer des stratégies pour élaborer une législation type en matière de cybercriminalité, en prodiguant des conseils sur la façon de régler, par la législation, les activités criminelles commises dans le domaine des TICs, d'une manière compatible avec le droit international ;

2. **Mesures techniques et procédurales :** proposer des stratégies qui permettent de se concentrer sur des mesures clés abordant les vulnérabilités des produits logiciels, et offrant un cadre mondial d'élaboration des protocoles, normes de sécurité et mécanismes d'accréditation de logiciels ;

3. **Structures organisationnelles :** examiner au niveau mondial le cadre générique et les stratégies d'intervention, afin de créer des structures organisationnelles et des politiques appropriées en matière de cybercriminalité, veille, alerte et traitement d'incident, ainsi qu'un système générique et universel d'identité numérique pour la prévention, la détection, l'intervention et la gestion de crise des cyberattaques (dont la protection des Infrastructures Critiques et Services Essentiels) ;

4. **Renforcement des capacités** : élaborer des stratégies visant à renforcer les capacités humaines et institutionnelles dans les parties 1, 2 et 3, à travers des mécanismes de sensibilisation, le transfert du savoir-faire et l'intégration de la cybersécurité dans l'agenda politique national et régional ;
5. **Coopération internationale** : développer au niveau international des propositions relatives à un cadre de dialogue, de coopération et de coordination dans le traitement des cybermenaces.

2.3.4. ITU Q22-1/1 : Rapport sur les Bonnes Pratiques

Dans le cadre du cycle couvrant la période située entre 2006 et 2009, le Bureau de Développement des Télécommunications de l'UIT, à travers la Question 22-1/1, a élaboré un rapport sur les « meilleures pratiques pour une approche nationale de la cybersécurité », dans le cadre de la commission d'études 1 de l'UIT-D. La Question 22-1/1 sera le cadre de développement des divers sujets afférent aux meilleures pratiques, y compris ceux relatifs aux modèles de management de la sécurité nationale (UIT 2010-2014).

2.4. Existence de Normes

2.4.1. Absence de Norme Nationale

Les structures organisationnelles ne peuvent assurer une efficacité systématique au niveau national pour faire face aux cybermenaces. L'absence de norme nationale en la matière accroît les défis de la cybersécurité : elle compromet la définition d'une stratégie nationale cohérente définissant clairement les rôles et les responsabilités.

Si les normes et les standards existent en matière de cybersécurité, c'est pour protéger les organisations (Entreprise, Ministère, etc.), à l'instar de la famille ISO 27000 et de COBIT. Cependant, ces normes sont inadaptées à l'échelle d'un Etat ou d'une région du monde.

2.4.2. Famille ISO 27000

La famille de normes ISO 27000 trouve son origine dans un document du gouvernement britannique, publié d'abord par le « British Standard Institute » en tant que BS7799, puis par l'ISO, en tant que ISO 17799, qui sera renommé en ISO 27001. La norme ISO 27002 est un référentiel de bonnes pratiques pour la sécurité des systèmes d'information des organisations. Leurs objectifs de contrôle ne peuvent pas être utilisés au niveau national.

La norme ISO 27032 fait référence à la « cybersécurité » ou à la « sécurité du cyberespace », définie comme étant la protection de la vie privée, de l'intégrité et de l'accessibilité des données dans le cyberespace. Par conséquent, nous pouvons considérer que le cyberespace est dorénavant reconnu comme une interaction de personnes, de logiciels et de services technologiques à l'échelle mondiale.

Cependant, nous constatons que l'approche méthodologique proposée par l'ISO, bien qu'intéressante, nécessite de procéder à une adaptation au contexte d'un pays, pour devenir applicable à l'échelle nationale. C'est l'un des objectifs que cet ouvrage se propose d'atteindre, et qui consiste à proposer notamment un « Référentiel de Bonnes Pratiques pour la Cybersécurité Nationale ».

2.4.3. COBIT

Le référentiel COBIT, proposé par l'ISACA, a été élaboré pour le management des processus du système d'information au sein des organisations. Il met plus l'accent sur les contrôles, alors que l'exécution passe à un second rang. La version 5 de COBIT fournit de bonnes pratiques qui ont fait le consensus auprès des experts, à travers 34 objectifs de contrôle (et processus associés) répartis sur cinq domaines.

Dans COBIT 2019, les objectifs de Gouvernance et de Management sont au nombre de 40, répartis toujours sur cinq domaines (ISACA 2018-c). Chaque objectif est supporté par un processus de même nom, auquel seront associées une ou plusieurs « pratiques de gouvernance ou de gestion », composées elles-mêmes d'activités, ayant chacune un niveau de capacité, et permettant d'atteindre cet objectif. Le modèle de maturité qui lui est associé permet de déterminer le niveau de maturité de chacun des objectifs de Gouvernance et de Management, répartis sur les cinq domaines. Ce niveau de maturité se déduit à partir du niveau de capacité du processus associé, à savoir son degré de réalisation et de performance (MULTIMATICS INSIGHT 2023).

La matrice RACI, quant à elle, identifie les responsabilités associées au sein de l'organisme, et statue sur les propriétaires de chaque processus. Elle permet de rendre la conduite de la gestion de projet plus efficace en clarifiant le domaine d'intervention de chaque partie prenante.

COBIT s'avère néanmoins inapplicable à l'échelle d'un pays, mais sa méthodologie et les concepts véhiculés constituent une base valable pour une extension à l'échelle d'un Etat ou d'une région du monde.

2.4.4. Normes et Croissance économique

La contribution des normes à la croissance économique n'est plus un phénomène isolé : en effet, les normes s'inscrivent comme une composante de la Productivité Globale des Facteurs (PGF), appelée également Productivité Multifactorielle (PMF). Les normes vont contribuer au « **stock de connaissances** » global d'une économie, et par conséquent, elles vont agir directement sur le **capital** et le **travail**, non sans impact sur la productivité.

Des études ont montré que les normes avaient également une incidence directe sur la productivité économique, tout comme le commerce international et l'innovation. Il ne s'agit cependant pas des seuls, puisque le commerce, la qualité et l'efficacité peuvent également être affectés à l'échelle des entreprises (BELFIUS B&A 2017).

En effet, le « **stock de normes** » d'un pays donné comprend toute une série de normes de types différents, dont l'impact sur la croissance économique peut prendre différentes formes. A titre d'exemple, les normes de compatibilité ou d'interface peuvent promouvoir le commerce, améliorer la diffusion des connaissances et contribuer à l'externalité de réseau (où plus un produit/service est utilisé, plus sa valeur ou son utilité augmente). Aussi, les normes de qualité ou de sécurité minimale peuvent également renforcer la confiance des consommateurs (notamment en réduisant les asymétries de l'information) et réduire les coûts de recherche associés à l'approvisionnement et aux achats (ISO 2021).

Les normes d'information et/ou de mesure peuvent améliorer la diffusion des connaissances, renforcer la confiance des consommateurs et contribuer à accroître l'efficacité du marché. Comme les normes réduisent la variété, elles peuvent par conséquent permettre des échelles de production plus grandes et plus efficaces.

L'utilité des normes apparait explicitement lorsqu'à un certain seuil de développement (ou de productivité) économique, tout apport de capital ou de travail supplémentaire n'entraînera pas de croissance supplémentaire, conduisant ainsi à des rendements « décroissants », car le travail et le capital sont, par nature, des ressources limitées.

La croissance économique ne peut se poursuivre au-delà de l'effet des rendements décroissants, que par l'emploi du capital et de la main-d'œuvre selon une approche plus efficiente. Il s'agit ainsi de créer plus de valeur en employant les mêmes niveaux de ressources (de travail et de capital), par le progrès technique et la diffusion de l'information dans l'économie. Cette dimension « technologie/connaissance » constitue un troisième facteur économique, à savoir la Productivité Globale des Facteurs (PGF), qui génère de la valeur en soi, en améliorant la valeur générée par les deux autres facteurs économiques, que sont le travail et le capital.

Cette composante pourrait s'avérer être intéressante dans les pays dont les réseaux commerciaux s'ouvrent de plus en plus à la mondialisation. Une étude du Ministère du Commerce et de l'Industrie du Royaume-Uni en 2005 suggère qu'une augmentation du volume de normes (le plus souvent le stock de normes) est corrélée à une mesure de la croissance économique. Le tableau suivant confirme ce constat pour plus d'un pays.

Pays (période de référence)	Canada (1981-2019)	Royaume-Uni (1948-2002)	France (1950-2007)	Belgique (1994-2018)
Pourcentage de croissance du PIB	17,4%	28,4%	23,8%	19,0%

Tableau 2.4 : Pourcentage de croissance du PIB sur la période de référence corrélé à un accroissement du stock de normes[1]

Aussi, une augmentation de 1% des stocks de normes impacte la productivité :

---

[1] Source : "Normes et croissance économique: Étude des membres de l'ISO relative à l'impact des normes sur leurs économies nationales". Organisation internationale de normalisation, 2021

Pays	Pays nordiques	Afrique du Sud	Australie	Nouvelle-Zélande
Augmentation de la Productivité du travail	0,11%	0,07%	0,17%	0,10%

Tableau 2.5 : Croissance du PIB corrélée à l'accroissement de 1% du stock de normes[2]

Ainsi, plusieurs cas ont été recensés dans divers secteurs, dont la vente de minerais en Australie, qui a donné lieu à une croissance des échanges estimée à USD 58 millions (prix de référence 2004-2005), une fois les innovations adoptées et généralisées.

Un autre cas, en Allemagne, relate une hypothèse datant de 2011, établie par l'Institut Allemand de Normalisation (DIN) : parmi les trois facteurs contribuant tous à la croissance économique, les brevets ont un impact plus fort sur la croissance économique, que les normes ou les licences d'utilisations de technologies étrangères. Le DIN a introduit, par conséquent, deux autres mesures, relatives à « la génération et la diffusion des connaissances technologiques » dans son modèle, en sus des normes, à savoir les brevets et les droits de licence.

L'AFNOR (France), le NBN (Belgique) et le Menon Economics (pays nordiques) ont pour leur part inclus les brevets dans leurs modèles, leurs pays respectifs ayant constaté que ces brevets avaient un impact significatif sur la croissance économique.

2.4.5. Nécessité de Normes Nationales

Les modèles précédemment étudiés (COBIT, ISO 27000, etc.) ne répondent pas au besoin national ou dans une région du monde, en matière de « Système de Management de la Cybersécurité », car nous avons besoin d'indicateurs au niveau d'un pays, qui relient les orientations stratégiques nationales aux objectifs de la cybersécurité, en fournissant des métriques pour mesurer leur degré de réalisation.

La mise en place de tels environnements liés à la cybersécurité aux niveaux national et régional, le dépôt de brevets d'invention en la matière, permettront également d'identifier les responsabilités des parties prenantes associées. Une fois les processus critiques identifiés, il devient plus facile de souligner les vulnérabilités et de les prendre en charge, d'analyser et de mesurer le potentiel de ces dernières, et d'évaluer les risques, les conséquences et l'impact des activités sur les différentes parties prenantes.

Si des plans d'action pouvaient être développés pour amener ces processus au niveau cible souhaité, alors une norme verrait le jour. La standardisation de ces processus procurerait alors une plus grande transparence et une flexibilité accrue, gage d'une meilleure efficacité opérationnelle. Ainsi, son impact sur l'économie de manière générale, et sur la productivité en particulier, n'est plus à démontrer.

---

[2] Source : "Normes et croissance économique: Étude des membres de l'ISO relative à l'impact des normes sur leurs économies nationales". Organisation internationale de normalisation, 2021

2.5. Système de Management de la Cybersécurité Nationale

2.5.1. Modèle Générique pour la Cybersécurité Nationale

Les politiques gouvernementales en matière de cybersécurité ne suffisent pas. Il devient nécessaire de créer et d'approuver un « modèle de politique générique » de la cybersécurité, associé aux « stratégies nationales coordonnées » de lutte contre la cybercriminalité. Le besoin de telles structures organisationnelles appropriées, que ce soit à l'échelle nationale ou régionale, est plus que jamais nécessaire. L'UIT a déjà proposé tout un processus pour élaborer et mettre en œuvre un plan national de la cybersécurité (UIT 2008). Mais ce processus exige une stratégie globale qui comprend un examen initial général de la pertinence des pratiques nationales actuelles.

Ainsi, le recours à un modèle générique pour le management de la cybersécurité nationale s'avère d'un intérêt majeur. Cette démarche permettra à terme de rassembler tous les pays à travers le monde, autour d'une vision intégratrice globale et reconnue à l'échelle internationale, adaptable à tous les cas d'utilisation pouvant se présenter, mais surtout de procurer un environnement idoine offrant les garanties nécessaires à travers des objectifs prédéfinis, des processus appropriés et des outils de travail faisant l'unanimité.

Idéalement, un tel modèle générique se caractériserait par les propriétés suivantes :
- **Flexibilité** et **ouverture** : il s'adapte au contexte particulier de chacun de ses cas d'utilisation, grâce à son architecture ouverte (possibilité d'ajouter de nouvelles « zones d'intérêt », sans implications directes sur la structure ou sur le contenu du modèle de base) ;
- **Adéquation** et **pertinence** : il reste compatible avec les concepts clés provenant d'autres sources, par cet alignement sur les normes, ce qui permet au modèle de s'intégrer aux règlementations en vigueur ;
- **Descriptif** et **normatif** : reposant sur un modèle théorique solide (normatif), ce modèle générique agit en se basant sur la connaissance des mécanismes réels (descriptif), adaptés par rapport au système de gouvernance informatique associé (normatif) ;
- **Rendement** mesurable et intégré, en matière d'usage des TICs : pour une meilleure harmonisation avec CMMI, la gestion du rendement dans le modèle générique repose sur les concepts de maturité et de capacité.

2.5.2. Nécessité d'un Modèle de Gouvernance

L'UIT n'a pas cessé, depuis 2010, d'insister sur l'opportunité d'un plan national de la cybersécurité : elle a ainsi proposé en 2018 un ensemble agrégé et harmonisé de principes et de bonnes pratiques pour l'élaboration, l'établissement et la mise en œuvre de stratégies de cybersécurité au niveau national, à travers son « Guide pour l'Elaboration d'une Stratégie Nationale de Cybersécurité », qui en est à sa seconde édition datant de 2021 : Le Système de Management de la Cybersécurité Nationale, « NCSecMS », proposé dans cet ouvrage, répond intégralement aux recommandations de ce guide (UIT 2021-a).

Il s'agit d'un modèle de référence respectant les sept critères du modèle générique (section 2.5.1), dont l'objectif est de faciliter la réalisation de la cybersécurité nationale, tant au niveau national que régional. Ce modèle offre un cadre complet pour la gouvernance de la cybersécurité, à même d'aligner cette dernière sur les objectifs métier, de gérer les risques, d'améliorer la performance globale et de garantir la conformité réglementaire.

Le Système de Management de la Cybersécurité Nationale, « NCSecMS », a fait l'objet d'une proposition officielle, présentée le 14 janvier 2010 au nom du Royaume du Maroc, émanant de son Département Ministériel en charge des Technologies de l'Information, à l'occasion de la Rencontre Régionale Préparatoire pour le WTDC-2010, relative à la région des Pays Arabes (DEBBAGH T. / DEPTNT 2010). Notons que cette proposition est le fruit d'une collaboration scientifique avec le milieu universitaire (ECH-CHERIF EL KETTANI M.D. & DEBBAGH T. 2008).

2.5.3. Principes de Gouvernance

Fortement inspiré de COBIT 2019, le modèle de référence « NCSecMS » s'inscrit pleinement dans la logique des six principes d'un Système de Gouvernance, qui tracent les orientations fondamentales que suivront les décideurs impliqués dans la définition de la stratégie de cybersécurité nationale. Ainsi, ces principes traduiront les bonnes intentions, et constitueront aussi une exigence par rapport à l'alignement des praticiens à ces principes.

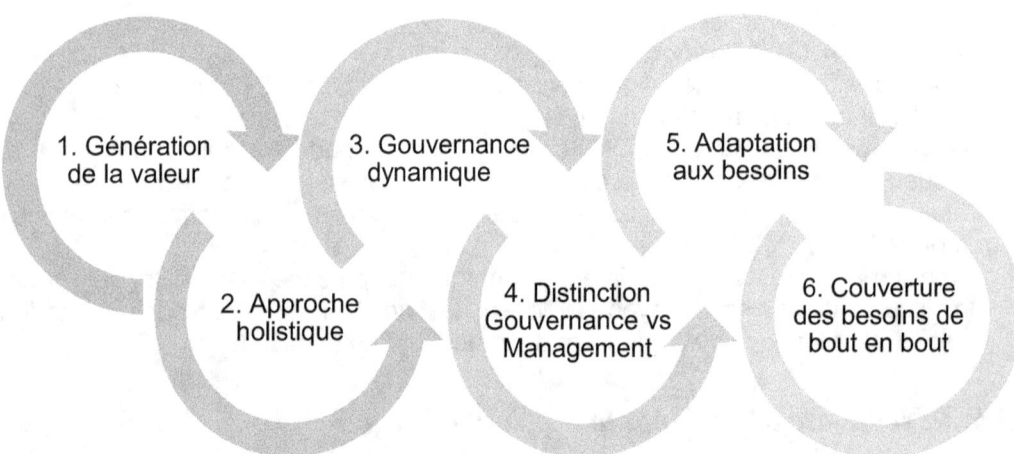

Figure 2.3 : Les six principes de gouvernance du système (COBIT 2019)

Le modèle de référence « NCSecMS » a été élaboré en se basant sur les principes de gouvernance suivants, qui peuvent être classés en deux catégories distinctes, à savoir :

- **Principes liés au système de Gouvernance**
  Pour rappel, chacun de ces principes correspond est caractérisé par :
  1. **Génération de la valeur** à partir de l'utilisation des TICs, selon une stratégie réalisable, fournissant une **réponse aux besoins des acteurs** ;
  2. **Fonctionnement holistique** de toutes les composantes du système ;
  3. **Adaptation** à toute modification des facteurs de conception, dans le cadre d'une dynamique du système de gouvernance, tenant compte des incidences ;
  4. **Distinction** claire entre les activités liées à **la gouvernance** par rapport à celles relatives à **la gestion** ;
  5. **Adaptation aux besoins**, en utilisant des facteurs de conception comme paramètres pour personnaliser et prioriser les composantes du système ;
  6. **Complet**, en couvrant les besoins de bout en bout, et en mettant l'accent sur les volets fonctionnel, technologique et opérationnel au service des objectifs à atteindre, indépendamment de la nature et de l'emplacement du traitement.

- **Principes liés au cadre de Gouvernance**
  Le cadre de gouvernance, pour sa part, respectera les principes suivants :
  1. **Intégré**, le modèle conceptuel de « NCSecMS » identifiera les principales composantes et les relations les liant, afin de maximiser l'uniformité et permettre l'automatisation ;
  2. **Ouvert** et **souple**, ce cadre devrait permettre l'ajout de contenu nouveau et le traitement de questions jusque-là inexplorées, tout en maintenant l'intégrité et la cohérence ;
  3. **Harmonisé** avec les principales normes, cadres et règlements connexes, il s'intègrera sans difficultés avec les frameworks standards existants.

2.5.4. Cascade d'Objectifs

La stratégie en matière de cybersécurité nationale doit émaner des besoins exprimés et identifiés par l'ensemble des parties prenantes. Ces besoins devraient être transformés, à leur tour, en stratégies exploitables à l'échelle d'un Etat ou d'une région du monde.

Une cascade d'objectifs vient alors s'adosser aux objectifs initialement exprimés au niveau national, ce qui constitue l'un des principaux facteurs de conception d'un système de gouvernance.

Cette cascade soutient également la traduction des objectifs exprimés à l'échelle nationale en priorités pour les objectifs d'harmonisation. Ceux-ci mettent l'accent sur l'harmonisation de tous les efforts liés aux TICs avec les objectifs exprimés à l'échelle nationale.

Cette harmonisation devrait être consolidée, réduite, mise à jour et clarifiée, de manière cohérente et synchronisée, afin de conduire à la déclinaison des objectifs de Gouvernance et de Management.

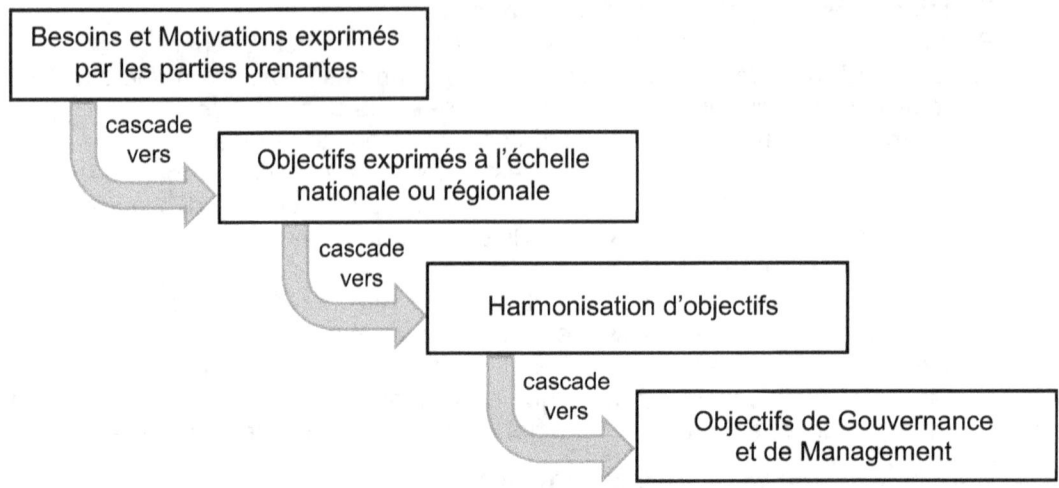

Figure 2.4 : La cascade d'objectifs (NCSecMS)

2.5.5. Gouvernance « NCSecMS » : Composantes du Système

En vue d'atteindre les objectifs de Gouvernance et de Management identifiés, chaque Etat serait dans l'obligation de mettre en place un système de gouvernance fondé sur un certain nombre de composantes, qu'il adapterait selon plusieurs facteurs endogènes et exogènes.

Ces composantes contribueraient, à la fois de manière individuelle et collective, à un fonctionnement harmonieux du système de gouvernance nationale en matière de cybersécurité. Elles devraient interagir les unes avec les autres, résultant en un système holistique en matière de gouvernance de la cybersécurité, bien que relevant de types et de catégories distinctes à priori, tel que décrit dans la figure suivante :

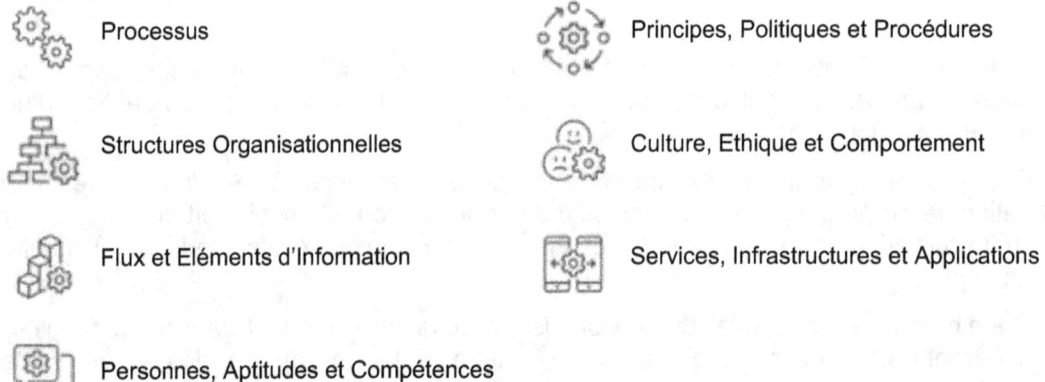

Figure 2.5 : Composantes du système de gouvernance (NCSecMS)

Le système de gouvernance lié au modèle de référence « NCSecMS » reposera ainsi sur les composantes suivantes :
- **Un processus** décrira un ensemble organisé de pratiques et d'activités permettant d'atteindre un objectif de Gouvernance et de Management lié à la cybersécurité nationale ;
- **Les structures organisationnelles** correspondront aux principales entités décisionnelles à l'échelle d'un Etat ou d'une région du monde ;
- **Les flux et éléments d'information** comprendront toutes les informations produites et utilisées par l'Etat ou la région du monde, nécessaires au bon fonctionnement du système de management de la cybersécurité nationale ;
- **Les personnes, aptitudes et compétences** aiguilleront vers les bonnes décisions, et identifieront les mesures correctives relatives aux activités ;
- **Les principes, politiques et procédures** traduiront le comportement souhaité pour la gestion quotidienne ;
- **La culture, l'éthique et le comportement** des intervenants seront considérés en tant que facteurs de réussite des activités de management ;
- **Les services, infrastructure et applications** fourniront le système de gouvernance pour le traitement.

2.6. Approche de Résolution

Le modèle de référence « NCSecMS » proposé répond pleinement aux objectifs fixés par l'UIT, consistant à élaborer des stratégies, définir des politiques et identifier les structures organisationnelles au service de la cybersécurité nationale ou régionale.

2.6.1. Vue d'Ensemble (NCSecMS)

Le système de management de la cybersécurité nationale, est un système générique décliné en quatre étapes, contenant les composantes suivantes :

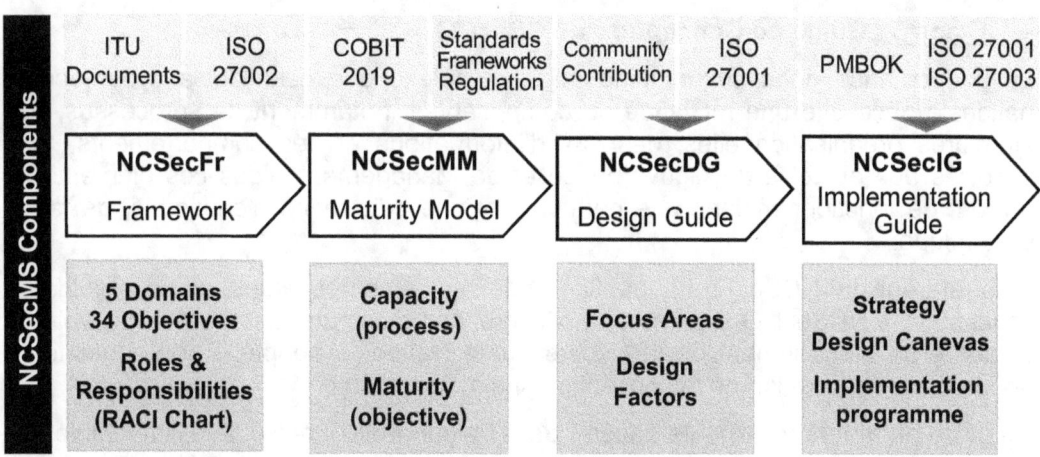

Figure 2.6 : Système de Management de la Cybersécurité Nationale (NCSecMS)

- **Etape 1 :** **Référentiel « NCSecFr »**

Il s'agit d'un référentiel global proposant un ensemble de bonnes pratiques pour la cybersécurité nationale, tout en répondant aux besoins exprimés par l'UIT dans son Programme mondial cybersécurité « GCA ».

Considéré comme une déclinaison de la norme ISO 27002 appliquée au contexte de la cybersécurité nationale, le référentiel de bonnes pratiques « NCSecFr » constitue le socle du modèle de référence proposé, permettant ainsi de définir les structures organisationnelles, ainsi que les politiques relatives à la cybersécurité, à l'échelle nationale, en vue de leur mise en œuvre.

Il est composé de 34 objectifs de Gouvernance et de Management, répartis sur cinq domaines, à l'image de COBIT 2019, afin d'aider à faciliter la coopération régionale et internationale pour la veille, l'alerte et les réponses aux incidents.

Il trace également les rôles et les responsabilités de chaque intervenant, à travers une technique permettant d'identifier les domaines fonctionnels où des ambiguïtés subsistent, pour la mise en œuvre des objectifs du référentiel. Ceci permettra de clarifier les rôles que doivent assumer les différentes parties prenantes à l'échelle nationale ou régionale (ISACA 2018-c).

- **Etape 2 :** **Modèle de Maturité « NCSecMM »**

Le modèle de maturité « NCSec Maturity Model », fortement inspiré du modèle de maturité de COBIT édité par l'ITGI de l'ISACA, est associé au référentiel « NCSecFr ». Il permettra à l'Etat d'évaluer le niveau de maturité de ses objectifs, et de mesurer le niveau de réalisation des processus associés, par rapport aux meilleures pratiques et recommandations, selon un ensemble bien défini d'exigences. Cette évaluation pourra être réalisée autant sous la forme d'une auto-évaluation, qu'à travers une entité mandatée pour cette fin.

A travers cet exercice, il sera possible de repérer les processus prioritaires à mettre en œuvre, associés aux objectifs de Gouvernance et de Management, en vue d'améliorer la protection des ressources et des personnes à l'échelle nationale ou régionale.

- **Étape 3 :** **Guide de Conception « NCSecDG »**

La gouvernance dans un domaine aussi complexe que celui de la cybersécurité nationale nécessite une multitude de composantes, notamment des processus, des structures organisationnelles, des flux d'informations et des comportements, tous associés aux objectifs de Gouvernance et de Management. Tous ces éléments se doivent de fonctionner dans une harmonie et une cohérence d'ensemble, de façon systémique.

Si le référentiel « NCSecFr » a identifié et défini ces composantes, alors, le guide de conception « NCSecDG » permet de décrire comment un Etat peut concevoir un Système de Management de la Cybersécurité Nationale adapté à son contexte : il aboutira à la proposition de la conception finale du système.

Ce guide permettra à terme de générer de la valeur additionnelle dans l'ensemble des secteurs de production, en visant une amélioration de la performance, quelle que soit la déclinaison dans laquelle un Etat ou une région du monde pourraient s'inscrire.

Le guide de conception « NCSecDG » s'inspire fortement de COBIT 2019 (ISACA 2018-b) dans son volet conceptuel, en faisant référence à la solution sur mesure de gouvernance de la cybersécurité nationale, que chaque Etat ou région du monde devraient élaborer. En effet, il n'existe pas de système de gouvernance unique et universel pour tous les Etats ou régions du monde : chacun d'eux a son propre caractère et son profil qui le distingue des autres, à plusieurs égards critiques, comme le paysage réglementaire, le paysage des menaces, la nature et le rôle des infrastructures critiques, les secteurs clé de l'économie, en rapport avec l'organisation et les choix technologiques tactiques.

- **Étape 4 :** **Guide d'Implémentation « NCSecIG »**

Le guide d'implémentation de la cybersécurité nationale, « NCSecIG », offre un mécanisme efficace de contrôle des processus, afin de garantir une bonne compréhension de l'interaction entre ces derniers, se basant sur les approches proposées par les normes PMBOK, ISO 27001 et ISO 27003. Il aboutit à la proposition de la stratégie « NCSec », tout en produisant à partir de la « Conception initiale » du système, une mise en œuvre qui sera déclinée en un « Programme d'implémentation ».

Dans les paragraphes suivants, nous allons décrire d'une manière plus détaillée l'approche de résolution relative à chacune des quatre étapes proposées précédemment dans le cadre de la vue d'ensemble du modèle de référence commun « NCSecMS ».

2.6.2. *Référentiel pour la Cybersécurité Nationale (NCSecFr)*

Durant cette étape, les documents produits par l'UIT servent d'entrée, ainsi que les processus de la norme ISO 27002 qui sont considérés en tant que modèle. L'approche ISO 27002 est adoptée afin de prévoir les principaux processus du référentiel de cybersécurité nationale « NCSecFr ». Les objectifs de Gouvernance et de Management de la cybersécurité nationale, organisés en domaines, ont ainsi été définis, s'inspirant de la démarche de la norme ISO 27002.

Ce document propose une feuille de route pour la gouvernance de la cybersécurité, qui comprend :
- L'identification des acteurs impliqués dans l'application de la politique de cybersécurité et de la stratégie de cybersécurité nationale ;
- La définition des ressources, essentiellement les structures organisationnelles responsables de la mise en œuvre des processus de cybersécurité nationale ;
- Le modèle d'information, consistant à proposer des indicateurs de mesure du rendement de cybersécurité au niveau national : il est responsable de la surveillance, la mise en œuvre de la stratégie, l'utilisation des ressources, et la performance des processus. Il est basé sur des critères spécifiques de mesure d'information, à même de faire atteindre des objectifs mesurables au-delà de l'approche classique.

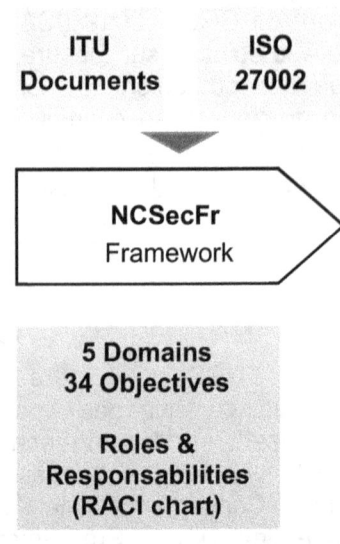

La feuille de route pour la gouvernance de la cybersécurité comprend :
- L'identification des acteurs (stakeholders) ;
- La définition des ressources ;
- Le modèle d'information.

Le référentiel NCSecFr proposé sera décliné en 34 objectifs de Gouvernance et de Management, répartis sur cinq domaines.

La matrice RACI aidera les décideurs à recenser les parties prenantes et à leur confier des responsabilités claires et précises. A titre d'exemple, ceux qui seront imputables (Accountable) de leurs prérogatives, devront approuver (A) les actions réalisées par d'autres intervenants.

Figure 2.7 : « NCSecFr », le référentiel (Phase 1)

Une matrice « RACI », considérée au niveau national, permet de définir les rôles et les responsabilités de chacun des intervenants, selon les conventions suivantes :
-    R : Responsible (il réalise)
-    A : Accountable (il approuve, supervise et rend compte)
-    C : Consulted (il conseille)
-     I : Informed (il est informé)

A chacun des processus associés à tout objectif du référentiel « NCSecFr », sont attribués un ou plusieurs rôles par rapport aux parties prenantes impliquées, au niveau national. Cette approche permet d'élaborer à terme une feuille de route pour l'amélioration continue de la gouvernance.

2.6.3. Modèle de Maturité de la Cybersécurité Nationale (NCSecMM)

Le référentiel « NCSecFr » ne suffit pas : en lui associant un modèle de maturité, la gouvernance de la cybersécurité au niveau national se trouve ainsi renforcée, montrant ce qui doit être réalisé en premier lieu pour la mise en œuvre de la stratégie nationale en la matière.

Au-delà des objectifs de Gouvernance et de Management du référentiel « NCSecFr », le modèle de maturité « NCSecMM » décrira de manière explicite les processus associés permettant de les atteindre : cette dualité entre objectif et processus, permettra d'attribuer d'une part un niveau de capacité distinct à chaque processus, auquel correspondra d'autre part un niveau de maturité attribué à l'objectif dual. Une métrique adaptée, et présentée ultérieurement dans l'ouvrage, permettra de définir la relation entre le niveau de maturité d'un objectif et le niveau de capacité du processus correspondant.

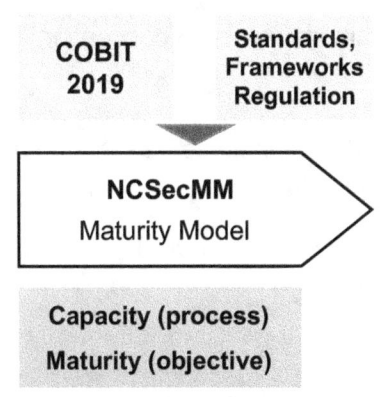

En se basant sur ISO 27001, à travers le principe du PDCA, chaque objectif sera décliné et structuré selon l'approche processus. La démarche émanant du cycle PDCA sera automatiquement utilisée au niveau de l'ensemble des processus (Savant 2018);

Ce modèle permet d'évaluer la maturité du pays par rapport à la mise en œuvre des différents processus associés aux objectifs de Gouvernance et de Management du référentiel.

Ainsi, il sera possible d'identifier et de définir les points à améliorer et ceux à mettre en place.

Figure 2.8 : « NCSecMM », le modèle de maturité (Phase 2)

Alors que le modèle de maturité de COBIT est limité aux organisations, et qu'il n'est applicable ni à l'échelle nationale, ni à l'échelle régionale, le modèle « NCSecMM » servira d'abord à mesurer la progression temporelle d'un pays. Il contribuera également à dresser une cartographie exacte permettant d'effectuer des comparaisons relatives à la situation de chacun des pays concernés en matière de cybersécurité.

2.6.4. Guide de Conception (NCSecDG)

Le guide de conception permet d'ajuster le système de management de la cybersécurité nationale proposé « NCSecMS » au contexte spécifique de l'entité à laquelle il est destiné à être appliqué (Etat ou région du monde) :

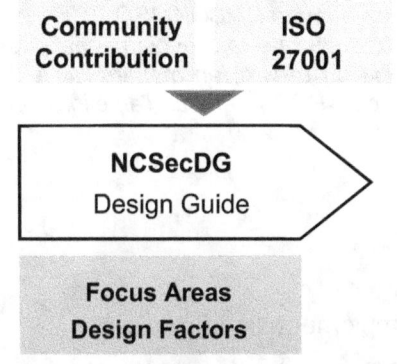

Le guide de conception « NCSecDG » se base sur la norme ISO 27001, ainsi que le retour sur expérience de la communauté.

Il explore les répercussions des facteurs endogène et exogènes sur la conception de la solution de gouvernance de la cybersécurité.

Figure 2.9 : « NCSecDG », le guide de conception (Phase 3)

En effet, certains facteurs de conception peuvent exercer une influence sur la gouvernance, et entraîner un flux de travail supplémentaire pour planifier un système de gouvernance de la cybersécurité sur mesure, au service de l'Etat ou de la région du monde concernés. Il s'agit essentiellement :

- des domaines d'intervention prioritaires (Focus Areas), décrivant un domaine ou une question de gouvernance spécifiques, pouvant être abordés par un ensemble restreint d'objectifs de Gouvernance et de Management, dont les processus correspondants seront considérés comme prioritaires ;

- des facteurs de conception (Design Factors), pouvant influencer la conception du système de gouvernance de la cybersécurité nationale, et le positionner pour réussir sa stratégie.

L'aboutissement de cette étape permettra d'arrêter la conception finale du système de management, et conduira à la définition des éléments suivants :
- Les « quick wins » ;
- Les scénarios variables de capacités (déclinés en « Zones d'Intérêt ») ;
- La feuille de route.

2.6.5. Guide d'Implémentation (NCSecIG)

Le guide d'implémentation propose le « programme d'implémentation » à prendre en considération, en ayant recours à certaines normes internationales, afin de cerner les processus de manière individuelle, notamment ceux jugés prioritaires, lors de la phase précédente relative au guide de conception. La structuration de chaque aspect du référentiel « NCSecFr » en sera une priorité majeure, offrant un contrôle efficace de chaque objectif et processus associé, afin de garantir une bonne compréhension de l'interaction entre ceux-ci.

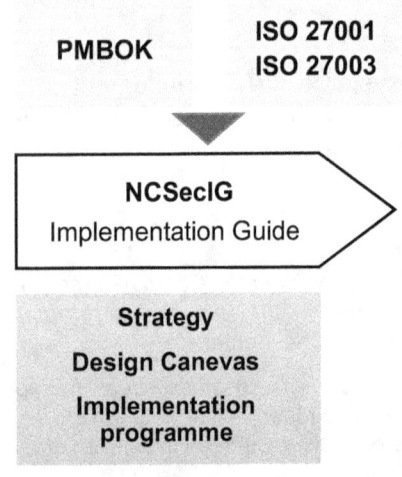

Le guide d'implémentation « NCSecIG » est basé sur les normes PMBOK, ISO 27001 et ISO 27003, ainsi que les recommandations pour la mise en œuvre, en mettant l'accent sur l'approche PDCA, et sur l'amélioration continue.

Figure 2.10 : « NCSecIG », le guide d'implémentation (Phase 4)

La mise en œuvre du guide d'implémentation « NCSecIG » se basera ensuite sur les analyses produites à l'issue de la phase de conception précédente. Elle conduira à la proposition de la stratégie « NCSec », puis à la définition précise et détaillée des processus identifiés par le guide de conception « NCSecDG », pour être déclinée finalement en un « programme d'implémentation », basé sur une planification minutieuse et une évaluation des risques.

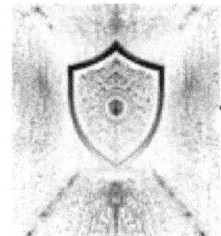

NCSecFr – Concepts de Base du Référentiel

3.1. Approche Méthodologique

3.1.1. Exigences de l'UIT en Matière de Cybersécurité Nationale

Toute « Stratégie de Cybersécurité Nationale » est tributaire des objectifs spécifiques du pays, ainsi que de son niveau de préparation en matière de cybersécurité. N'ayant pas de forme immuable, il s'avère donc important, que cette « Stratégie de Cybersécurité Nationale », et sa déclinaison dans un Etat ou dans une région du monde, émanent d'une vision comportant des objectifs de haut niveau, ainsi que des principes et des priorités à même de guider ce pays ou cette région dans sa lutte cybernétique.

L'UIT a publié en 2018 un guide pour l'élaboration d'une stratégie de cybersécurité nationale (UIT 2018), dans le cadre d'un groupe de travail qu'elle a animé, composé de 20 partenaires et 5 observateurs provenant d'horizons divers, relevant du Secteur Public, du Secteur Privé, du monde universitaire et de la société civile.

Ce guide a permis à ces 25 contributeurs de partager leurs expériences, leurs connaissances et leur expertise, fournissant un ensemble de principes agrégés et harmonisés sur le développement, l'établissement et la mise en œuvre de stratégies de cybersécurité nationale.

La seconde édition de ce guide est apparue en 2021 (UIT 2021-a). Elle a suscité une réflexion stratégique à même d'aider les dirigeants nationaux et les décideurs à élaborer, établir et mettre en œuvre des stratégies de cybersécurité nationale à l'échelle mondiale.

(a) Version française   (b) Version anglaise   (c) Partenaires

Figure 3.1 : Guide pour l'Elaboration d'une Stratégie de Cybersécurité Nationale

Se voulant générique, sa feuille de route identifie les contraintes et exigences indispensables à la mise en place de toute stratégie de cybersécurité nationale. Elle propose une synthèse des meilleures pratiques afférentes à ce sujet : il s'agit essentiellement des **9 principes transversaux** et des **7 domaines d'intervention** du « Guide pour l'Elaboration d'une Stratégie Nationale de Cybersécurité » de l'UIT.

Ce chapitre vise 3 objectifs distincts :

- Il s'agit tout d'abord de s'assurer de l'adéquation du référentiel proposé « NCSecFr » par rapport à la feuille de route de l'UIT, particulièrement au niveau des cinq piliers du Programme mondial de cybersécurité « GCA » ;
- Le second objectif correspondra à la présentation du référentiel de cybersécurité nationale « NCSecFr », à travers ses 34 objectifs de gouvernance et de management répartis sur 5 domaines ;
- Enfin, le troisième et dernier objectif de ce chapitre consistera à vérifier la conformité des composantes du référentiel « NCSecFr », et leur alignement par rapport aux principes généraux énoncés dans le « Guide pour l'Elaboration d'une Stratégie Nationale de Cybersécurité », à savoir ses **9 principes transversaux** et ses **7 domaines d'intervention**. En particulier, nous établissons qu'ils sont intégralement couverts par l'ensemble des 34 objectifs de gouvernance et de management du référentiel.

3.1.2. *Adéquation de « NCSecFr » avec les cinq Piliers du « GCA »*

La modèle de référence « NCSecMS », proposé dans cet ouvrage, et présenté au chapitre précédent, répond aux recommandations du guide de l'UIT. Dans ce chapitre, nous en explorons la première brique, à savoir le référentiel de la cybersécurité nationale « NCSecFr », présenté par le Secrétaire Général du Département Ministériel en charge des Technologies de l'Information, M. Taieb DEBBAGH, lors du forum régional de la cybersécurité pour l'Afrique et les Etats Arabes, organisé par l'UIT en juin 2009 à Tunis (DEPTNT 2009).

La gouvernance de la cybersécurité doit être construite essentiellement sur la base d'un référentiel à même de régir les questions liées aux cybermenaces au niveau national. Aussi, ce référentiel devrait envisager parmi ses perspectives la stimulation des actions de coopération aux niveaux régional et international. Le Programme mondial cybersécurité « GCA » préconise de traiter la problématique selon les cinq axes suivants :
- Une juridiction nationale ;
- Des mesures techniques ;
- Des structures organisationnelles ;
- Le renforcement des capacités ;
- La Coopération internationale.

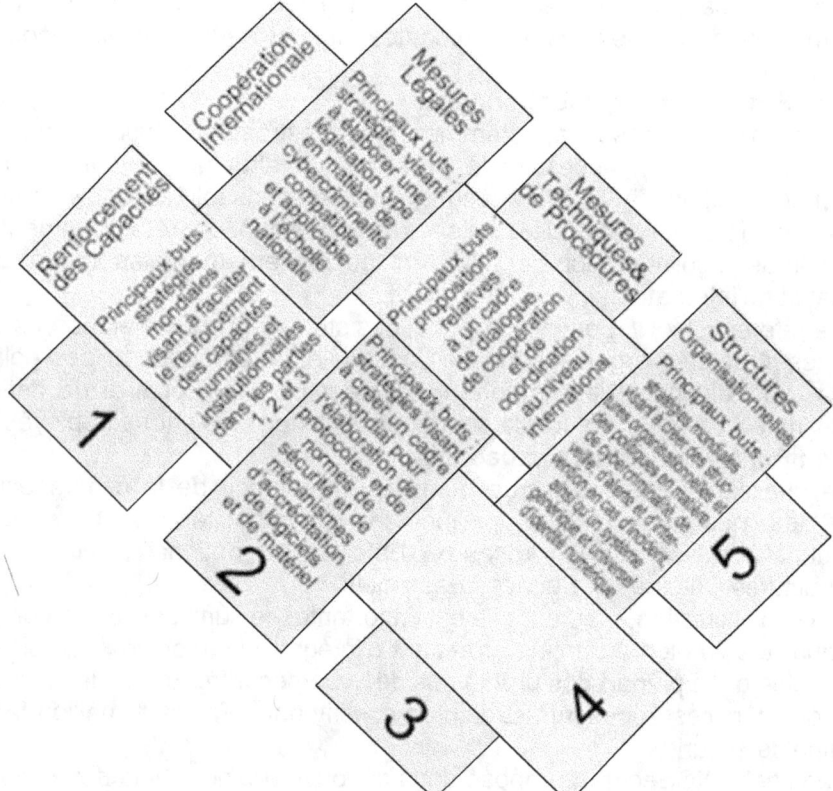

Figure 3.2 : Les piliers du « GCA » et leurs prérogatives

Dans un souci de relever les défis mondiaux, le référentiel « NCSecFr » suggéré est organisé de manière à répondre aux objectifs du « GCA », en se basant sur ses cinq piliers :

- **Pilier 1 : Juridiction Nationale**

  Chaque pays a besoin de lois qui adressent la cybersécurité, les procédures d'enquêtes électroniques, et l'assistance en cas de besoin. La protection du cyberespace nécessite des lois à jour, particulièrement dans le domaine du droit pénal, ainsi que des procédures et politiques pour traiter et répondre à la cybercriminalité.

  Le référentiel proposé « NCSecFr » devrait permettre d'élaborer et de maintenir des stratégies favorisant le développement de la législation : ces stratégies, considérées sous l'angle de la compatibilité avec les législations en vigueur, restent globalement applicables, et garantissent l'interopérabilité aux niveaux national, transnational et régional, pour la prévention des cybermenaces.

  Dans ce cadre, un certain nombre de sous-objectifs ont été élaborés afin de répondre aux objectifs identifiés d'un point de vue juridique ;

- **Pilier 2 : Mesures Techniques**

  Il est important pour un pays d'élaborer une stratégie qui permette l'établissement de critères acceptés au niveau mondial.

  Sans approfondir les questions techniques et les détails de mise en œuvre, le référentiel proposé « NCSecFr » devrait prendre en considération et inclure les objectifs qui garantissent la mise en place de services de sécurité, et l'implémentation de mécanismes acceptés aux niveaux national, régional et mondial ;

- **Pilier 3 : Structures organisationnelles**

  La protection du cyberespace, notamment les Infrastructures Critiques et Services Essentiels (IC & SE), nécessite la présence de structures organisationnelles appropriées dédiées à la cybersécurité : les responsabilités qui incombent à celles-ci comprennent la veille, l'alerte, l'intervention, le rétablissement et la facilitation de la collaboration parmi les entités gouvernementales, tant au niveau national et qu'international.

  Dans le référentiel « NCSecFr » proposé, des stratégies ont été élaborées afin de créer des structures organisationnelles nationales appropriées et des politiques pour la cybersécurité. Il est important de créer un point focal et de définir les mécanismes à même d'assurer la coordination de tous les efforts déployés ;

- **Pilier 4 : Renforcement des capacités**

  Malgré une sensibilisation accrue quant à l'importance de la cybersécurité, et malgré les mesures prises pour améliorer les capacités, les cybermenaces continuent à peser sur les réseaux d'information nationaux, ainsi que les Infrastructures Critiques et Services Essentiels.

  Ainsi, la sensibilisation, même si elle est importante, ne suffit pas. Le renforcement des capacités va bien au-delà, permettant d'intégrer la dimension humaine dans la résolution de la plupart des problèmes de cybersécurité. En fait, les utilisateurs finaux des services et des infrastructures constituent souvent le maillon faible de la chaîne de sécurité.

  Le référentiel « NCSecFr », proposé dans cet ouvrage, permet le développement d'une stratégie globale visant à faciliter le renforcement des capacités humaines et institutionnelles : cette stratégie permettra d'améliorer d'une part les connaissances et le savoir-faire intersectoriel, et d'autre part une communication ciblée entre toutes les parties prenantes.

Chaque pays sera dans l'obligation de développer un programme efficace, selon les meilleures pratiques reconnues, compatible avec les exigences au niveau international. Ainsi, ce renforcement des capacités contribuera à améliorer la coopération à l'échelle nationale, régionale et mondiale ;

- **Pilier 5 : Coopération internationale**
  En vue de répondre aux besoins de la coopération internationale, il s'avère nécessaire que la stratégie de cybersécurité nationale soit fondée sur une coordination efficace entre les intervenants. Cette stratégie prend en considération la protection du cyberespace d'une manière générale, et plus particulièrement celle des Infrastructures Critiques et Services Essentiels, de par leur caractère vital pour la sécurité nationale et l'économie du pays.

  La nature globale des enjeux juridiques, techniques et organisationnels liés à la cybersécurité, ne peut être correctement abordée qu'à travers une stratégie qui tient compte de l'implication de tous les acteurs concernés, dans le cadre d'une coopération internationale. Les pays devront adopter une approche multi-acteurs, car les Gouvernements seuls ne sont pas en mesure de sécuriser l'intégralité de leur cyberespace.

  L'approche prônée dans cet ouvrage pour le référentiel « NCSecFr » est fondée sur le dialogue, le partenariat et la responsabilisation de l'ensemble des parties prenantes : les partenariats Public-Privé, impliquant également le monde universitaire, sont fortement recommandés, notamment à travers une collaboration et une coordination avec les partenaires régionaux et internationaux.

3.2. Référentiel « NCSecFr » : les Composantes

Le référentiel « NCSecFr » appuie et renforce la gouvernance de la Cybersécurité Nationale, en s'assurant que :
- La stratégie « NCSec » est alignée avec la stratégie nationale ;
- Les structures organisationnelles protègent le cyberespace national avec des coûts optimaux ;
- Les intervenants utilisent, sans exception, le cyberespace dans un esprit de responsabilité ;
- Les risques sont gérés de façon appropriée, ce qui nécessite la sensibilisation de tous les intervenants, quelle que soit leur position et leur exposition aux risques ;
- Les exigences de conformité doivent être clairement comprises et assimilées, de façon à prendre en considération l'incorporation systématique des responsabilités ;
- La mesure des performances permet de surveiller la mise en œuvre de la stratégie et des processus, ainsi que l'utilisation des ressources. Elle est basée sur des critères spécifiques de mesure.

3.2.1. Référentiel et Normes

Dans le cadre de l'élaboration de son approche, la première brique du modèle de référence « NCSecMS », à savoir le référentiel « NCSecFr », se veut une inspiration à la fois des deux normes ISO 27002 (ISO-IEC 2022) et COBIT (ISACA 2018-a) :

- A partir de la norme ISO 27002, ce référentiel propose une série de bonnes pratiques au service de la cybersécurité nationale, offrant un cadre global répondant aux besoins exprimés par l'UIT dans son Programme mondial cybersécurité « GCA ». Ce travail a déjà fait l'objet d'une publication scientifique dans une conférence internationale (ECH-CHERIF EL KETTANI M.D. & DEBBAGH T. 2008) ;
- En se basant sur COBIT, le référentiel de bonnes pratiques « NCSecFr » a été mis en place au service des structures organisationnelles et des politiques visant la cybersécurité à l'échelle nationale. Il comprend 34 objectifs de Gouvernance et de Management, répartis selon cinq domaines, aidant notamment à développer la coopération internationale, pour la veille, l'alerte et les réponses aux incidents.

3.2.2. *Composantes Clés*

Les composantes clés du référentiel « NCSecFr » sont les suivantes :
- Information, basée sur la classification hiérarchique des menaces ;
- Intervenants, ou parties prenantes (stakeholders) ;
- Ressources ;
- Objectifs de Gouvernance et de Management (34 au total, regroupés en domaines) ;
- Domaines (5 au total).

Figure 3.3 : Le référentiel « NCSecFr »

Ces composantes visent l'instauration d'un climat favorable à une gouvernance de la cybersécurité nationale, offrant une certaine assurance, intégrant la gestion des risques, et répondant à des exigences accrues en matière de contrôle de l'information au niveau national.

Chacune des composantes du référentiel « NCSecFr » joue un rôle clé dans la cohérence globale du modèle de référence :

-   **L'information**, les **intervenants (Stakeholders)**, et les **ressources**, en constituent le noyau, lui-même faisant partie intégrante du Système de Management de la Cybersécurité Nationale « NCSecMS » ;
-   Les **objectifs de Gouvernance et de Management** en sont l'autre facette, puisqu'ils œuvrent à ce que l'information et la technologie contribuent à l'atteinte des objectifs identifiés par la politique de cybersécurité nationale.

    Les concepts de base relatifs à ces objectifs sont les suivants :

    o   **Dualité objectif et processus :**
        Un **objectif de Gouvernance et de Management** se rapporte d'une manière générale à un seul et unique **processus**, qui fournira les directives détaillées sur la façon d'atteindre l'objectif énoncé, en décrivant les pratiques en matière de gouvernance ou de management, les activités associées, les étapes et les contrôles spécifiques qui doivent être mis en place. Le processus constitue le moyen de mise en œuvre et d'atteinte de cet objectif, et contribue ainsi à la réalisation et au renforcement de la cybersécurité nationale ;

    o   **Catégories d'objectifs :**
        Un objectif de Gouvernance et de Management se décline en 2 catégories :

        ▪   **Objectif de Gouvernance :**
            Il surveillera jusqu'à quel degré la stratégie est respectée, en évaluera les options stratégiques, et sera à même de prendre les décisions tangibles pour en maintenir la cohérence ;

        ▪   **Objectif de Management :**
            Il sera aligné sur les objectifs stratégiques en matière de cybersécurité nationale, guidant et aidant à l'élaboration et la mise en œuvre de pratiques efficaces de gouvernance. D'une manière générale, un tel objectif fournira des orientations claires et précises à propos des activités, et proposera des contrôles liés à la cybersécurité nationale ;

-   **Domaine :**
    Un domaine est un regroupement d'objectifs autour d'un centre d'intérêt commun. Dans le cas du modèle de référence « NCSecMS », et parmi les cinq domaines identifiés, seul le premier domaine relève de la Gouvernance, alors que les quatre suivants se rapportent au Management :

    o   Domaine 1 (Gouvernance) : Stratégie & Politiques
                                  (*Strategy & Policies*, SP) ;
    o   Domaine 2 (Management) : Implémentation & Organisation
                                (*Implementation & Organization*, IO) ;
    o   Domaine 3 (Management) : Sensibilisation & Communication
                                (*Awareness & Communication*, AC) ;
    o   Domaine 4 (Management) : Conformité & Coordination
                                (*Compliance & Coordination*, CC) ;
    o   Domaine 5 (Management) : Evaluation & Suivi
                                (*Evaluation & Monitoring*, EM).

3.3. Référentiel « NCSecFr » : les cinq Domaines

3.3.1. Domaine 1 : Stratégie & Politiques (SP)

Ce domaine couvre la stratégie, les tactiques et les politiques pouvant contribuer à la réalisation de la gouvernance de la cybersécurité nationale. Par ailleurs, la réalisation de la vision stratégique doit être planifiée, communiquée et gérée.

Sur le plan organisationnel, une institution chef de file appropriée doit être clairement identifiée, et le modèle de management de risques relatifs aux infrastructures technologiques soigneusement décrit.

Ce premier domaine aborde généralement les questions suivantes :
- La stratégie de cybersécurité nationale est-elle définie ?
- Le Gouvernement a-t-il identifié des politiques efficaces de cybersécurité nationale ?
- Est-ce que chacun des intervenants a bien assimilé les objectifs du Système de Management de la Cybersécurité Nationale « NCSecMS » ?
- Comment le modèle de management des risques a-t-il été compris et « intégré » dans le cadre global, en particulier pour la protection des Infrastructures Critiques et Services Essentiels (IC&SE) ?
- Est-ce que le degré de préparation de chacun des intervenants est approprié pour mettre en œuvre la stratégie « NCSec » ?

3.3.2. Domaine 2 : Implémentation & Organisation (IO)

Afin de réaliser la stratégie de cybersécurité nationale, les structures organisationnelles doivent être clairement identifiées, et créées le cas échéant, en mesure d'exercer leur activité, et de respecter les orientations globales fixées par la stratégie de cybersécurité nationale. Ces structures organisationnelles doivent contribuer au développement, à l'acquisition, à la mise en œuvre et à l'intégration des politiques relevant de la stratégie nationale.

En outre, les prestations de services émanant de « NCSecFr », devraient agir comme soutien à la gestion de la cybersécurité nationale, et comme support aux changements et à la maintenance des politiques existantes. Celles-ci demeurent couvertes par ce domaine pour s'assurer que le cadre « NCSecFr » continue de répondre à la stratégie « NCSec ».

Ce domaine aborde généralement les questions de gestion suivantes :
- Les parties prenantes sont-elles en mesure de répondre adéquatement aux objectifs du référentiel « NCSecFr », dans le cadre de la mise en œuvre de la stratégie « NCSec » ?
- Les services proposés par « NCSecFr » peuvent-ils être livrés en harmonie avec la stratégie « NCSec », et ce de manière spécifique par rapport à chaque secteur et en relation avec les parties prenantes ?
- Les coûts des services « NCSecFr » sont-ils optimisés ?

- Est-ce que les intervenants sont capables d'utiliser des systèmes d'information productifs et sécurisés ?
- Les intervenants sont-ils susceptibles d'offrir de nouveaux services qui répondent à la stratégie « NCSec » ?
- Les intervenants et les parties prenantes ont-ils de nouvelles chances pour appliquer des politiques issues de la stratégie « NCSec », dans la mesure où ils s'inscrivent dans un agenda précis et selon un budget convenu, une fois que les conditions de leur adoption deviennent favorables ?

3.3.3. Domaine 3 : Sensibilisation & Communication (AC)

La sensibilisation à la cybersécurité est nécessaire afin que chacun puisse contribuer à l'établissement d'un « cyberespace sécurisé ». Le Gouvernement devrait jouer un rôle de leadership en portant cette « culture de la cybersécurité », en soutenant les efforts de tous les intervenants, et en valorisant la contribution de ces derniers.

Ce domaine concerne la prestation réelle de services nécessaires, ce qui inclut le support des intervenants et des instances opérationnelles.

Ce domaine aborde généralement les questions suivantes :
- Les leaders nationaux dans le Gouvernement sont-ils persuadés de la nécessité d'agir au niveau national pour lutter contre les cybermenaces et les vulnérabilités ?
- Existe-t-il un programme de sensibilisation national, offrant l'opportunité pour que toutes les parties prenantes, et d'une manière plus générale, la population, puissent contribuer à la sécurisation de leurs systèmes d'information ?
- Y a-t-il un soutien de la société civile avec une attention particulière aux besoins des enfants et des utilisateurs individuels ?

3.3.4. Domaine 4 : Conformité & Coordination (CC)

Tous les objectifs de Gouvernance et de Management du référentiel « NCSecFr » doivent être coordonnés entre les différents acteurs impliqués et les structures organisationnelles associées. Ils doivent également être évalués au cours du temps pour juger leur degré de conformité avec les exigences de contrôle.

Ce domaine aborde en effet la conformité réglementaire, mais il se penche également sur les contrôles de risques. Les plans d'amélioration continue existent, et visent à s'assurer que la stratégie de cybersécurité nationale continue d'être à niveau.

Le domaine CC aborde généralement les questions suivantes :
- Les structures organisationnelles se sont-elles assurées que les contrôles sont efficaces et efficients ?
- Les contrôles des risques et de conformité sont-ils respectés et font-ils l'objet de comptes rendus périodiques ?
- Est-ce que la confidentialité est adéquate, et est-ce que l'intégrité et la disponibilité sont respectées ?

3.3.5. *Domaine 5 : Evaluation & Suivi (EM)*

Tous les objectifs de Gouvernance et de Management doivent être régulièrement évalués selon le critère de qualité, accordant la priorité à la mesure de la performance.

Ce domaine porte sur le rendement et le suivi du contrôle interne entre tous les intervenants.

Il aborde généralement les questions suivantes :
- La performance est-elle mesurée et les problèmes sont-ils détectés avant qu'il ne soit trop tard ?
- Les performances sont-elles alignées aux objectifs stratégiques du cadre global ?
- Existe-t-il des contrôles de conformité et de performance mesurés et communiqués ?

3.4. Référentiel « NCSecFr » : les 34 Objectifs

Le référentiel « NCSecFr » a fait d'abord l'objet d'une publication scientifique (ECH-CHERIF EL KETTANI M.D. & DEBBAGH T. 2008), puis il a été intégré dans la Question 22-1/1 (UIT 2010-2014), et a continué par la suite d'être cité dans plusieurs travaux de recherche. Il est composé de 34 objectifs de Gouvernance et de Management, regroupés en cinq domaines, dont la consistance est décrite dans la suite de cette section.

3.4.1. *Stratégie & Politiques*

Les objectifs de Gouvernance et de Management relevant du domaine 1 (Stratégie & Politiques) figurent dans le tableau suivant :

Code	Objectifs de Gouvernance et de Management
SP1	**Stratégie « NCSec »** Promulguer et approuver une stratégie pour la cybersécurité nationale
SP2	**Institutions leaders** Identifier les institutions responsables de l'élaboration d'une stratégie au niveau national, et une institution leader pour chaque catégorie d'intervenants (stakeholders)
SP3	**Politiques « NCSec »** Identifier/définir des politiques relatives à la stratégie « NCSec »
SP4	**Protection des Infrastructures Critiques et Services Essentiels (IC & SE)** Etablir et intégrer la gestion des risques pour identifier et prioriser les efforts de protection concernant ces infrastructures
SP5	**Parties Prenantes (stakeholders)** Identifier le degré de préparation de chacun des intervenants au sujet de la mise en œuvre de la stratégie « NCSec ». Déterminer comment ces parties prenantes mettront en œuvre la stratégie et les politiques définies

Tableau 3.1 : Objectifs de Gouvernance et de Management du domaine 1 de « NCSecFr »

3.4.2. Implémentation & Organisation

Les objectifs de Gouvernance et de Management relevant du domaine 2 (Implémentation & Organisation), sont décrits dans le tableau suivant :

Code	Objectifs de Gouvernance et de Management
IO1	**Conseil National de la Cybersécurité** Définir un conseil national de coordination pour la cybersécurité intégrant les principales parties prenantes, qui approuvera la stratégie proposée
IO2	**Autorité pour la Cybersécurité** Définir une autorité spécifique pour la coordination et la mise en œuvre de la stratégie en matière de cybersécurité nationale
IO3	**CERT National** Identifier ou établir un CERT (Computer Emergency Response Team) national qui sera dédié à détecter, coordonner et répondre aux cyberincidents à l'échelle nationale
IO4	**Protection des données personnelles et propriété intellectuelle** Réviser le régime de protection existant et le mettre à jour pour l'environnement en ligne
IO5	**Lois** S'assurer que le cadre légal est conforme aux recommandations internationales, et que ce cadre est soumis à une amélioration continue
IO6	**Institutions** Identifier les institutions ayant des responsabilités de cybersécurité, et les ressources qui leur permettent de mettre en œuvre les bonnes pratiques issues de la stratégie « NCSec »
IO7	**Experts nationaux et décideurs** Identifier les experts et les décideurs appropriés au sein du Gouvernement, du Secteur Privé et des Universités
IO8	**Formation** Identifier les besoins en formation, et déterminer la manière de les atteindre
IO9	**Expertise internationale** Identifier les experts internationaux qui pourraient apporter une assistance afin de résoudre les problèmes de cybersécurité, y compris le partage de l'information
IO10	**Gouvernement** Mettre en œuvre un plan de cybersécurité pour les systèmes gérés par le Gouvernement, qui prend en compte les évolutions, et ceci en adéquation avec la stratégie « NCSec »
IO11	**Capacités nationales** Prendre en compte les capacités nationales qui permettront de mettre en œuvre la stratégie « NCSec » au niveau national
IO12	**Service continu** Assurer un service continu au sein de chaque intervenant, mais également entre les intervenants, et ce en tenant compte de la stratégie « NCSec »

Tableau 3.2 : Objectifs de Gouvernance et de Management du domaine 2 de « NCSecFr »

3.4.3. Sensibilisation & Communication

Les objectifs de Gouvernance et de Management relevant du domaine 4 (Sensibilisation & Communication), sont décrits dans le tableau suivant :

Code	Objectifs de Gouvernance et de Management
AC1	**Les leaders au sein du Gouvernement** Convaincre les leaders nationaux dans le Gouvernement, de la nécessité de mener une action nationale pour lutter contre les menaces et les vulnérabilités liées à la cybersécurité
AC2	**Sensibilisation nationale** Promouvoir un programme global de sensibilisation nationale afin que toutes les parties prenantes, et plus généralement la population, soient en mesure de sécuriser leurs propres systèmes
AC3	**Programmes de sensibilisation** Mettre en œuvre des programmes de sensibilisation à la sécurité et des initiatives spécifiques au profit des utilisateurs des systèmes et des réseaux
AC4	**Citoyen et Protection de l'enfance** Soutenir les actions de sensibilisation de la société civile. Une attention particulière sera accordée notamment aux enfants, aux utilisateurs individuels, et aux personnes à besoins spécifiques
AC5	**Culture « NCSec » pour les entreprises** Encourager le développement d'une culture de la sécurité dans les entreprises
AC6	**Solutions disponibles** Développer la prise de conscience des risques et des solutions disponibles

Tableau 3.3 : Objectifs de Gouvernance et de Management du domaine 3 de « NCSecFr »

3.4.4. Conformité & Coordination

Les objectifs de Gouvernance et de Management relevant du domaine 4 (Conformité & Coordination), sont décrits dans le tableau suivant :

Code	Objectifs de Gouvernance et de Management
CC1	**Conformité à l'international et Coopération** Examiner les recommandations régionales et internationales pour les appliquer volontairement dans la réglementation nationale. Un régulateur doit être au courant des recommandations régionales et internationales, mais la conformité réglementaire avec eux n'est pas nécessaire
CC2	**Coopération Nationale** Identifier et établir les mécanismes et modalités en matière de coopération entre le Gouvernement, les entités du Secteur Privé, les Universités et les ONGs au niveau national, de sorte que les structures organisationnelles puissent s'assurer que les contrôles soient efficaces et efficients

Code	Objectifs de Gouvernance et de Management
CC3	**Coopération du Secteur Privé** Encourager la coopération entre les groupes d'industries interdépendantes (par l'identification des menaces communes). Encourager le développement de groupes du Secteur Privé provenant de différentes industries pour répondre à l'intérêt commun en collaboration avec le Gouvernement (identification de problèmes et répartition des coûts)
CC4	**Recherche et Développement** Améliorer les activités liées à la Recherche et Développement (R&D), à travers l'identification d'opportunités et l'affectation de fonds
CC5	**Gestion des incidents** Gérer les incidents à travers le CERT national, qui est chargé de détecter et de répondre aux cyberincidents à l'échelle nationale, et ceci en étroite collaboration avec le Gouvernement et le Secteur Privé
CC6	**Points de contact** Établir des points de contact (ou CSIRT) au sein du Gouvernement, de l'Industrie et de l'Université, afin de faciliter les consultations, la coopération et l'information avec le CERT national, qui doit rendre compte en élaborant des rapports périodiques

Tableau 3.4 : Objectifs de Gouvernance et de Management du domaine 4 de
« NCSecFr »

3.4.5. Evaluation & Suivi

Les objectifs de Gouvernance et de Management relevant du domaine 5 (Evaluation & Suivi), sont décrits dans le tableau suivant :

Code	Objectifs de Gouvernance et de Management
EM1	**Observatoire national** Mettre en place l'Observatoire national pour la collecte d'informations liées aux questions de la cybersécurité nationale, qui permettra de mesurer et de faire le point sur le contrôle de risque, de conformité et de performance
EM2	**Indicateurs globaux** Définir les mécanismes éligibles pour coordonner les activités de l'institution chef de file, du Gouvernement, du Secteur Privé et de la Société Civile, afin de surveiller et évaluer la performance globale de la stratégie « NCSec »
EM3	**Evaluation « NCSec »** Évaluer et réévaluer périodiquement l'état des efforts de la cybersécurité et développer les programmes prioritaires
EM4	**Indicateurs par Objectif / Processus** Définir les indicateurs adéquats pour chaque objectif/processus, afin d'assurer un suivi et de procéder à une amélioration continue
EM5	**Gouvernance « NCSec »** Assurer la gouvernance de la cybersécurité nationale à travers le modèle de maturité « NCSecMM », surtout avec des coûts optimisés

Tableau 3.5 : Objectifs de Gouvernance et de Management du domaine 5 de
« NCSecFr »

Les 34 objectifs de Gouvernance et de Management du référentiel « NCSecFr » ayant été définis, rappelons que la finalité de cette approche consiste à lui associer une méthodologie permettant de proposer une « Stratégie de Cybersécurité Nationale » adaptée à l'Etat ou à la région du monde. Cette stratégie constituera par la suite le point de départ pour la conception de son système de management de la cybersécurité nationale, qui sera décliné lui-même en un programme d'implémentation.

3.5. « NCSecFr » et la Stratégie de Cybersécurité Nationale

Le « Guide pour l'Elaboration d'une Stratégie de Nationale Cybersécurité », initié par l'UIT et ses 19 partenaires, en association avec 5 observateurs, tous de renom, a énoncé **neuf principes transversaux**, et **sept domaines d'intervention** (UIT 2021-a), qui constituent le socle de toute stratégie de cybersécurité nationale. Il s'agit d'une référence mondiale en la matière.

Dans cette section, nous analysons d'abord le degré d'adéquation de chacun des 34 objectifs de Gouvernance et de Management du référentiel « NCSecFr », avec les neuf principes transversaux énoncés pour la mise en œuvre de toute stratégie de cybersécurité nationale. Cette première analyse est suivie d'une seconde étude rendant compte du niveau d'alignement du référentiel « NCSecFr », avec les sept domaines d'intervention proposés dans le guide.

3.5.1. « NCSecFr » et les neuf Principes Transversaux

Les neuf principes transversaux du guide (UIT 2021-a) sont les suivants :
-   Vision ;
-   Approche globale et Priorités ciblées ;
-   Approche inclusive ;
-   Prospérité économique et sociale ;
-   Droits humains fondamentaux ;
-   Gestion des risques et Résilience ;
-   Ensemble approprié d'instruments politiques ;
-   Définition claire de l'encadrement, des rôles et de l'attribution des ressources ;
-   Environnement de confiance.

Si les principes énoncés s'avéraient vérifiables au niveau des objectifs de Gouvernance et de Management du référentiel « NCSecFr », ils contribueraient alors à l'élaboration d'une stratégie **prospective** et **holistique** de cybersécurité nationale. Le tableau ci-dessous examine pour chacun des neuf principes énoncés, quels sont parmi les 34 objectifs de Gouvernance et de Management du référentiel « NCSecFr », ceux qui sont satisfaits. En cas de non vérification par aucun des 34 objectifs, alors ce serait un aspect à renforcer au niveau du référentiel proposé dans cet ouvrage.

Référentiel NCSecFr		Principes Transversaux du « Guide d'Elaboration »								
Domaines du Référentiel	Objectifs de Gouvernance & de Management	Vision	Approche Globale & Priorités Ciblées	Approche Inclusive	Prospérité Economique & Sociale	Droits Humains Fondamentaux	Gestion des Risques & Résilience	Ensemble Approprié d'Instruments Politiques	Encadrement, Rôles & Attribution des Ressources	Environnement de Confiance
Domaine 1 Stratégie & Politiques	SP1	x						x	x	
	SP2								x	
	SP3	x	x					x	x	x
	SP4			x	x		x		x	
	SP5		x	x	x			x	x	x
Domaine 2 Implémentation & Organisation	IO1	x		x	x			x	x	
	IO2							x	x	
	IO3						x		x	
	IO4					x			x	x
	IO5		x			x		x	x	x
	IO6				x			x	x	x
	IO7							x	x	
	IO8								x	x
	IO9								x	
	IO10	x	x		x			x	x	
	IO11	x	x						x	
	IO12				x		x		x	x
Domaine 3 Sensibilisation & Communication	AC1							x	x	
	AC2	x		x				x	x	
	AC3								x	
	AC4			x		x			x	x
	AC5		x						x	
	AC6		x		x		x		x	x
Domaine 4 Conformité & Coordination	CC1		x						x	
	CC2		x	x				x	x	
	CC3		x	x	x		x	x	x	
	CC4	x	x	x	x			x	x	
	CC5		x	x				x	x	
	CC6		x	x				x	x	
Domaine 5 Evaluation & Suivi	EM1		x				x	x	x	
	EM2	x	x	x				x	x	
	EM3		x	x				x	x	
	EM4		x					x	x	
	EM5	x		x	x			x	x	

Tableau 3.6 : Conformité des objectifs de Gouvernance et de Management de « NCSecFr » par rapport aux « Principes Transversaux » du « Guide d'Elaboration »

L'analyse du tableau 3.6 et son analyse permettent de tirer les observations suivantes :
- **Principe 1 :** **Vision**
  Rappelons que la « Stratégie de Cybersécurité Nationale » devrait établir une **vision** claire par rapport à l'ensemble du Gouvernement et de la Société.
  Selon le référentiel « NCSecFr », toutes les parties prenantes sont conscientes du **contexte**, des **objectifs**, et du **périmètre d'action**, en rapport avec les règles de coordination, de coopération et de mise en œuvre de cette stratégie.
  Celle-ci est formulée à un niveau suffisamment élevé et palpable par rapport à chacun des cinq domaines, à travers les objectifs de Gouvernance et de Management figurant dans le tableau 3.6 ;
- **Principe 2 :** **Approche globale et priorités ciblées**
  Toute « Stratégie de Cybersécurité Nationale » devrait découler de la compréhension et de l'analyse globales de l'environnement numérique, tout en restant adaptée aux circonstances et aux priorités du pays.
  En effet, le référentiel « NCSecFr » aborde divers aspects allant au-delà de la prospérité économique et sociale, dans des domaines tels que l'application de la loi, la sécurité, les relations internationales, les négociations commerciales et le développement durable.
  Par ailleurs, la mise en œuvre du référentiel « NCSecFr » n'est pas figée : composé de 34 objectifs de Gouvernance et de Management répartis sur cinq domaines, le référentiel fixe les priorités du système de management de la cybersécurité escompté, conformément à la vision stratégique et au calendrier de sa mise en œuvre. Ces priorités permettront de consolider les objectifs, de fixer des échéanciers précis, et d'affecter les ressources nécessaires.
  Les guides de conception « NCSecDG » et d'implémentation « NCSecIG », associés au référentiel « NCSecFr », en sont l'illustration. De plus, il est à noter que les priorités incluses dans toute stratégie de cybersécurité nationale varieront d'un pays à un autre, selon une logique d'approche contextuelle ;
- **Principe 3 :** **Approche inclusive**
  La « Stratégie de Cybersécurité Nationale » devrait être élaborée avec la participation active de tous les intervenants concernés, en tenant compte de leurs besoins et de leurs responsabilités. Or, il s'avère que le référentiel « NCSecFr » identifie clairement les différents intervenants (stakeholders) associés à l'environnement numérique, devenu essentiel pour les Gouvernements, les Organisations et les Individus.
  Il est recommandé que le Gouvernement établisse des partenariats et définisse des mécanismes de collaboration, en se basant sur un sous-ensemble d'objectifs identifiés parmi les 34 relevant du référentiel « NCSecFr ». Ceux-ci faciliteront l'implication du Secteur Privé et de la Société Civile dans les négociations, ainsi que la mise en œuvre de la cyberstratégie. Le référentiel « NCSecFr » conseille même que la « Stratégie de Cybersécurité Nationale » soit un document public, en vue de favoriser l'approche inclusive et la transparence ;
- **Principe 4 :** **Prospérité économique et sociale**
  La cybersécurité n'est pas une fin en soi. Ainsi, bien que la « Stratégie de Cybersécurité Nationale » soit supposée protéger le pays contre les cybermenaces, cette même stratégie doit rester alignée sur les objectifs socioéconomiques plus larges de l'Etat et conduire à établir la confiance nécessaire pour aider à les atteindre.

La stratégie devrait maximiser la contribution des TICs au développement durable et à l'inclusion sociale, en facilitant l'accélération de la croissance économique et le progrès social, et plus généralement en faisant la promotion d'une gouvernance efficace et agile.

Dans le référentiel « NCSecFr », plusieurs parmi les 34 objectifs de Gouvernance et de Management traitent de l'impact de la « Stratégie de Cybersécurité Nationale » sur le progrès socioéconomique ;

- **Principe 5 : Droits humains fondamentaux**

La « Stratégie de Cybersécurité Nationale » devrait être conforme aux droits fondamentaux de l'être humain, et reconnaître le fait que les droits des personnes hors ligne soient également protégés en ligne.

De manière implicite, la stratégie se trouve en opposition par rapport à des pratiques telles que « la surveillance arbitraire, injustifiée ou autrement illégale, l'interception des communications ou le traitement des données à caractère personnel ».

« Le cas échéant, la surveillance, l'interception des communications, et la collecte de données ne peut être effectuée que dans le cadre d'une enquête spécifique ou d'une affaire juridique, autorisée par l'autorité nationale compétente et sur la base d'un cadre juridique public, précis, complet et non discriminatoire, permettant un contrôle efficace, des garanties de procédure et des recours » (UIT 2021-a).

Dans ce sens, le référentiel « NCSecFr » encourage le respect des droits humains fondamentaux, en consacrant trois objectifs parmi les 34, associés aux domaines 2 (Implémentation & Organisation) et 3 (Sensibilisation & Communication) ;

- **Principe 6 : Gestion des risques et résilience**

Selon le guide d'élaboration, toutes les parties prenantes de l'environnement socioéconomique seraient exposées aux risques liés à la cybersécurité, notamment lorsque des organisations utilisent les TICs pour favoriser l'innovation, accroître la productivité et améliorer la compétitivité, ou lorsque les Gouvernements déploient leurs services en ligne. Les incidents de cybersécurité peuvent entraîner des pertes financières, des atteintes à la réputation, ou encore des perturbations des opérations. Ne pouvant pas être entièrement éliminé, le risque peut être géré et minimisé.

De son côté, le référentiel « NCSecFr » recommande la gestion efficace des risques de cybersécurité et la stimulation de la résilience des activités économiques et sociales, en recommandant la priorisation des investissements en matière de cybersécurité et une gestion proactive des risques.

Il reconnaît également la nécessité d'une gestion continue des risques et facilite une approche cohérente entre les entités interdépendantes, en assurant la résilience de l'activité économique et sociétale dans le pays.

Le référentiel « NCSecFr » encourage l'adoption de mesures pour la continuité des activités et la reprise après sinistre. Celles-ci comprennent la gestion des incidents et des crises, ainsi que les plans de reprise, en consacrant à cette fin, six objectifs parmi les 34 relevant des cinq domaines ;

- **Principe 7 : Ensemble approprié d'instruments politiques**

Parmi les recommandations fortes du guide d'élaboration (UIT 2021-a), la « Stratégie de Cybersécurité Nationale » devrait utiliser les instruments politiques les plus appropriés pour atteindre chacun de ses objectifs, compte tenu des circonstances spécifiques de chaque pays.

Or, les objectifs du Gouvernement en matière de cybersécurité ne peuvent être atteints que si un changement de comportement se produisait chez tous les intervenants concernés (stakeholders).

Le référentiel « NCSecFr » dote le Gouvernement de leviers et instruments de politique, au niveau de chacun de ses cinq domaines, pour y arriver : ceci se traduira, entre autres, au niveau de la législation, de la réglementation, de la normalisation, des certifications, des incitations, des programmes et mécanismes de partage de l'information, des programmes d'éducation, du partage des meilleures pratiques, de l'établissement des normes de comportement attendues et de la création de communautés de confiance. Le choix de l'instrument politique le plus approprié par rapport à chaque objectif individuel donnera de meilleurs résultats ;

- **Principe 8 : Définition claire de l'encadrement, des rôles et de l'attribution des ressources**

La Stratégie devrait être établie au plus haut niveau du Gouvernement, qui sera alors chargé d'attribuer les rôles adéquats et les responsabilités pertinentes, mais également d'affecter des ressources humaines et financières suffisantes.

De plus, la cybersécurité devrait être promue et maintenue dans les plus hautes sphères du Gouvernement. De même, l'identification des points focaux pour les divers volets de travail s'avère incontournable, en vue d'assurer la reddition des comptes dans un cadre d'évolution constructive, à même de suivre la progression de la cybersécurité. Toutes les parties concernées devraient également bien comprendre leurs rôles et responsabilités respectifs. Dans ce contexte, la matrice RACI « NCSecRR » s'avère d'une grande utilité. La Stratégie devrait affecter les ressources humaines, financières et matérielles nécessaires à sa mise en œuvre. Ce principe doit intervenir dans l'élaboration de la stratégie, et la déclinaison de cette dernière en plan d'action.

Tous ces éléments sont palpables au niveau de l'intégralité des objectifs de Gouvernance et de Management du référentiel « NCSecFr » ;

- **Principe 9 : Environnement de confiance**

La Stratégie devrait contribuer à créer un environnement numérique en lequel les citoyens et les organisations peuvent avoir confiance.

La confiance dans l'écosystème numérique national est indispensable, protégeant les droits et les intérêts des utilisateurs, et assurant la sécurité des données et des systèmes : il s'agit d'atteindre le plein potentiel des opportunités politiques, économiques et sociales offertes par l'utilisation des TICs.

Dans le référentiel « NCSecFr », la Stratégie doit permettre l'adoption de politiques et d'actions au niveau national afin de garantir la sécurité des services essentiels (y la compris gouvernance électronique, le commerce électronique, la télémédecine, et les transactions financières numériques) soutenus par les TICs et utilisés par les citoyens. C'est ainsi que le principe de confiance serait inculqué non seulement à la population en général, mais plus particulièrement aussi aux organisations publiques et privées qui offriront aux citoyens leurs services liés aux TICs. Tous ces éléments sont palpables au niveau de neuf objectifs de Gouvernance et de Management, répartis sur les trois premiers domaines du référentiel.

3.5.2. « NCSecFr » et les sept Domaines d'Intervention

Les sept domaines d'intervention du guide (UIT 2021-a), ont permis d'identifier les 38 éléments de bonnes pratiques suivants :

Domaines d'intervention	Eléments de bonne pratique
1 – Gouvernance	1.1 Garantir un niveau de soutien maximal 1.2 Etablir une autorité compétente chargée de la cybersécurité 1.3 Garantir une coopération intragouvernementale 1.4 Garantir une coopération intersectorielle 1.5 Affecter le budget et les ressources spécifiques 1.6 Elaborer un plan de mise en œuvre
2 – Gestion des risques de cybersécurité au niveau national	2.1 Evaluer les cybermenaces et aligner les politiques selon leur expansion constante 2.2 Définir une approche de gestion des risques 2.3 Définir une méthodologie commune de gestion des risques en matière de cybersécurité 2.4 Développer des profils de risques par secteur en cybersécurité 2.5 Etablir des politiques de cybersécurité
3 – Préparation & Résilience	3.1 Mettre en place des capacités de réaction face aux cyberincidents 3.2 Elaborer des plans d'urgence pour la gestion des crises de cybersécurité et la reprise après incident 3.3 Promouvoir le partage d'informations 3.4 Réaliser des exercices de cybersécurité 3.5 Procéder à l'évaluation de l'impact ou de la gravité des incidents de cybersécurité
4 – Services d'Infrastructures Critiques et Services Essentiels (IC & SE)	4.1 Mettre en place une approche de gestion des risques pour protéger les Infrastructures Critiques et Services Essentiels 4.2 Adopter un modèle de gouvernance avec des responsabilités claires 4.3 Définir, en matière de cybersécurité, des références de base minimales 4.4 Utiliser un large panel de leviers marketing 4.5 Instaurer des partenariats Public-Privé
5 – Renforcement des capacités & Sensibilisation en matière de cybersécurité	5.1 Définir un plan stratégique relatif à la capacité, au renforcement des capacités, et à la sensibilisation 5.2 Développer des cursus dédiés 5.3 Encourager le développement des compétences et la formation de la main-d'œuvre 5.4 Mettre en place un programme coordonné de sensibilisation 5.5 Encourager l'innovation et la R&D 5.6 Adapter les programmes aux secteurs et groupes vulnérables

Domaines d'intervention	Eléments de bonne pratique
6 – Législation & Réglementation	6.1 Elaboration d'une législation relative à la cybersécurité 6.2 Elaboration d'une législation traitant tous les aspects relatifs à la lutte contre la cybercriminalité, et aux preuves électroniques 6.3 Reconnaître et protéger les droits individuels ainsi que les libertés 6.4 Créer des mécanismes de conformité 6.5 Encourager le renforcement des capacités à des fins d'application de la loi 6.6 Mettre en place des processus intersectoriels 6.7 Soutenir la coopération internationale pour lutter contre la cybercriminalité
7 – Coopération internationale	7.1 Reconnaître l'importance de la cybersécurité comme une priorité de politique étrangère & Aligner les efforts de cybersécurité aux niveaux national et international 7.2 Prendre part aux débats internationaux 7.3 Promouvoir des formes de coopération officielles et informelles dans le cyberespace 7.4 Promouvoir le renforcement des capacités pour la coopération internationale

Tableau 3.7 : « Domaines d'intervention » et éléments de « bonnes pratiques » du « Guide d'Elaboration » de l'UIT

Ces éléments de bonne pratique visent à rendre la stratégie plus **globale** et **efficace**, tout en permettant son adaptation au contexte national. Il n'existe pas de correspondance directe entre les domaines d'intervention du guide d'une part, et les domaines du référentiel « NCSecFr » de l'autre. Y aurait-il néanmoins une corrélation entre les 38 éléments de bonne pratique du guide d'une part, et les 34 objectifs de Gouvernance et de Management du référentiel de l'autre ?

Afin de mesurer dans quelle mesure le référentiel « NCSecFr » répond aux recommandations émises par le guide, il est de bonne augure d'identifier pour chacune des 38 bonnes pratiques de ce dernier, quels sont les objectifs de Gouvernance et de Management qui sont concernés.

Nous chercherons ainsi les situations satisfaisant à la fois les deux conditions suivantes :
- un objectif de Gouvernance et de Management du référentiel « NCSecFr » pourra vérifier une ou plusieurs bonnes pratiques ;
- une bonne pratique pourra couvrir un ou plusieurs objectifs de Gouvernance et de Management du référentiel « NCSecFr ».

Cette analyse, portée sur chacun des 38 éléments de **bonnes pratiques** énoncés dans le guide, est synthétisée dans le tableau suivant :

Référentiel NCSecFr		Domaines d'Intervention du « Guide d'Elaboration »						
Domaines du Référentiel	Objectifs de Gouvernance & de Management	Gouvernance	Gestion des Risques de Cybersécurité au Niveau National	Préparation & Résilience	Services d'Infra-structures Critiques & Services Essentiels	Renforcement des Capacités & Sensibilisation	Législation & Réglementation	Coopération Internationale
Domaine 1 Stratégie & Politiques	SP1	1.1					6.5	
	SP2	1.2			4.2			
	SP3		2.1, 2.5					
	SP4		2.2, 2.4	3.5	4.1			
	SP5	1.2, 1.3, 1.4	2.1					
Domaine 2 Implémentation & Organisation	IO1			3.2				
	IO2	1.2						
	IO3			3.4				
	IO4						6.3	
	IO5				4.3		6.1, 6.2, 6.7	7.1
	IO6	1.5			4.2		6.6	
	IO7				4.5			
	IO8					5.2		
	IO9			3.3				
	IO10	1.6	2.1			5.1		
	IO11					5.1	6.5	
	IO12			3.2				
Domaine 3 Sensibilisation & Communication	AC1	1.1						
	AC2					5.1, 5.3		
	AC3					5.1, 5.2, 5.4		
	AC4					5.6	6.3	
	AC5					5.2		
	AC6		2.4			5.4		
Domaine 4 Conformité & Coordination	CC1						6.4	7.1, 7.2, 7.3, 7.4
	CC2				4.5	5.6		
	CC3	1.4				5.6		7.4
	CC4					5.5		
	CC5	1.3		3.1, 3.5				
	CC6	1.3		3.4				
Domaine 5 Evaluation & Suivi	EM1		2.3, 2.4				6.4	
	EM2				4.4	5.6		
	EM3		2.1		4.4			
	EM4				4.4			
	EM5	1.6	2.1, 2.2, 2.3, 2.4		4.1, 4.3			

Tableau 3.8 : Conformité des objectifs de Gouvernance et de Management de « NCSecFr » par rapport aux « Domaines d'Intervention » du « Guide d'Elaboration »

Après avoir examiné dans le tableau 3.8 obtenu les corrélations entre les 34 objectifs de Gouvernance et de Management du référentiel « NCSecFr », et les 38 éléments de bonne pratique, une analyse verticale dénote que tous les éléments de bonne pratique ont au moins une correspondance avec un ou plusieurs objectifs de Gouvernance et de Management du référentiel « NCSecFr ». Une analyse horizontale montre que les 34 objectifs du référentiel sont impliqués dans l'atteinte d'un ou plusieurs éléments de bonne pratique, y compris SP1 et EM5 : il s'agit en effet d'objectifs de Gouvernance et de Management ayant une portée globale sur l'ensemble du contexte national, en conformité avec sa vision et sa stratégie.

En aucun cas, il n'existe d'éléments de bonne pratique qui soit non vérifié par aucun des 34 objectifs du référentiel, ce qui aurait mis en évidence un aspect à renforcer au niveau du référentiel proposé.

3.5.3. « *NCSecFr* » *et les Recommandations du Guide*

Les études comparatives des deux sections précédentes ont pu mettre en évidence l'alignement de la feuille de route initiée par le référentiel « NCSecFr » avec les recommandations du guide proposé par l'UIT et ses 19 partenaires, en termes de « Principes Transversaux » et de « Domaines d'Intervention ».

Nous pouvons en conclure la conformité du référentiel « NCSecFr » avec le guide d'élaboration de l'UIT (UIT 2021-a). Le pari de la réussite de la mise en œuvre de la stratégie selon « NCSecFr » sera tributaire du degré d'adéquation de chacun de ses 34 objectifs de Gouvernance et de Management, au regard de leur pertinence avec la spécificité du pays concerné. Cet aspect revêtira toute son importance lors de la conception et l'implémentation du système de management de la cybersécurité nationale, au niveau des guides de conception « NCSecDG » (chapitre 6), et d'implémentation « NCSecIG » (chapitre 7).

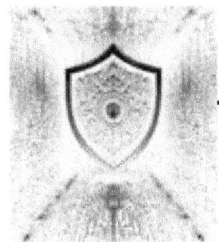

NCSecFr – Structure Détaillée du Référentiel

4.1. Approche Méthodologique

4.1.1. Motivations

Le référentiel « NCSecFr » propose une approche pertinente dédiée à la mise en place de toute « Stratégie de Cybersécurité Nationale », en harmonie avec les objectifs fixés par l'Etat. Il s'agit donc à ce stade d'explorer les mécanismes proposés au niveau du référentiel, afin de décliner cette vision en stratégie, et d'en traduire les objectifs de haut niveau, les principes et les priorités, en actions concrètes facilitant son implémentation à terme.

4.1.2. Lignes Directrices

Le référentiel « NCSecFr » permet ainsi d'asseoir un socle garantissant la préservation de l'espace cybernétique à un niveau stratégique. Cependant, une vue d'ensemble relative à la maîtrise et au renforcement de la sécurité et à la résilience du pays ne suffit pas. Le volet opérationnel qui en découle s'avère d'autant plus incontournable. Ainsi, les composantes du référentiel doivent être préalablement décrites de manière précise, y compris les parties prenantes qui sont chargées d'améliorer la cybersécurité du pays, les ressources qui leur sont allouées, et l'information qu'ils seraient en mesure de véhiculer.

En outre, la définition de leurs rôles et responsabilités respectifs est indispensable, contribuant à l'implémentation du référentiel en vue de protéger l'infrastructure cybernétique. C'est tout l'objet de ce chapitre.

4.2. Composantes du Référentiel « NCSecFr »

4.2.1. Parties Prenantes (Stakeholders)

Nous commençons d'abord par l'identification des parties prenantes (Stakeholders), considérées comme les acteurs du référentiel, afin d'être en mesure de décrire en détail les éléments impliqués dans tout objectif de Gouvernance et de Management, ainsi que dans tout processus associé. Ainsi, selon le référentiel « NCSecFr », les parties prenantes intervenant en tant qu'acteurs sont :
- le Secteur Public ;
- le Secteur Privé ;
- la Société Civile ;
- les Syndicats ;
- le monde Académique (Universités, R&D, etc.) ;
- les Infrastructures Critiques et Services Essentiels (IC & SE).

Le niveau de granularité peut être affiné au niveau de chacun des acteurs précités. En guise d'exemple, du côté du Gouvernement, nous pouvons développer cette entité et obtenir les composantes impliquées suivantes :
- Conseil de Gouvernement ;
- Chef du Gouvernement ;
- Conseil National de la Cybersécurité ;
- Autorité parlementaire ;
- Autorité en charge du Digital ;
- Ministère de l'Intérieur ;
- Ministère de la Défense ;
- Ministère de la Justice ;
- Ministère des Finances ;
- Ministère de l'Education ;
- Autorité Nationale pour la Cybersécurité ;
- CERT National ;
- CSIRT.

Cette liste énoncée à titre indicatif peut varier d'un pays à un autre, l'approche adoptée étant flexible, puisque chaque pays devra adapter la liste des intervenants par rapport à la question traitée. Notons que le périmètre d'action de ces acteurs peut aller même au-delà du référentiel « NCSecFr ». En effet, ces « parties prenantes » jouent un rôle clé pour le bon fonctionnement de l'ensemble de l'écosystème construit autour de la stratégie « NCSec », notamment au niveau de la matrice nationale « RACI » des rôles et responsabilités, notée « NCSecRR ». Celle-ci est considérée comme une composante fondamentale du référentiel, dont elle est tributaire, et qui vient s'y adjoindre. Cette matrice sera présentée ultérieurement dans ce chapitre, définissant les rôles et responsabilités de chaque intervenant par rapport à chaque processus existant, ce dernier étant associé à un objectif de Gouvernance et de Management de même nom, lié au référentiel « NCSecFr ».

4.2.2. Ressources

Au moment où les pays connaissent une expansion rapide en liaison étroite avec l'essor de l'économie numérique, les enjeux de la souveraineté nationale et de l'intelligence économique rendent indispensable la mise en place d'une véritable stratégie en matière de sécurité des systèmes d'information, à l'échelle nationale.

La gouvernance de la cybersécurité nationale demeure sous la responsabilité des « structures exécutives » : elle sera appréhendée à travers les structures organisationnelles garantissant que la stratégie « NCSec » soutient les stratégies et les objectifs nationaux, et qu'elle les transcende. Ceci confirme le leadership du Gouvernement dans ce contexte.

Il est en effet du devoir de l'Etat de renforcer ses compétences pour protéger son patrimoine national, ses Infrastructures Critiques et Services Essentiels (IC & SE). Certains ont eu recours à la proposition de frameworks dédiés à la protection de leurs infrastructures critiques et de leurs services essentiels (NIST 2018). Par conséquent, nous proposons, en vue d'atteindre cet objectif, la création d'un ensemble d'organismes se partageant les missions, entre édicter les règles permettant la protection des systèmes d'information nationaux, vérifier leur applicabilité, et enfin assurer le suivi opérationnel de la cybersécurité.

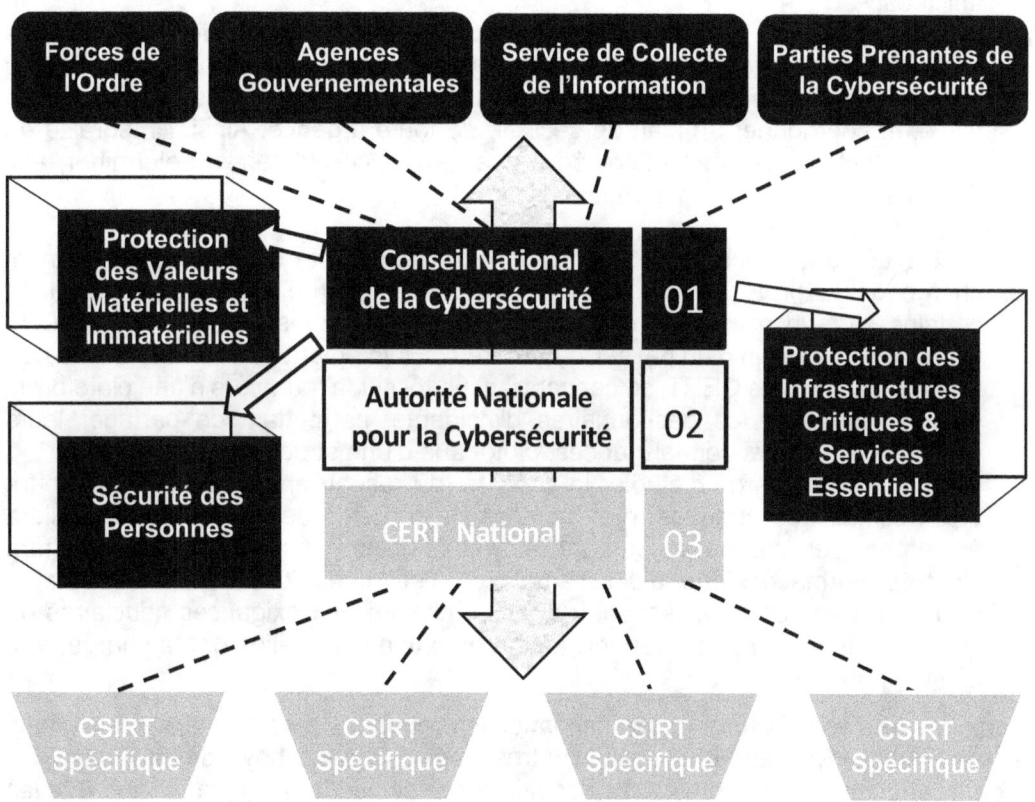

Figure 4.1 : Structure Organisationnelle de « NCSecFr »

La figure précédente identifie les ressources nationales associées au référentiel « NCSecFr », et qui sont au nombre de trois. Celles-ci sont définies comme suit :

- **Conseil National de la Cybersécurité (NCC) :**

  Son rôle sera de protéger les systèmes d'information relatifs aux Infrastructures Critiques et Services Essentiels du pays (IC & SE). Pour ce faire, le NCC aura à identifier les systèmes critiques de l'ensemble des administrations et des entreprises, pour lesquelles le maintien en condition opérationnelle est vital. Il devra également édicter les règles et les exigences de sécurité auxquelles ces administrations et entreprises devront satisfaire. A titre indicatif, les secteurs de l'eau ou de l'énergie, du transport, de l'agro-alimentaire, ainsi que les sociétés de télécommunication, les services d'urgence, les banques et les institutions financières, ou encore les services administratifs, en sont une illustration. Le NCC sera aussi l'organisation coordinatrice des plans d'urgence et plans de continuité d'affaires de ces administrations et entreprises.

- **Autorité Nationale pour la Cybersécurité (NCA) :**

  Son rôle consistera à vérifier que les règles en vigueur sont correctement appliquées au niveau de l'administration et des entreprises qui composent les Infrastructures Critiques et Services Essentiels (IC & SE) du pays. Avec cette mission, cette Autorité pourra procéder, de sa propre initiative, à toute vérification auprès de ces entreprises et administrations afin d'assurer le respect de ces règles édictées.

  Dans le cadre de la surveillance des activités de continuité des activités des Infrastructures Critiques et Services Essentiels (IC & SE), l'Autorité pourrait être amenée à organiser des tests des plans d'urgence de sécurité qui ont été mis en place, et coordonner un plan de sécurité de toute urgence. Ainsi, l'intégralité du plan de test pourrait être effectuée à une fréquence qui sera à déterminer, afin d'assurer la gestion des dépendances.

- **CERT National :**

  Le CERT national est une organisation qui représente soit un Gouvernement chargé de la protection informatique de l'infrastructure de sécurité, ou dans certains cas, un point de coordination nationale pour les menaces de sécurité informatique au sein d'un pays. De nombreux Etats optent pour une structure non nationalisée de type CERT, se concentrant plutôt sur la fourniture d'une plateforme collaborative pour les gestionnaires d'incidents, permettant de partager leurs expériences et leurs connaissances, plutôt que d'une structure hiérarchique.

  Le CERT sera chargé d'étudier la sécurité (du réseau en particulier) afin d'offrir aux victimes des attaques, des services de réponse aux incidents. Il publiera également des alertes concernant les vulnérabilités et les menaces, et offrira d'autres informations pour aider à améliorer la sécurité informatique et réseau.

  Pour leur part, les organisations devront satisfaire aux exigences fiduciaires de qualité et de sécurité, par rapport aux informations dont elles ont la charge, tout comme pour les actifs.

Certaines de ces structures organisationnelles proposées peuvent déjà exister dans les différents pays, peut-être sous d'autres noms. Chaque pays devra définir ses propres structures pertinentes, avec des missions spécifiques assignées, ainsi que les fonctions et le modèle économique adéquats pour les soutenir.

Plusieurs alternatives au niveau des structures organisationnelles pourraient être conçues, à l'échelle du pays, selon son organisation spécifique, mais aussi selon son mode de fonctionnement. Le volet relatif aux ressources devrait ainsi bénéficier d'une certaine flexibilité, tout en assurant au niveau fonctionnel les missions qui incombent aux entités considérées.

4.2.3. Information

Le flux informationnel généré constitue une composante clé de tout système, car il en va de sa cohérence. Dans le cas du référentiel « NCSecFr », l'information devra satisfaire à certaines exigences, selon des critères à même d'atteindre les objectifs suivants :

- Efficacité de l'information traitée (disponible à temps avec l'exactitude et la cohérence exigées), et pertinence par rapport aux objectifs de la stratégie « NCSec » ;
- Efficience de l'information fournie, grâce à l'utilisation optimale (plus productive et économique) des ressources ;
- Confidentialité, en vue de la protection des informations sensibles contre la divulgation envers les entités non autorisées à priori ;
- Intégrité, par rapport à l'exactitude et à l'exhaustivité de l'information, ainsi que pour sa validité, conformément aux politiques et aux attentes ;
- Disponibilité, selon sa pertinence par rapport à la stratégie et aux politiques actuelles et futures issues de « NCSec ». Elle concerne aussi la sauvegarde des ressources et les capacités nécessaires associées ;
- Conformité, vis-à-vis des lois, règlements et dispositions contractuelles auxquelles les objectifs de la stratégie « NCSec » sont soumis ;
- Fiabilité, selon que l'information soit appropriée pour l'entité dans l'exercice de ses fonctions, tout en tenant compte de ses responsabilités fiduciaires et en prenant en considération les éléments inhérents à la gouvernance.

De plus, dans le modèle d'information associé au référentiel « NCSecFr », cette même information sera corrélée avec le type de menace considéré.

Le référentiel « NCSecFr » distingue quatre niveaux différents de menaces :
- Interne (à l'intérieur d'une organisation) ;
- Intra-domaine (entre deux entités relevant de deux intervenants issus de la même catégorie de parties-prenantes dans le même pays) ;
- Inter-domaine (entre deux entités relevant de deux intervenants issus de parties-prenantes différentes dans le même pays) ;
- Transnationale (entre deux entités relevant de deux pays différents).

La figure suivante traduit cette hiérarchie en distinguant les différents niveaux d'échanges liés aux menaces.

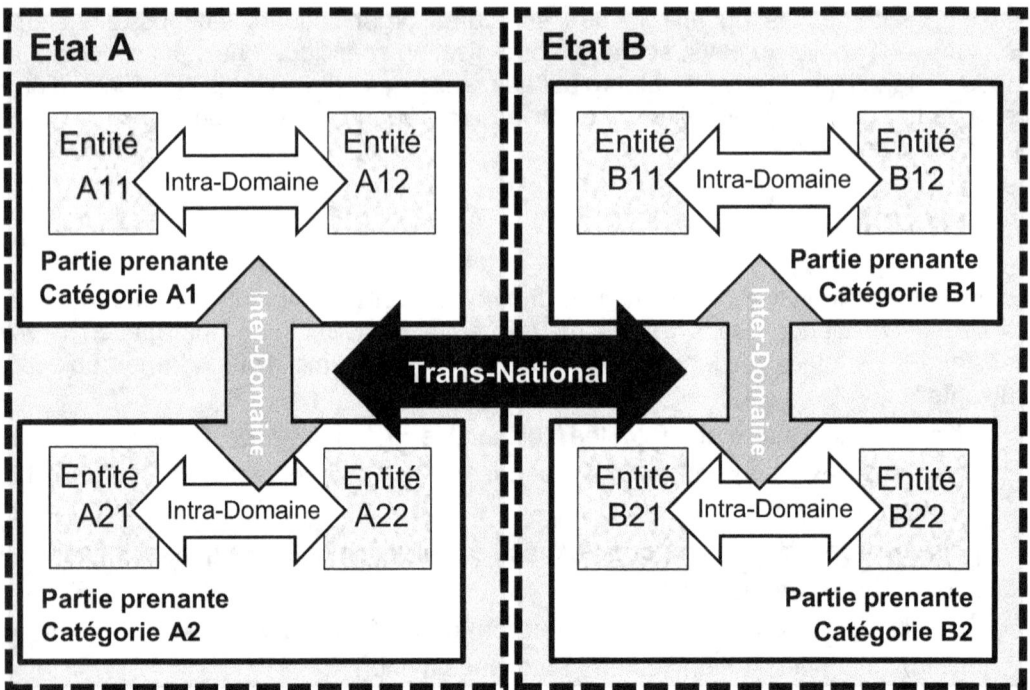

Figure 4.2 : Classification hiérarchique des menaces

D'un autre côté, la composante « information » reste incontournable et devrait satisfaire les objectifs fixés par la stratégie « NCSec » en matière de traitement de l'information. Celle-ci devra se conformer à une classification à deux niveaux, en respectant d'une part la classification hiérarchique précédente des menaces, et en tenant compte d'autre part des six exigences qui doivent être satisfaites par l'information. Le tableau 4.1 en résume les divers cas d'usage :

Critères d'exigences \\ Niveaux de menaces	Interne	Intra-domaine	Inter-domaine	Trans-national
Efficience				
Confidentialité / Secret				
Intégrité				
Disponibilité				
Conformité				
Fiabilité				

Tableau 4.1 : Classification de l'information selon la stratégie « NCSec »

4.3. Rôles et Responsabilités – NCSecRR

4.3.1. Pertinence de la matrice RACI

Alors que COBIT est dédié aux organisations, le modèle associé n'est pas applicable au niveau national. Etant donné que le modèle de référence « NCSecMS » se positionne par rapport à COBIT comme son extension portée au niveau national, il devient alors primordial de suivre une méthodologie à même d'identifier, à cette échelle, les rôles et les responsabilités des parties prenantes.

Dans un besoin de gouvernance globale et en vue de gérer la cybersécurité à l'échelle nationale, une matrice RACI des rôles et responsabilités, notée « NCSecRR », sera ainsi associée au modèle de référence « NCSecMS ». Déjà utilisée dans COBIT 2019, cette approche a prouvé son efficacité, prenant en considération la suite de composantes associées au modèle, à l'image du « référentiel », des « objectifs de Gouvernance et de Management », des « processus » associés et du « modèle de maturité » : son aboutissement se concrétise ainsi par la « matrice nationale RACI des rôles et des responsabilités ».

La définition des responsabilités permet aux gestionnaires des organisations de participer activement à un débat ciblé et systématique sur les descriptions de processus associés aux objectifs de Gouvernance et de Management du référentiel « NCSecFr », en vue de mener des actions. Celles-ci doivent être accomplies afin de livrer avec succès un produit ou un service fini.

D'une manière générale, la matrice des rôles et responsabilités s'obtient en suivant les cinq étapes suivantes (SMITH M.L. 2005) :
- identification des processus ;
- détermination des décisions et des activités de la matrice ;
- préparation de la liste des rôles et des personnes impliquées ;
- développement de matrice RACI en complétant les cases ;
- résolution des chevauchements, après consultation des parties prenantes.

Dans le cas du référentiel « NCSecFr », il en sera de même pour produire la matrice nationale RACI des rôles et des responsabilités, notée « NCSecRR », qui sera produite en suivant les cinq étapes ci-dessus : cette matrice contribuera ainsi à l'amélioration de la communication, et à une exécution plus efficace du projet, à travers la réduction des écarts, des malentendus et des conflits potentiels concernant les rôles et les responsabilités.

En matière de gestion des intervenants, la matrice « NCSecRR » aidera à mieux gérer les attentes des intervenants en déterminant qui sera consulté ou informé. Cela favorisera une communication transparente et permettra de tenir au courant les parties prenantes concernées, contribuant à atténuer la résistance au changement.

La matrice RACI, vue sous l'angle de la gestion de projet, répondra ainsi au besoin de fournir une structure clarifiant les rôles et les responsabilités des membres de l'équipe et des parties prenantes. Cette matrice est particulièrement utile pour s'assurer que toute personne impliquée a compris ce que l'on attend d'elle au sein du projet, assurant ainsi une certaine cohérence et évitant toute redondance.

4.3.2. *Approche RACI*

La matrice « NCSecRR » sera un outil relativement simple utilisé pour clarifier les rôles et les responsabilités entre les acteurs impliqués dans la gestion ou l'exécution des processus associés aux objectifs du référentiel « NCSecFr », surtout lors d'un changement organisationnel. Il est utile de décrire ce qui devrait être effectué et par qui cela sera réalisé, lors de cette phase de transformation en matière de gestion du changement (KELLY R. 2006).

La matrice « NCSecRR » correspondra à un tableau décrivant les rôles et les responsabilités des intervenants (stakeholders) impliqués dans l'exploitation d'un processus du référentiel « NCSecFr ». Elle sera particulièrement utile pour les aider à gérer plus efficacement une fonction donnée lors de la conception ou de la reconception (reingeneering) d'un processus, en mettant en lumière la manière dont les décisions seront prises : par la clarification des chevauchements, des redondances, ou encore l'incompatibilité des responsabilités, la matrice « NCSecRR » permettra de structurer et de répartir plus facilement la responsabilité et l'autorité. Elle établira enfin des lignes de communication claires, en réduisant la duplication des efforts. Du point de vue de la démarche, il ne sera pas nécessaire d'identifier toutes les parties prenantes préalablement à l'application de l'approche RACI. Celle-ci pourra être appliquée à tout moment. Si la progression du travail se trouvait entravée durant la mise en œuvre du projet par certaines ambiguïtés, alors la matrice « NCSecRR » permettrait d'identifier rapidement la source du problème.

Dans le contexte du modèle de référence « NCSecMS », la matrice « NCSecRR » permettra de clarifier les rôles et les responsabilités des différentes parties prenantes (stakeholders), au niveau national, en associant un acronyme distinct (et sa correspondance en anglais) à chaque intervenant.

Ainsi, quatre principaux rôles sont attribués aux intervenants impliqués dans une tâche ou une activité, chacun étant représenté par une lettre distincte :
- **Réalise/Responsible (R) :** ce rôle est attribué à une catégorie d'intervenants chargée de l'exécution concrète d'un processus du référentiel. Cette catégorie travaille pour réaliser les tâches ou activités qui lui incombent, y compris la fourniture des ressources pour compléter la tâche. La désignation d'une personne responsable garantit que celle-ci prendra en charge la réalisation de la tâche ;
- **Approuve/Accountable (A) :** ce rôle est attribué à une catégorie d'intervenants auxquels on rendra compte, lors de la mise en place d'un processus du référentiel. Cette catégorie est ultimement responsable de la réalisation correcte de la tâche ou de l'activité, et de l'obtention de son résultat. Elle est synonyme de l'autorité approuvant le travail réalisé. La règle stipule l'existence d'un seul 'A' par processus, l'individu « Accountable » correspondant souvent au chef de projet ou au gestionnaire du processus ;
- **Consulté/Consulted (C) :** ce rôle est attribué à une catégorie d'intervenants devant être consultés avant que la tâche ne soit effectuée. Cette catégorie possède l'expertise et l'information nécessaires à l'exécution des tâches associées au processus du référentiel, la communication ayant lieu dans les deux sens. Elle est synonyme de l'autorité qui est sollicitée pour recueillir des informations nécessaires à l'achèvement des travaux ;

- **Informé/Informed (I) :** ce rôle est attribué à une catégorie d'intervenants ayant un intérêt ou un besoin d'être tenus au courant par rapport à l'avancement ou l'achèvement de la tâche, dans le cadre d'une communication à sens unique. Cette catégorie est synonyme de l'autorité qui doit être informée sur l'évolution du travail, ainsi que sur la notification des résultats, sans pour autant qu'elle soit nécessairement consultée. Les intervenants « Informés » ne sont pas directement impliqués dans l'exécution de la tâche, mais ils doivent être conscients de son statut.

Dans certains cas, il est possible de cumuler un double rôle 'A' et 'R'. Toutefois, il convient de préciser qu'au niveau le plus haut d'un projet, il n'est possible d'avoir qu'un seul 'A'. Ainsi, si le rôle 'A' venait à figurer plus d'une fois dans une même ligne, alors cela signifierait que les rôles n'ont pas encore été vraiment bien définis. Il est alors nécessaire de clarifier le rôle de chacune des parties prenantes sur chaque tâche.

4.3.3. Méthodologie RACI

La méthodologie RACI choisie dans le cas du modèle de référence « NCSecMS » ne sera pas différente de ce qui a été expliqué précédemment. Elle consistera à remplir les cases, après avoir identifié à qui seront attribués les rôles (R), (A), (C) et (I), pour chaque processus du référentiel « NCSecFr ». Comme principe général, à chaque processus du référentiel sera attribué de préférence un seul (A). Dans le cas contraire, un décalage se produirait lorsqu'un processus existe sans (A), et un chevauchement se produirait si plusieurs intervenants disposent du rôle (A) pour un processus donné.

Les lignes directrices pour la désignation des rôles sont effectuées selon cet ordre :
- Commencer par affecter les (A), en désignant, pour chaque processus du référentiel « NCSecFr », un point (rôle, position) de la responsabilisation (A) ;
- Attribuer ensuite la responsabilité (R) au niveau le plus proche de l'action où les connaissances sont requises pour la tâche. Il s'agit de vérifier que toutes les responsabilités partagées sont appropriées ;
- S'assurer que les intervenants sont consultés (C) et informés (I), mais limiter ces rôles seulement à l'implication jugée nécessaire.

En guise d'exemple, prenons le premier domaine SP (stratégie et politiques) du référentiel « NCSecFr », issu du modèle de référence « NCSecMS ». Si nous utilisons la matrice RACI pour déterminer la combinaison des rôles et des responsabilités pour le processus SP1 (« Promulguer et approuver une stratégie de cybersécurité nationale »), nous obtiendrons alors la répartition suivante :
- Le Gouvernement devra approuver (A) la promulgation de la stratégie « NCSec ». Il en sera également responsable (R) pour son approbation ;
- A ce niveau, les Infrastructures Critiques et Services Essentiels (IC & SE) seront consultés (C), car ils disposent de l'information et de la capacité nécessaires pour compléter la promulgation de la stratégie « NCSec », surtout lorsque celle-ci s'inscrit dans une optique d'amélioration continue ;
- Le Secteur Privé sera également consulté (C), car il dispose de l'information et de la capacité nécessaires pour compléter la promulgation de la stratégie ;
- Enfin, la société civile et les universités resteront informées (I), parce qu'elles sont tenues au courant sur les progrès, selon une communication à sens unique. Elles devront être informées des résultats, sans être pour autant consultées.

Dans la suite de cette section, nous présentons, pour chacun des cinq domaines du référentiel « NCSecFr », la matrice « NCSecRR » associée à chacun de ses 34 processus. Celle-ci a déjà fait l'objet d'une publication dans une conférence internationale (ECH-CHERIF EL KETTANI M.D. & DEBBAGH T. 2009-b).

Le tableau suivant traduit la matrice RACI associée aux processus du domaine Stratégie et Politiques (SP1 à SP5) du référentiel.

Processus-clés	Conseil de Gouvernement	Chef du Gouvernement	Conseil de Cybersécurité	Autorité Parlementaire	Autorité en charge du Digital	Ministère de l'Intérieur	Ministère de la Défense	Ministère de la Justice	Ministère des Finances	Ministère de l'Education	Autorité de Cybersécurité	Société Civile	Syndicat	Secteur Privé	Secteur Académique	Infrastructure Critique	CERT National	CSIRT
SP1	I	A	C	C	R	C	C	I	I	R		I	I		I			
SP2	I	I	A	C	R	C	C	I	I		R	C	C	C	C			
SP3			A	C	R	C	I	C	I		R			I		I		
SP4			A	R	R	C	I				R			C	R	I		
SP5			A		C	C	I	I			R	C	C	C	C	C	C	I

Pr.	Description
SP1	**Stratégie NCSec** Promulguer et approuver une stratégie pour la cybersécurité nationale
SP2	**Institutions leaders** Identifier les institutions responsables de l'élaboration d'une stratégie au niveau national, et une institution leader pour chaque catégorie d'intervenants
SP3	**Politiques NCSec** Identifier / définir des politiques relatives à la stratégie de NCSec
SP4	**Protection des Infrastructures Critiques et Services Essentiels (IC & SE)** Etablir et intégrer la gestion des risques pour identifier et prioriser les efforts de protection concernant ces infrastructures
SP5	**Parties prenantes (stakeholders)** Identifier le degré de préparation de chacun des intervenants au sujet de la mise en œuvre de la stratégie de NCSec. Déterminer comment ces parties prenantes mettront en œuvre la stratégie et les politiques définies

Tableau 4.2 : Matrice RACI associée aux processus du domaine
Stratégie & Politiques

Le tableau suivant traduit la matrice RACI associée aux processus liés au second domaine Implémentation & Organisation (IO1 à IO12) du référentiel :

Responsabilités des acteurs de l'implémentation

Processus-clés

Processus-clés	Conseil de Gouvernement	Chef du Gouvernement	Conseil de Cybersécurité	Autorité Parlementaire	Autorité en charge du Digital	Ministère de l'Intérieur	Ministère de la Défense	Ministère de la Justice	Ministère des Finances	Ministère de l'Education	Autorité de Cybersécurité	Société Civile	Syndicat	Secteur Privé	Secteur Académique	Infrastructure Critique	CERT National	CSIRT
IO1	A	R		C	R	C	C	I		I								
IO2	I	A	R		R	C	C	C		I								
IO3	I		A		R	C	C	I	I		R			C	C			
IO4	A		I	C	R	C		R			R		I	C	I	C	I	
IO5	A		I	C	R	C		R			R			C	I	C	I	
IO6	I		A		R	C		I	R		R			C		C	I	I
IO7	I		I		R	I		I			A			R	R	I	C	C
IO8					R	I				C	A	I		I	C	R	C	C
IO9			I		C	I		I			A			I	R	C	R	C
IO10			A	I	R	C	C		C		R			I	I	C	R	I
IO11	C		A	I	R	C	I		I		R			I	I	I	R	
IO12			I		C	I					A	C	I		C	C	C	R

Pr.	Description
IO1	**Conseil National de la Cybersécurité** Définir un Conseil national de coordination pour la cybersécurité intégrant les principales parties prenantes, qui approuvera la stratégie proposée
IO2	**Autorité pour la Cybersécurité** Définir une autorité spécifique pour la coordination et la mise en œuvre de la stratégie en matière de cybersécurité nationale
IO3	**CERT National** Identifier ou établir un CERT (Computer Emergency Response Team) national qui sera dédié à détecter, coordonner et répondre aux cyberincidents à l'échelle nationale
IO4	**Protéger les données personnelles et la propriété intellectuelle** Réviser le régime de protection existant et le mettre à jour pour l'environnement en ligne
IO5	**Lois** S'assurer que le cadre légal est conforme aux recommandations internationales et qu'il est soumis à une amélioration continue
IO6	**Institutions** Identifier les institutions ayant des responsabilités de cybersécurité, et les ressources qui leur permettent de mettre en œuvre les bonnes pratiques de la stratégie « NCSec »
IO7	**Experts nationaux et décideurs** Identifier les experts et les décideurs appropriés au sein du Gouvernement, du Secteur Privé et des Universités
IO8	**Formation** Identifier les besoins en formation, et déterminer la manière de les atteindre
IO9	**Expertise internationale** Identifier les experts internationaux qui pourraient apporter une assistance afin de résoudre les problèmes de cybersécurité, y compris le partage de l'information
IO10	**Gouvernement** Mettre en œuvre un plan de cybersécurité pour les systèmes gérés par le Gouvernement, qui prend en compte les évolutions, et ceci en adéquation avec la stratégie « NCSec »
IO11	**Capacités nationales** Prendre en compte les capacités nationales permettant la mise en œuvre de « NCSec »
IO12	**Service continu** Assurer un service continu au sein de chaque intervenant, mais également entre les intervenants, et ce en tenant compte de la stratégie « NCSec »

Tableau 4.3 : Matrice RACI associée aux processus du domaine Implémentation & Org.

Le tableau suivant traduit la matrice RACI associée aux processus liés au troisième domaine Sensibilisation & Communication (AC1 à AC6) :

Responsabilités des acteurs de l'implémentation

Processus-clés	Conseil de Gouvernement	Chef du Gouvernement	Conseil de Cybersécurité	Autorité Parlementaire	Autorité en charge du Digital	Ministère de l'Intérieur	Ministère de la Défense	Ministère de la Justice	Ministère des Finances	Ministère de l'Education	Autorité de Cybersécurité	Société Civile	Syndicat	Secteur Privé	Secteur Académique	Infrastructure Critique	CERT National	CSIRT
AC1	C	A	I	I	R	C	I		R									
AC2			A	I	R	C		I	R	R	R	R	C				C	C
AC3			A	I	R	C		C	R	R		I	R	R	I	R	C	
AC4			A			C		R	R	R				R			C	I
AC5			I		C	I					A		C	R	C		R	R
AC6						C					A	I		I	R		R	R

Pr.	Description
AC1	**Les leaders au sein du Gouvernement** Convaincre les leaders nationaux dans le Gouvernement, de la nécessité de mener une action nationale pour lutter contre les menaces et les vulnérabilités liées à la cybersécurité
AC2	**Sensibilisation nationale** Promouvoir un programme global de sensibilisation nationale afin que toutes les parties prenantes, et plus généralement la population, soient en mesure de sécuriser leurs propres systèmes
AC3	**Programmes de sensibilisation** Mettre en œuvre des programmes de sensibilisation à la sécurité et des initiatives spécifiques au profit des utilisateurs des systèmes et des réseaux
AC4	**Citoyen et Protection de l'enfance** Soutenir les actions de sensibilisation de la société civile. Une attention particulière sera accordée notamment aux enfants, aux utilisateurs individuels, et aux personnes à besoins spécifiques
AC5	**Culture « NCSec » pour les entreprises** Encourager le développement d'une culture de la sécurité dans les entreprises
AC6	**Solutions disponibles** Développer la prise de conscience des risques et des solutions disponibles

Tableau 4.4 : Matrice RACI associée aux processus du domaine Sensibilisation & Communication

Le tableau suivant traduit la matrice RACI associée aux processus liés au quatrième domaine Conformité & Coordination (CC1 à CC6) :

Responsabilités des acteurs de l'implémentation

Processus-clés	Conseil de Gouvernement	Chef du Gouvernement	Conseil de Cybersécurité	Autorité Parlementaire	Autorité en charge du Digital	Ministère de l'Intérieur	Ministère de la Défense	Ministère de la Justice	Ministère des Finances	Ministère de l'Education	Autorité de Cybersécurité	Société Civile	Syndicat	Secteur Privé	Secteur Académique	Infrastructure Critique	CERT National	CSIRT
CC1	I	A	C	C	I				R		I	C		R				
CC2	C	A	R	I				I	R	C	I	C	C	I	R			
CC3			C								A	I	R	C	I	R	R	
CC4				I	R	I	I	R			A			C	R		C	I
CC5	C		R	I							A			R	C	C	R	R
CC6				I	C	I					A			R	R		R	C

Pr.	Description
CC1	**Conformité à l'international & Coopération** Examiner les recommandations régionales et internationales pour les appliquer volontairement dans la réglementation nationale. Un régulateur doit être au courant des recommandations régionales et internationales, mais la conformité réglementaire avec eux n'est pas nécessaire
CC2	**Coopération nationale** Identifier et établir des mécanismes et des modalités en matière de coopération entre le Gouvernement, les entités du Secteur Privé, les Universités et les ONGs au niveau national, de sorte que les structures organisationnelles puissent s'assurer que les contrôles soient efficaces et efficients
CC3	**Coopération du Secteur Privé** Encourager la coopération entre les groupes d'industries interdépendantes (par l'identification des menaces communes). Encourager le développement de groupes du Secteur Privé provenant de différentes industries pour répondre à l'intérêt commun en collaboration avec le Gouvernement (à travers l'identification de problèmes et la répartition des coûts)
CC4	**Recherche et Développement** Améliorer les activités liées à la Recherche et Développement (R&D), à travers l'identification d'opportunités et l'affectation de fonds
CC5	**Gestion des incidents** Gérer les incidents à travers le CERT national, qui est chargé de détecter et de répondre aux cyberincidents à l'échelle nationale, et ceci en étroite collaboration avec le Gouvernement et le Secteur Privé
CC6	**Points de contact** Établir des points de contact (ou CSIRT) au sein du Gouvernement, de l'Industrie et de l'Université, afin de faciliter les consultations, la coopération et l'information avec le CERT national, qui rend compte en élaborant des rapports périodiques

Tableau 4.5 : Matrice RACI associée aux processus du domaine Conformité & Coordination

Le tableau suivant traduit la matrice RACI associée aux processus liés au cinquième domaine Evaluation & Suivi (EM1 à EM5) :

Processus-clés	Conseil de Gouvernement	Chef du Gouvernement	Conseil de Cybersécurité	Autorité Parlementaire	Autorité en charge du Digital	Ministère de l'Intérieur	Ministère de la Défense	Ministère de la Justice	Ministère des Finances	Ministère de l'Education	Autorité de Cybersécurité	Société Civile	Syndicat	Secteur Privé	Secteur Académique	Infrastructure Critique	CERT National	CSIRT
EM1			I	C	C	I		I	C	A	C		C	C	C	R	C	
EM2		A	I	C	C	I	C	I	C		R		I	C	I	C	C	
EM3		A		C	C						R			I	C	R		
EM4			I	C	C	I		I	C	A			C	C	C	R	C	
EM5	I	I	A	I	R	C	I	C	I		R			I	I	I	C	I

Pr.	Description
EM1	**Observatoire national** Mettre en place l'Observatoire national pour la collecte d'informations liées aux questions de la cybersécurité nationale, qui permettra de mesurer et de faire le point sur le contrôle de risque, de conformité et de performance
EM2	**Indicateurs globaux** Définir les mécanismes qui peuvent être utilisés pour coordonner les activités de l'institution chef de file, du Gouvernement, du Secteur Privé et de la Société Civile, afin de surveiller et d'évaluer la performance globale de la stratégie « NCSec »
EM3	**Evaluation « NCSec »** Évaluer et réévaluer périodiquement l'état des efforts de la cybersécurité et développer les programmes prioritaires
EM4	**Indicateurs par Objectif/Processus** Définir les indicateurs adéquats pour chaque objectif/processus, pour assurer un suivi et procéder à une amélioration continue
EM5	**Gouvernance « NCSec »** Assurer la **gouvernance** de la cybersécurité nationale à travers le modèle de maturité « NCSecMM », surtout avec des coûts optimisés

Tableau 4.6 : Matrice RACI associée aux processus du domaine Evaluation & Suivi

4.4. Structure d'un Processus

4.4.1. Définitions

Dans un besoin de gouvernance globale, et en vue de gérer convenablement la cybersécurité, à chaque objectif de Gouvernance et de Management sera associé un processus distinct, parmi les 34 répartis sur les cinq domaines. Les composantes d'un processus suivront une hiérarchie à 3 niveaux : Processus, Pratique de Gouvernance et de Management, et Activité.

Voici la définition de chacune de ces composantes :

- **Processus**

> **Définition 1 :**
> A chaque objectif de Gouvernance et de Management du référentiel « NCSecFr » est associé un **processus** distinct de même nom.

- **Pratique de Gouvernance et de Management**

> **Définition 2 :**
> Un processus du référentiel « NCSecFr » est composé d'un ensemble organisé de **pratiques de Gouvernance et de Management** permettant d'atteindre l'objectif de Gouvernance et de Management associé au processus.

- **Activité**

> **Définition 3 :**
> Une pratique de Gouvernance et de Management relevant d'un processus donné est elle-même composée d'un ensemble **d'activités**, dites également **activités de Gouvernance et de Management**.

4.4.2. Propriétés

Tout processus associé à un objectif de Gouvernance et de Management se verra associer les propriétés suivantes :

- **Pratique de Gouvernance et de Management**

> **Propriété 1 :**
> Les **pratiques de Gouvernance et de Management** associées à un processus, permettent d'**atteindre les résultats escomptés à son niveau**.

Les **résultats escomptés** au niveau d'une pratique de Gouvernance et de Management sont issus des « bonnes pratiques » relatives aux « Domaines d'Intervention » inspirées du guide (UIT 2021-a), conformément au tableau 3.8. Ils sont illustrés par les deux exemples suivants :

- **Exemple 1 :**
  Le processus SP4 relatif à la **« Protection des Infrastructures Critiques et Services Essentiels (IC & SE) »** vise à « établir et intégrer la gestion des risques afin d'identifier et prioriser les efforts de protection concernant ces infrastructures ».

Ce processus se décline en quatre « pratiques de Gouvernance et de Management » :
- SP4.01 : Définir une approche de gestion des risques ;
- SP4.02 : Développer des profils de risques par secteur en cybersécurité ;
- SP4.03 : Evaluer l'impact ou la gravité des incidents de cybersécurité ;
- SP4.04 : Mettre en place une approche de gestion des risques pour protéger les Infrastructures Critiques et Services Essentiels contre les menaces.

- **Exemple 2 :**
  Le processus associé à l'objectif IO10 traite l'aptitude du Gouvernement à implémenter et organiser le modèle de référence. Il vise à « mettre en œuvre un plan de cybersécurité pour les systèmes gérés par le Gouvernement, qui prend en compte les évolutions, et ce en adéquation avec la stratégie NCSec ».
  Ce processus se décline en trois « pratiques de Gouvernance et de Management » :
  - IO10.01 : Elaborer un plan de mise en œuvre ;
  - IO10.02 : Evaluer les cybermenaces et aligner la politique nationale selon leur expansion constante dans la gestion des risques de cybersécurité ;
  - IO10.03 : Définir un plan stratégique relatif à la capacité, au renforcement des capacités, et à la sensibilisation.

- **Activité de Gouvernance et de Management**

> **Propriété 2 :**
> Les **activités de Gouvernance et de Management**, relatives à une pratique de Gouvernance et de Management associée à un processus, permettent d'**obtenir les résultats escomptés** par cette pratique.

Les « **activités** » de Gouvernance et de Management associées aux « **pratiques** » de Gouvernance et de Management coïncident avec la description détaillée des « bonnes pratiques » des « Domaines d'Intervention » du guide (UIT 2021-a). L'exemple suivant est une illustration de la hiérarchie déclinée en 3 niveaux, selon l'ordre suivant : « Processus », « Pratique de Gouvernance et de Management » puis « Activité de Gouvernance et de Management ».

- **Exemple 3 :**
  Chacune des pratiques relatives au processus SP4 (exemple précédent), se décline respectivement en 5, 7, 6 et 4 activités, dont voici la description :

Pratique / Activités	SP4.01 : Définir une approche de gestion des risques
SP4.01.001	identifier les principaux actifs et services essentiels indispensables au bon fonctionnement de la société et de l'économie
SP4.01.002	identifier les menaces et les risques associés
SP4.01.003	élaborer un registre national des risques, qui serait stocké et communiqué en toute sécurité et qui permettrait au Gouvernement d'exercer une surveillance sur les risques et les lignes de conduite adoptées pour gérer ces risques
SP4.01.004	développer une méthode de priorisation basée sur le calcul de la probabilité de réalisation des risques et de leur impact
SP4.01.005	préciser les responsabilités des entités clés (niveau sectoriel) concernant l'évaluation, l'acceptation et le traitement des risques de cybersécurité au niveau national

(a) activités de Gouvernance et de Management associées à la pratique SP4.01

Pratique / Activités	SP4.02 : Développer des profils de risque par secteur en cybersécurité
SP4.02.001	préconiser l'utilisation de profils de risques sectoriels pour la cybersécurité, à travers une analyse quantitative des types de menaces rencontrés
SP4.02.002	fournir une compréhension moins subjective du risque en attribuant des valeurs numériques aux différents types de menaces et au danger représenté
SP4.02.003	encourager le développement de profils de risques pour ces secteurs que les pays considèrent comme essentiels pour la société et l'économie
SP4.02.004	fournir une base pour des évaluations de risques plus spécifiques pour des organisations individuelles
SP4.02.005	introduire une cohérence au sein et à travers tous les secteurs
SP4.02.006	réduire les ressources nécessaires pour les évaluations de risques organisationnelles
SP4.02.007	mettre à jour sur une base régulière pour rester d'actualité

(b) activités de Gouvernance et de Management associées à la pratique SP4.02

Pratique / Activités	SP4.03 : Procéder à l'évaluation de l'impact ou de la gravité des incidents de cybersécurité
SP4.03.001	encourager la mise en place de mécanismes évaluant l'impact ou la gravité
SP4.03.002	évaluer les incidents de cybersécurité en fonction de leur impact sur les actifs, les services, l'infrastructure et les personnes critiques
SP4.03.003	comprendre le contexte plus large d'un incident lié à la cybersécurité, y compris ses répercussions potentielles et réelles sur différents secteurs et/ou groupes de population et ses effets en cascade
SP4.03.004	consulter un large éventail de parties prenantes de manière ouverte, inclusive et transparente
SP4.03.005	intégrer les évaluations dans les plans nationaux d'urgence et de reprise après sinistre
SP4.03.006	donner des recommandations à même d'éclairer l'intervention globale en cas de cyberincident

(c) activités de Gouvernance et de Management associées à la pratique SP4.03

Pratique / Activités	SP4.04 : Mettre en place une approche de gestion des risques pour protéger les Infrastructures Critiques et Services Essentiels
SP4.04.001	aborder la protection des Infrastructures Critiques et des Services Essentiels du point de vue de la gestion des risques, selon le principe de gestion des risques et de résilience
SP4.04.002	identifier les IC & SE, dont la perturbation aurait de graves conséquences sur la santé, la sûreté, la sécurité ou le bien-être économique des citoyens ou sur le fonctionnement efficace du Gouvernement ou de l'économie
SP4.04.003	identifier et hiérarchiser la mise en œuvre de l'ensemble des programmes et des politiques conçus pour protéger les IC & SE
SP4.04.004	faciliter les relations avec le Secteur Privé

(d) activités de Gouvernance et de Management associées à la pratique SP4.04

Tableau 4.7 : Liste des activités de Gouvernance et de Management associées aux pratiques de Gouvernance et de Management du processus SP4

- **Capacité d'une « activité » de Gouvernance et de Management**

> **Propriété 3 :**
> L'**activité de Gouvernance et de Management** relative à une pratique de Gouvernance et de Management est mesurée de manière quantitative, traduisant ainsi sa performance. La mesure de la performance d'une **activité de Gouvernance et de Management** est réalisée à l'aide de sa **capacité**, qui sera une **valeur entière comprise entre 0 et 5**.

- **Capacité d'une « pratique » de Gouvernance et de Management**

> **Propriété 4 :**
> La **capacité d'une pratique** de Gouvernance et de Management est définie comme étant la moyenne arithmétique des capacités des activités de Gouvernance et de Management qui la composent.

- **Niveau de capacité d'un « processus »**

> **Propriété 5 :**
> Puisqu'un processus est composé d'un ensemble de pratiques de Gouvernance et de Management, le **niveau de capacité d'un processus** est défini de manière quantitative, et calculé sur la base de la moyenne pondérée des capacités associées, réalisées et vérifiées, de chacune des pratiques de Gouvernance et de Management qui le composent.

- **Exemple 4 :**
  La mesure de la performance associée à tout processus et ses composantes, sera déclinée à travers la notion de capacité, considérée sous ses 3 dimensions, dans l'ordre de hiérarchie croissant suivant :
  - 1er niveau : Capacité d'une « activité » de Gouvernance et de Management ;
  - 2ème niveau : Capacité d'une « pratique » de Gouvernance et de Management ;
  - 3ème niveau : Niveau de capacité d'un « processus ».

  Le calcul de cette capacité sera effectué selon une approche ascendante, de manière à commencer par positionner la valeur de la capacité de chacune des « activités » de Gouvernance et de Management concernées par cette évaluation (valeurs entières respectives comprise entre 0 et 5). Sur la base de ce positionnement, sera déduite par un simple calcul de moyenne, la valeur de la capacité de chacune des pratiques de Gouvernance et de Management, qui composent le processus, selon une pondération prédéfinie. Enfin, la valeur du niveau de capacité du processus sera calculée par la moyenne pondérée des capacités des pratiques de Gouvernance et de Management associées.

Ce dernier exemple illustre d'emblée la représentation qui sera adoptée au niveau de la structure interne d'un processus, composée de plusieurs champs le décrivant de manière quantitative, et donnant une information pertinente à ce propos. Il en découlera toute un cheminement qui sera suivi pour la mesure des performances relatives au niveau de capacité d'un « processus », et qui fera l'objet de la section 6.3.

4.4.3. Représentation Détaillée de la Structure du Processus

La structure détaillée d'un processus est décrite à travers les champs qui la composent, selon la représentation partielle simplifiée ci-dessous :

Objectif de Gouvernance et de Management / Processus		SP4	
Description	Protection des Infrastructures Critiques et Services Essentiels (IC & SE)		
Objet	Etablir et intégrer la gestion des risques pour identifier et prioriser les efforts de protection concernant ces infrastructures et services		
Composantes du Processus SP4		**Niveau de capacité** 3.32	
Pratique de Gouvernance/Management SP4.01		**Pondération**	**Capacité (P)**
Définir une approche de gestion des risques		30%	3.60
Activités :			**Capacité (A)**
SP4.01.001. Identification des Principaux Actifs et Services Essentiels…			3
SP4.01.002. Identification des Menaces et des Risques Associés…			4
SP4.01.003. Elaboration d'un Registre National des Risques…			2
SP4.01.004. Développement d'une Méthode de Priorisation…			4
SP4.01.005. Précision des Responsabilités des Entités Clés / Secteur…			5
Pratique de Gouvernance/Management SP4.02		**Pondération**	**Capacité (P)**
Développer des profils de risque sectoriels en Cyb.Séc.		40%	3.14
Activités :			**Capacité (A)**
SP4.02.001. Utilisation de Profils de Risques Sectoriels…			4
SP4.02.002. Compréhension moins subjective du risque (val. Num.)…			3
SP4.02.003. Encouragement du Développement de Profils de Risques…			3
SP4.02.004. Mise à Disposition d'une Base pour des Eval. de Risques…			2
SP4.02.005. Introduction d'une Cohérence intra et inter Sectorielle			3
SP4.02.006. Réduction des Ressources … Risques Organisationnels			4
SP4.02.007. Mise à jour sur une Base Régulière…			3
Pratique de Gouvernance/Management SP4.03		**Pondération**	**Capacité (P)**
Evaluer l'impact ou la gravité des incidents de Cyb.Séc.		20%	3.17
Activités :			**Capacité (A)**
SP4.03.001. Mise en Place de Mécanismes d'Evaluation de l'impact/gravité			3
SP4.03.002. Evaluation des Incidents de Cybersécurité selon leur Impact…			4
SP4.03.003. Compréhension du contexte plus large d'un incident…			4
SP4.03.004. Consultation d'un large éventail de parties prenantes…			3
SP4.03.005. Evaluations dans les plans nationaux de reprise…			2
SP4.03.006. Recommandations à même d'éclairer l'intervention globale...			3
Pratique de Gouvernance/Management SP4.04		**Pondération**	**Capacité (P)**
Mettre en place une approche de gestion des risques pour protéger les IC & SE		10%	3.50
Activités :			**Capacité (A)**
SP4.04.001. Protection des IC & SE			3
SP4.04.002. Identification des IC & SE, ayant de graves conséquences…			4
SP4.04.003. Identification et hiérarchisation des programmes et politiques…			4
SP4.04.004. Facilitation des relations avec le Secteur Privé			3

Tableau 4.8 : Structure détaillée du processus associé à l'objectif de Gouvernance et de Management SP4 (pratiques et activités de Gouvernance et de Management)

La structure effective d'un processus s'avère être plus complexe, et devrait normalement être étendue à d'autres composantes, à l'image des « Focus areas », qui seront traités ultérieurement dans le chapitre dédié au guide de conception.

Aussi, le processus devrait notamment compter dans sa structure un champ renseignant le « niveau de maturité » de l'objectif de Gouvernance et de Management associé, considéré comme une composante duale de son niveau de capacité. Le niveau de maturité fait référence au modèle de maturité « NCSecMM », objet du chapitre suivant.

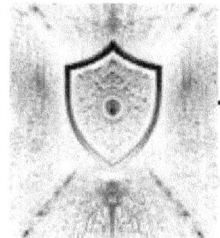

NCSecMM – Modèle de Maturité

5.1. Pertinence du Modèle de Maturité

5.1.1. Enjeux

Il est important, pour un pays ou une région du monde, d'évaluer son niveau de management de la cybersécurité. En réponse à cette problématique, un modèle de référence de la cybersécurité nationale devrait contribuer à l'amélioration de l'existant de sorte à atteindre un niveau approprié de contrôle des cyberincidents. Cette approche permettra, à long terme, de répondre aux questions suivantes :

- Que font les pays voisins et quel est le positionnement de notre pays ?
- Quelles sont les bonnes pratiques en matière de cybersécurité et comment sommes-nous placés à l'égard de ces pratiques ?
- Pouvons-nous affirmer que nos engagements et nos réalisations en matière de cybersécurité sont suffisants par rapport à ces comparaisons ?
- Comment identifier nos exigences, pour parvenir à un niveau adéquat de management et de contrôle des 34 objectifs du référentiel « NCSecFr » ?

Il peut s'avérer difficile de fournir, à priori, des réponses significatives à ces questions, en l'absence d'initiatives d'autoévaluation et de benchmarking, qui devraient effectivement être menées au niveau national. La présence d'un système de mesure associé à chacun des 34 objectifs de Gouvernance et de Management du référentiel « NCSecFr », permettrait aux responsables des processus d'établir des comparaisons entre leur existant et le benchmark, et de tracer ainsi les évolutions souhaitées.

Un modèle de maturité associé à la cybersécurité nationale permettra de mesurer avec précision le niveau de réalisation de chacun des objectifs de Gouvernance et de Management. Il en donnera une cartographie exacte, et facilitera la prise de décision relative aux actions à prendre, en vue de déployer la stratégie de cybersécurité nationale.

5.1.2. *Modèles de Maturité Existants*

Il existe aujourd'hui, dans la littérature, plusieurs modèles de maturité liés à la cybersécurité nationale. Les références tant au niveau académique que professionnel laissent présager un engouement particulier pour cette thématique de Recherche & Développement. Une simple recherche bibliographique pourra dénombrer huit modèles de maturité de la cybersécurité nationale, dont la plupart sont cités parmi les 26 figurant dans l'article (GOURISETTI S.N.G. 2020) : le tableau 5.1 résume, par ordre chronologique croissant, les principales caractéristiques de chacun des modèles existants, dont voici une synthèse :

- Le **« National Cyber Security Maturity Model »** (NCSecMM) (ECH-CHERIF EL KETTANI M.D. & DEBBAGH T. 2009-a) permet de déterminer la maturité d'un pays ou d'une région du monde, en associant un niveau de maturité à chacun des 34 objectifs. Ainsi, les décideurs peuvent définir les cibles à atteindre et constater les améliorations en effectuant un suivi périodique. Il est conforme aux recommandations du « Guide d'Elaboration d'une Stratégie Nationale de Cybersécurité » de l'UIT (UIT 2021-a) ;
- Le **« Cyber Power Index »** (CPI) (HAMILTON A-B 2011) a été élaboré initialement pour évaluer la cyberpuissance de certains pays du G-20. Il a été généralisé ensuite à l'échelle mondiale. Il se décline en 34 objectifs classés selon quatre catégories : (1) Environnement légal et de règlementation, (2) Contexte social et économique, (3) Infrastructure technologique et (4) Applications industrielles ;
- Le **« Community Cyber Security Maturity Model »** (CCSMM) (WHITE 2011) permet d'aider les communautés à définir une feuille de route, selon un modèle 3D, distinguant quatre critères : (1) Sensibilisation, (2) Partage de l'information, (3) Politique de sécurité et (4) Planification. Ces critères sont projetés en distinguant les niveaux de hiérarchie suivants (Nation, Etat, Communauté, Organisation et Individu). Pour chaque situation, cinq niveaux de maturité sont identifiés. Ce modèle peut intégrer d'autres environnements, tels que le CSF du NIST, le CMMC du DoD américain, et il supporte le NICE Framework du NIST ;
- Le **« Cyber Maturity in the Asia-Pacific Region »** (CMAPR) (FEAKIN T. 2014), proposé en 2013, évalue annuellement en adoptant une approche holistique, la situation des pays de l'Asie-Pacifique face aux défis et aux possibilités du cyberespace, selon les critères suivants : (1) Gouvernance et Législation, (2) Application de la loi, (3) Capacité militaire, (4) Participation aux politiques, et (5) Engagement social et commercial dans les politiques de cybersécurité et les questions de sécurité ;
- Le **« Cyber Readiness Index »** (CRI) (HATHAWAY M. 2015), apparu en 2013, évalue et mesure à travers une méthodologie novatrice, les niveaux de préparation d'un pays à certains risques de cybersécurité, selon sept critères, de : (1) Stratégie nationale, (2) Intervention en cas d'incident, (3) Cybercriminalité et Application de la loi, (4) Partage de l'information, (5) Investissement dans la R&D, (6) Diplomatie et commerce, et (7) Défense et intervention en cas de crise ;

Désignation	Auteur (Contexte)	Description	Critères d'évaluation	Source de la donnée	Année
National CyberSecurity Maturity Model (NCSecMM)	UM5 & DEPT[3] (Académique & Gouvernement)	Modèle holistique de cybersécurité nationale respectant les exigences de l'UIT, comprenant le référentiel, la matrice RACI, le guide de conception et d'implémentation	ISO 27002 & Documents UIT	Source publique	2009
Cyber Power Index (CPI)	Booz Allen Ham. (Org. Privée)	Modèle évaluant la cyberpuissance au niveau du G-20, se déclinant en 34 objectifs selon quatre catégories	Non spécifié	Src publique Org. Int.	2011
Community Cyber Security Maturity Model (CCSMM)	UTSA[4] (Académique)	Programme de cybersécurité viable et durable. Prérequis nécessaires à la détection d'une cyberattaque, l'élaboration des plans d'intervention en cas d'attaque et la conduite à tenir suite à une attaque	Non spécifié	Gouv.	2011
Cyber Maturity in the Asia-Pacific Region (CMAPR)	Australian Strategic Policy Institute (ONG)	Questionnaire axé sur 5 thématiques (10 critères), conduisant à un score. Le classement mesure le degré de maturité de la cybersécurité du pays selon 3 niveaux, en considérant les 2 perspectives Gouvernement et Business	Opinion d'experts	Sources publiques	2013
Cyber Readiness Index (CRI)	HGS[5] (Organisations Privées)	Analyse basée sur sept indicateurs, conduisant à un score, et un classement (degré de maturité) du pays. Informe les dirigeants nationaux des mesures pour protéger leur PIB, et un plan d'action national « CyberReadyness »	Non spécifié	Sources publiques	2013
Cybersecurity Capacity Maturity Model for Nations (CMM)	GCSCC[6] University of Oxford (Académique)	5 dimensions, benchmarking, priorités d'investissement et de renforcement des capacités futures, selon besoins spécifiques, combine avec évaluations nationales risques, et stratégies sociales et économiques. Suivi par le GFCE	Focus groups	Global Cyber-Security Capacity Centre	2014
Global Cybersecurity Index (GCI)	UIT (Organisation Internationale)	Analyse basée sur 5 indicateurs conduisant à un score, puis un classement mesurant le degré de maturité de la cybersécurité du pays. Le GCI identifie des activités à mener, et encourage l'adoption de bonnes pratiques	GCA (UIT)	UIT, Sources publiques, Acteurs	2014
National Cyber Power Index (NCPI)	Harvard Kennedy School (Académique)	Modèle associant un score à chaque pays, en se basant sur huit objectifs, selon une formule de calcul agrégée, visant à évaluer la « cyberpuissance » d'un Etat. Limites liées à sa nature évolutive et la disponibilité des données	Analyse de sources de données diverses	Sources publiques, Gouv.	2020

Tableau 5.1 : Modèles de maturité pour la cybersécurité nationale

---

[3] Université Mohammed V de Rabat & Département des Postes et Technologies de l'Information
[4] University of Texas at San Antonio
[5] Hathaway Global Strategies
[6] Global Cyber Security Capacity Centre

- Le « **Cybersecurity Capacity Maturity Model for Nations** » (CMM), apparu en 2014 (GCSCC 2021), a été élaboré pour examiner, évaluer la maturité d'un pays en matière de cybersécurité, et proposer des recommandations d'amélioration, selon cinq dimensions, à savoir : (1) Élaboration d'une politique et stratégie en matière de cybersécurité, (2) Encouragement d'une culture de cybersécurité citoyenne responsable, (3) Renforcement des connaissances et des capacités en matière de cybersécurité, (4) Création des cadres juridiques et réglementaires efficaces, (5) Contrôle des risques au moyen de normes et de technologies. Chaque dimension est divisée en facteurs et les facteurs divisés en aspects. En juin 2021, le cadre a été adopté et mis en œuvre dans plus de 80 pays, et son déploiement catalysé par la participation d'organisations internationales (Organisation des États américains, Banque mondiale, Union internationale des télécommunications et Union des télécommunications du Commonwealth) ;
- Le « **Global Cybersecurity Index** » (GCI) (UIT, ABI Research 2014), dont le Programme mondial cybersécurité « CGA » de l'UIT constitue le fondement et le cadre général de l'initiative. Il fournit une référence fiable qui mesure l'engagement et le développement des pays à l'égard de la cybersécurité en fonction de cinq piliers : (1) Mesures juridiques, (2) Mesures techniques, (3) Mesures organisationnelles, (4) Renforcement des capacités et (5) Coopération. Les mesures obtenues sont ensuite agrégées en une note globale ;
- Le « **National Cyber Power Index** » (NCPI) (VOO J. 2022), dont la première édition est apparue en 2020, permet d'associer un score à chaque pays, en se basant sur huit objectifs, selon une formule de calcul agrégée, qui combine les paramètres suivants : (1) Amassement et protection des richesses, (2) Contrôle et manipulation de l'environnement d'information, (3) Participation à la définition des normes cybernétiques internationales et des normes techniques, (4) Destruction effective ou désactivation de l'infrastructure et des capacités d'un adversaire, (5) Collecte de renseignements étrangers pour la sécurité nationale, (6) Accroissement des compétences nationales en matière de cybersécurité et de technologie commerciale, (7) Renforcement et amélioration des cyberdéfenses et (8) Surveillance des groupes nationaux. La version 2022 a évolué, et utilise 29 indicateurs.

Parmi les outils permettant d'évaluer la cybersécurité au niveau national, et outre les huit modèles de maturité présentés au début de ce chapitre, les référentiels suivants, bien que pertinents, ne peuvent atteindre un degré de consistance les élevant au rang des modèles de maturité précédemment présentés (GFCE 2023) :
- « **Cyber Strategy Development & Implementation** » (CSDI Framework)
  Ce cadre pour l'élaboration et la mise en œuvre d'une stratégie de cybersécurité (MITRE 2023) comprend un modèle décliné en quatre étapes : (1) Appréhension du contexte national des cyberrisques / possibilités, (2) Evaluation des capacités actuelles dans huit catégories essentielles, et évaluation des bases stratégiques, c'est-à-dire la capacité à renforcer les capacités, (3) Définition et classement par ordre de priorité des objectifs et des investissements stratégiques en fonction des lacunes recensées sur le plan des capacités, (4) Elaboration des feuilles de route pour la mise en œuvre, afin de garantir la viabilité à long terme.

Il se base sur une centaine d'indicateurs. Cependant, il ne s'agit pas d'un modèle de maturité : en effet, les insuffisances en matière de capacités sont évaluées dans le contexte de l'objectif final recherché par le pays ou l'organisation, et non sur la base d'un ensemble de critères objectifs.

Cette approche orientera les pays qui ne recherchent pas d'indicateurs moins importants au niveau des menaces stratégiques, facilitant aux responsables la mise en œuvre et l'adaptation des stratégies d'investissement aux besoins présentant le plus d'intérêt pour l'économie et la sécurité ;

- **« Cadre d'évaluation des capacités nationales »** (CECN)

Ce cadre, proposé par l'ENISA, vise à fournir aux États membres de l'UE, une autoévaluation de leur niveau de maturité en appréciant les objectifs de leur stratégie de cybersécurité nationale, selon une échelle de maturité à cinq niveaux (SARRI A. 2020). Cette autoévaluation va les aider à améliorer et renforcer leurs capacités en cybersécurité sur les plans stratégique et opérationnel. Les résultats sont présentés à trois niveaux différents : objectifs, groupes, et global.

Le CECN vise à mesurer les capacités des États Membres en matière de cybersécurité au regard de 17 objectifs. Toutefois, l'État Membre peut choisir de se limiter à l'évaluation d'un sous-ensemble de ces 17 objectifs.

Bien que son approche méthodologique soit très pertinente, **il ne constitue qu'un cadre d'autoévaluation, et ne couvre pas, à travers ses quatre groupes principaux, l'ensemble des objectifs exigés par tout référentiel de cybersécurité nationale** ;

- **« National Cyber Security Index »** (NCSI)

Proposé par la e-Governance Academy, cet indice mondial permet de mesurer la capacité des pays à prévenir les cybermenaces et à gérer les cyberincidents (RIKK R. 2018). Il constitue également une base de données contenant des éléments de preuve accessibles au public et un outil de renforcement des capacités nationales. Cette base de données est mise à jour en permanence par les pays concernés, en termes de collecte, examen et publication des données.

Les indicateurs de l'indice NCSI portent essentiellement sur les aspects mesurables de la cybersécurité mise en œuvre par le Gouvernement central, basés sur un total de 46 indicateurs (sous forme de thèmes et de sujets susmentionnés), eux-mêmes subdivisés en 12 capacités. La valeur de chaque indicateur indique son importance relative dans l'indice. Cependant, les thèmes suivants ne sont pas abordés :

o Mesures de renforcement de la confiance et normes ;
o Droit international dans le cyberespace ;
o Formation en matière de cybercriminalité.

Les sources de données proviennent de :

o Informations de sources libres ;
o Documents et dossiers ;
o Législation et autres documents officiels ;
o Sites web officiels.

Cependant, **il ne s'agit pas d'un modèle de maturité au sens strict du terme**, malgré tous les atouts que la solution présente.

5.1.3. Pertinence Scientifique de la Solution

Le modèle de maturité « NCSecMM » proposé a d'abord été soumissionné en tant qu'article à une conférence internationale, puis accepté et publié dans ses proceedings (ECH-CHERIF EL KETTANI M.D. & DEBBAGH T. 2009-a), avant d'avoir fait l'objet d'une recommandation au niveau de la Question 22-1/1 (UIT 2010-2014).

Cette publication scientifique a été tout récemment citée dans le rapport de l'Observatoire de la Cybersécurité du CNCS-Portugal (CNCS 2021). Elle a été citée également dans une dizaine d'articles scientifiques dans des conférences et des revues internationales.

5.1.4. Apports Stratégiques

Le modèle de maturité « NCSecMM », proposé dans ce chapitre, et qui reste le plus ancien parmi les modèles traitant de maturité de la cybersécurité nationale, trouve son intérêt dans le fait qu'il s'inscrit dans la logique tracée par l'UIT, à travers deux aspects fondamentaux :
- Il satisfait pleinement aux recommandations énoncées dans le guide d'élaboration d'une stratégie de cybersécurité nationale, puisque les 34 objectifs de Gouvernance et de Management du référentiel « NCSecFr » couvrent les 38 bonnes pratiques énoncées dans les sept « Domaines d'Intervention » du guide (UIT 2021-a) ;
- Il répond aux exigences énoncées dans les cinq piliers du « GCA » (UIT 2022-GCA), qui constituent eux-mêmes le socle du « Global Cybersecurity Index ». En effet, ce dernier a été mis en place pour un meilleur suivi de l'effort déployé au niveau des pays, en matière de cybersécurité : son questionnaire se veut une source de réponse au niveau national.

Or, la difficulté d'accéder à l'information, dans certaines circonstances, et la multiplicité des sources de l'information, dans d'autres cas, peuvent porter atteinte à la fiabilité de la réponse, ce qui peut rendre délicate l'opération de collecte, en vue de répondre au questionnaire du « GCI ».

C'est dans ce contexte que le modèle de maturité « NCSecMM » joue un rôle complémentaire avec le « GCI » : la figure suivante montre comment les outputs fournis par le modèle de maturité (Diagrammes Radar), peuvent satisfaire au questionnaire du « GCI », moyennant un certain nombre de correspondances. Cet aspect sera présenté plus en détail à la fin de ce chapitre.

Nous pouvons ainsi établir une corrélation entre chacune des composantes de l'écosystème proposé par l'UIT en matière de cybersécurité nationale, et celles du modèle de référence « NCSecMS », déjà validé dans le cadre de la Question 22-1/1, en 2014 :

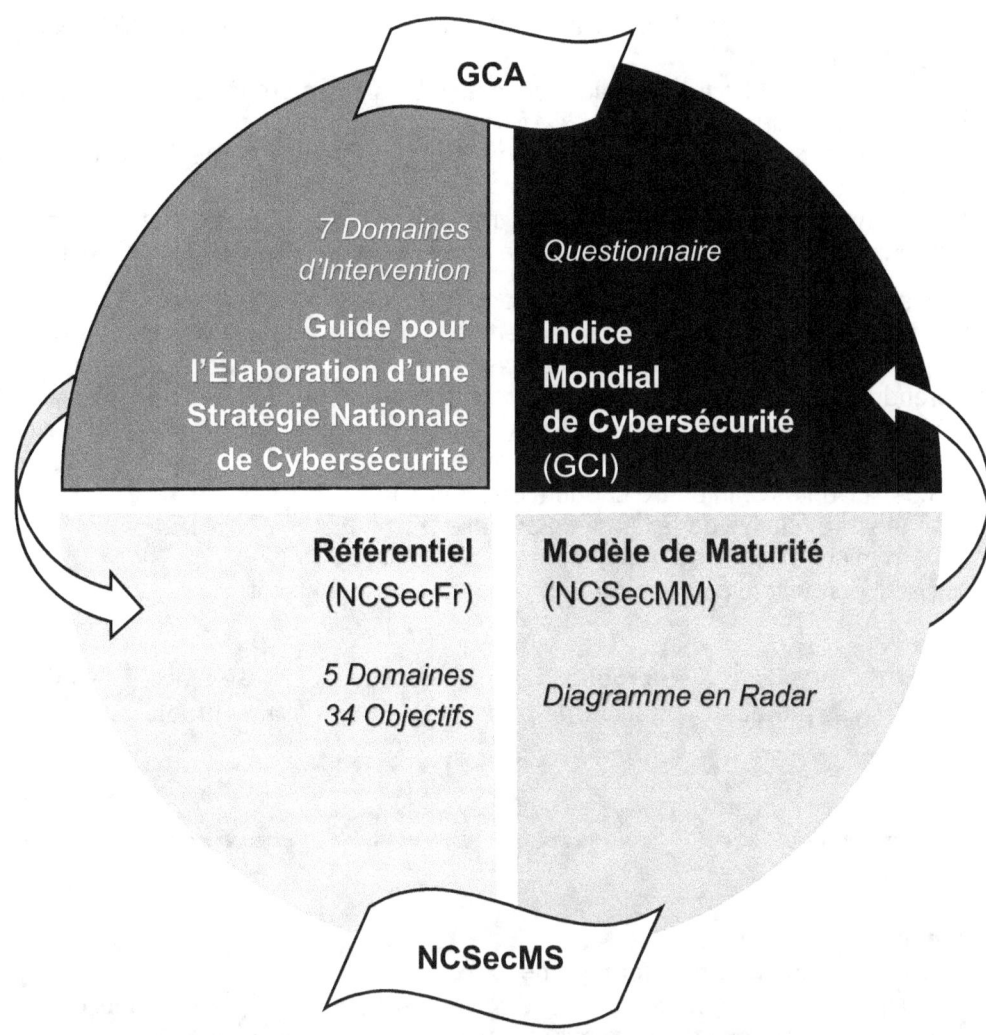

<u>**Figure 5.1 :**</u> Ecosystème « GCA » de la cybersécurité de l'UIT
et Modèle de référence « NCSecMS »

5.2. Approche Modèle de Maturité

5.2.1. Modèle de Maturité du Référentiel COBIT

Les Directions Générales des entreprises publiques et privées, sont de plus en plus sollicitées afin de s'interroger sur la gestion opportune de leur système d'information. En vue de répondre à cette attente, des analyses d'optimisation de rentabilité concluent à la nécessité de l'améliorer et d'atteindre le niveau approprié de gestion et de contrôle de l'infrastructure informatique. Comme peu d'entre elles oseraient confirmer ce constat, qui pourrait porter atteinte à leur image de marque et à leur notoriété, celles-ci sont contraintes d'analyser l'équilibre coûts/bénéfices, en menant la réflexion approfondie suivante :

- Que font nos confrères/concurrents, et comment sommes-nous positionnés par rapport à eux ?
- Quelles sont les bonnes pratiques acceptables du marché, et comment nous situons-nous par rapport à elles ?
- D'après ces comparaisons, pouvons-nous dire que notre degré d'implication est suffisant ou pas ?
- Comment pouvons-nous identifier le travail à réaliser pour atteindre un niveau approprié de gestion et mener à bien le contrôle de nos processus informatiques ?

Il peut s'avérer difficile d'apporter des réponses directes à ces questions. La direction informatique est sans cesse à la recherche d'outils d'autoévaluation et de tests comparatifs pour répondre à la nécessité d'identifier les actions efficaces à entreprendre, et à la façon de les mener efficacement (ISACA 2018-a). Le modèle COBIT 4.1 avait déjà commencé par associer un système de mesure à l'échelle du processus, comme illustré dans la figure suivante, en s'engageant à satisfaire aux trois exigences suivantes, afin d'être capable de le mesurer :
1.   une mesure relative de la situation actuelle ;
2.   une manière efficace de désigner le but à atteindre ;
3.   un outil permettant de mesurer la progression vers l'objectif.

Inexistant	Initialisé cas par cas	Reproductible mais intuitif	Processus défini	Géré et mesurable	Optimisé
0	1	2	3	4	5

Légende

0 – Processus de management formellement inappliqués

1 – Processus mis en œuvre au cas par cas mais sans méthode

2 – Processus mis en œuvre suivant le même modèle

3 – Processus mis en œuvre documentés et communiqués

4 – Processus mis en œuvre, surveillés et mesurés

5 – Processus mis en œuvre et optimisés

Etat actuel de l'entreprise

Meilleure pratique du marché

Stratégie de l'entreprise

Figure 5.2 : Représentation graphique du modèle de maturité pour Cobit 4.1

Le modèle COBIT 2019 a renforcé cet aspect relatif à l'évaluation de la maturité, même si celle-ci s'avère incomplète ou insuffisante, notamment en cas d'une mise en œuvre placée à différents niveaux. Ces atouts peuvent être mis à profit pour améliorer encore davantage la maturité. Par exemple, certains éléments du processus peuvent être bien définis et, même si ce dernier est incomplet, il serait trompeur de dire que le processus ne soit pas du tout défini.

Selon le modèle de maturité défini dans le référentiel COBIT 2019, appliqué à ses 40 objectifs, le management met en évidence les éléments suivants :
-   l'état actuel de l'entité : où se situe-t-elle aujourd'hui ?
-   l'ambition de l'entité : où souhaite-elle se situer ?
-   l'état actuel du contexte : la comparaison ;
-   la trajectoire de croissance requise entre les situations en cours et les situations cibles.

En vue d'exploiter facilement ces résultats dans les réunions de direction où ils seront présentés comme une aide à la décision pour des plans futurs, il convient d'utiliser une représentation graphique. L'élaboration de cette représentation graphique a été reprise au sein du modèle de maturité relatif à COBIT 2019, en se basant sur la convention ci-dessous :

---

0 – Inexistant : Absence totale de processus identifiables. L'entreprise n'a même pas pris conscience qu'il s'agissait d'un problème à étudier.

1 – Initialisé / Cas par cas : On constate que l'entreprise a pris conscience de l'existence du problème et de la nécessité de l'étudier. Il n'existe toutefois aucun processus standardisé, mais des démarches dans ce sens tendent à être entreprises individuellement ou au cas par cas. L'approche globale du management n'est pas organisée.

2 – Reproductible mais intuitif : Des processus se sont développés jusqu'au stade où des personnes différentes exécutant la même tâche utilisent des procédures similaires. Il n'y a pas de formation organisée, ni de communication de procédures standard, et la responsabilité est laissée à l'individu.

3 – Processus défini : On a standardisé, documenté, et communiqué des processus via des séances de formation. Ces processus doivent impérativement être suivis ; toutefois, des écarts seront probablement constatés. Concernant les procédures elles-mêmes, elles ne sont pas sophistiquées mais formalisent des pratiques existantes.

4 – Géré et mesurable : La direction contrôle et mesure la conformité aux procédures et agit lorsque certains processus semblent ne pas fonctionner correctement. Les processus sont en constante amélioration et correspondent à une bonne pratique. L'automatisation et les outils sont utilisés d'une manière limitée ou partielle.

5 – Optimisé : Les processus ont atteint le niveau des bonnes pratiques, suite à l'amélioration constante et à la comparaison avec d'autres entreprises (Modèles de Maturité). L'informatique est utilisée comme moyen intégré d'automatiser le flux des tâches, offrant des outils permettant d'améliorer la qualité et l'efficacité et de rendre l'entreprise rapidement adaptable.

Figure 5.3 : Modèle de Maturité générique pour Cobit 2019

5.2.2. Approche de Résolution

Le modèle de maturité « NCSecMM » consiste à relier la stratégie en matière de cybersécurité nationale aux objectifs stratégiques nationaux : il fournit des mesures permettant d'apprécier le niveau de maturité de chacun des objectifs du référentiel, ainsi que le niveau de réalisation des processus associés, en vue d'identifier ultérieurement ceux dont le degré d'implémentation est à revoir ou à améliorer. Cette approche est dérivée du modèle de maturité défini par le « Software Engineering Institute » relatif à la capacité de développement de logiciels.

Le système de mesure associé au modèle de maturité « NCSecMM » devrait apporter un niveau de granularité approprié, compatible avec le système proposé. D'une manière absolue, comme le référentiel distingue trois niveaux de hiérarchie (domaine, objectif et processus), nous pouvons également distinguer également trois niveaux de granularité :
-   Niveau 1 : granularité de **haut niveau** liée à chacun des cinq domaines du référentiel, à savoir SP, IO, AC, CC et EM ;
-   Niveau 2 : granularité de **niveau intermédiaire** liée à l'objectif de Gouvernance et de Management ;
-   Niveau 3 : granularité **fine** définie à l'intérieur de chacun des 34 objectifs, au niveau du processus de mise en œuvre.

Il est de notre responsabilité de choisir une échelle qui ne soit pas trop complexe, car cela rendrait le système difficile à utiliser et suggèrerait une précision injustifiable : le but est, d'une manière générale, d'identifier les problèmes, en vue de définir la manière de fixer les priorités d'amélioration :
-   Le niveau 1 est la résultante du diagnostic effectué à des niveaux plus détaillés. Il n'est donc pas adapté et ne pourra pas donc être retenu ;
-   Le niveau 2 correspond à un niveau intermédiaire, puisque le niveau de maturité d'un objectif est tributaire de la manière dont le processus associé a été mis en œuvre. Son exploitation et sa mise en œuvre restent difficiles à exploiter de manière directe dans l'absolu ;
-   Le niveau 3, situé au bas de l'échelle, va associer un niveau de capacité à chaque processus retenu. Le niveau de maturité d'un objectif sera déduit du niveau de capacité des processus associés.

Ainsi, le modèle de maturité « NCSecMM » considérera le système de mesures suivant :
-   Le niveau de maturité d'un objectif (Niveau de granularité 2) ;
-   Le niveau de capacité d'un processus (Niveau de granularité 3).

A terme, c'est la maturité de tout le référentiel qui est visée, selon l'échelle suivante :
0. **Inexistant :** Il n'existe pas de reconnaissance de la nécessité d'un référentiel national en matière de cybersécurité, avec un risque élevé de déficiences du contrôle des incidents à l'échelle nationale ;
1. **Initial :** La nécessité d'un référentiel national en matière de cybersécurité a été reconnue. Les approches ad hoc pourraient être appliquées au cas par cas, au lieu d'utiliser des objectifs standardisés entre les différents acteurs, qui ne sont pas conscients de leurs responsabilités ;

2. **Répétable mais intuitif :** Des procédures similaires sont suivies par différents intervenants dont la tâche est la même, et sont très proches des objectifs du référentiel « NCSecFr ». Il n'existe pas de formation formelle ou de communication des procédures standard. La responsabilité est laissée individuellement à la discrétion de chaque organisation. Les intervenants pourraient ne pas être conscients de leurs responsabilités, et les risques d'erreurs sont présents ;

3. **Défini :** Des procédures ont été normalisées et documentées en conformité avec le référentiel « NCSecFr », et communiquées par le biais de la formation. Toutefois, chaque intervenant décidera s'il adoptera ces processus, qui ne sont pas pour autant sophistiqués, en formalisant les pratiques existantes. Les intervenants sont conscients de leurs responsabilités ;

4. **Géré et mesurable :** La conformité au référentiel « NCSecFr » peut être mesurée et suivie par des procédures standardisées. Il est possible de prélever des mesures, lorsque les procédures ne sont pas conformes. Les processus sont sous contrôle et respectent les bonnes pratiques. L'automatisation et les outils sont utilisés de façon limitée ;

5. **Optimisé :** Les processus ont été affinés au niveau des meilleures pratiques, comme conséquence de l'amélioration continue, et à l'issue de la modélisation de la maturité avec d'autres parties prenantes (à l'échelle nationale) et même hors des frontières du pays (au niveau transnational). Le référentiel « NCSecFr » est utilisé de façon intégrée pour automatiser la stratégie nationale, en fournissant des outils pour améliorer la qualité et l'efficacité, ce qui rend l'ensemble du pays apte à s'adapter rapidement.

Mais de manière pratique, l'évaluation de la cybersécurité nationale sera effectuée en deux temps :

- Elle commencera d'abord par classer les **processus** associés à chacun des 34 objectifs de Gouvernance et de Management : chaque processus se verra associer une note, appelée « **niveau de capacité** » du processus, selon l'échelle du référentiel, se traduisant par une valeur comprise entre 0 et 5. La valeur la plus basse est à considérer lorsqu'il n'y a aucune prise de conscience de la problématique abordée. La valeur la plus élevée correspond au niveau 5, qualifié d'optimisé ;

- Ensuite, le modèle de maturité « NCSecMM » pourra être considéré dans un second temps : il s'agira de déduire le « **niveau de maturité** » de l'objectif, suivi de celui du domaine, en se basant sur la mesure précédente du niveau de capacité du processus. Ceci permettra de déterminer à terme la maturité à l'échelle nationale ou régionale. Ainsi, les décideurs pourront définir les cibles à atteindre et constater les améliorations à envisager en procédant à un suivi périodique.

5.2.3. Apports de ISO 27001

Afin de définir le niveau de maturité de chaque objectif, ainsi que le niveau de capacité des processus associés, la démarche ISO 27001 a été suivie. Elle permet un contrôle efficace, ainsi qu'une bonne compréhension de l'interaction entre un objectif de Gouvernance et de Management et le processus associé. Aussi, les entrées et sorties qui font interagir les processus entre eux sont clairement définies. ISO 27001 suggère la structuration de tous les processus selon le modèle « Plan-Do-Check-Act » (PDCA).

Cela signifie que pour atteindre le niveau de maturité 5, le processus associé à un objectif de Gouvernance et de Management devrait être :
- Planifié (PLAN)
- Mis en œuvre, exploité et entretenu (DO)
- Suivi, mesuré, vérifié et revu (CHECK)
- En amélioration continue (ACT)

L'approche PDCA sera appliquée au modèle de maturité « NCSecMM », afin de structurer tous les aspects du référentiel « NCSecFr ». Non seulement il sera utilisé pour ordonner tous les processus, mais il organisera aussi la structure même du modèle de maturité : la démarche PDCA sera automatiquement utilisée au sein de tous les processus de mise en œuvre du référentiel et de son modèle de maturité.

5.2.4. *Approche PDCA*

Le modèle de référence « NCSecMS », dont « NCSecFr » et « NCSecMM » constituent les premières briques, fournit un cadre complet pour la gouvernance de la cybersécurité nationale, à travers le principe d'amélioration continue et les boucles de rétroaction itératives, qui s'harmonisent avec le concept PDCA. Il s'avère nécessaire de surveiller le rendement et de prendre des mesures correctives pour améliorer la gouvernance des objectifs et la gestion des processus, en compatibilité totale avec l'esprit du cycle PDCA.

Ainsi, à chaque **processus** seront associées des actions précises, des contrôles à implémenter, et un rendement à surveiller. Cette orientation permettra à terme d'encourager les Etats concernés à évaluer leurs pratiques actuelles, à cerner les points à améliorer et à apporter des changements pour atteindre les résultats souhaités. L'appréciation du niveau d'implémentation du **processus** sera effectuée en mesurant son **niveau de capacité**.

L'**objectif** de Gouvernance et de Management correspondant à tout processus, sera corrélé avec un **objectif stratégique à atteindre**, qui sera traduit par un **niveau de maturité cible**, et dont la formulation traduira le degré de réalisation souhaité, selon la démarche PDCA. Pour accomplir cet objectif stratégique à atteindre, l'approche prônée consistera à mesurer le **niveau de capacité** du processus, dont la valeur permettra de déduire le **niveau de maturité actuel** de l'objectif de Gouvernance et de Management en question. Une **comparaison** sera ensuite établie entre le niveau de maturité **actuel** et le niveau de maturité **cible** défini par la stratégie fixée par l'Etat.

En guise d'illustration, énonçons à quoi correspond le niveau de maturité d'un objectif de Gouvernance et de Management. A titre d'exemple, considérons le premier objectif SP1, consistant à « Promulguer et approuver une stratégie de cybersécurité nationale ». Nous dirons que « SP1 est en conformité avec le niveau de maturité cinq », si les conditions suivantes sont respectées :
- la stratégie « NCSec » est « annoncée et planifiée », et
- la stratégie « NCSec » est « opérationnelle », et
- la stratégie « NCSec » est soumise à un « examen régulier », et
- la stratégie « NCSec » est sujette à une « amélioration continue ».

Nous allons énoncer dans la section suivante la formulation des cinq niveaux de maturité associés à chaque objectif de Gouvernance et de Management.

5.3. Modèle de Maturité par Objectif

Dans les tableaux ci-dessous, chaque objectif de Gouvernance et de Management sera décliné en conditions à satisfaire qui permettront d'identifier le niveau de maturité dans lequel se trouve le pays ou la région du monde concernés par l'analyse.

5.3.1. Stratégie & Politiques

Obj	Description	Niveau 1	Niveau 2	Niveau 3	Niveau 4	Niveau 5
SP1	**Stratégie :** Promulguer & approuver une stratégie pour la cyber-sécurité nationale	Reconnais-sance de la nécessité de stratégie de cyber-sécurité nationale	Stratégie nationale « NCSec » annoncée et prévue	Stratégie nationale « NCSec » opérationnel-le pour toutes les activités clés	Stratégie nationale « NCSec » revue régulière-ment	Stratégie en amélioration continue, affinée par rapport aux meilleures pratiques
SP2	**Institutions leaders :** Identifier les institutions respon-sables de l'élabora-tion d'une stratégie au niveau na-tional, et une institu-tion leader pour chaque catégorie d'interve-nants	Certains établisse-ments leaders ont une stratégie individuelle pour la cyber-sécurité	Les institutions leaders ont adopté les activités clés	Les institutions leaders ont mis en œuvre les activités clés	Les institutions leaders ont mis en place une révision régulière de leurs activités	Les institutions leaders ont mis en place un système d'améliora-tion continue des activités liées à la cyber-sécurité
SP3	**Politiques NCSec :** Identifier / définir des politiques relatives à la stratégie de NCSec	Les approches sont ad hoc et isolées pour les processus, les politiques et les pratiques	Des processus communs & similaires sont annoncés et planifiés	Des proces-sus, des po-litiques et des procé-dures sont définis, do-cumentés & opération-nels, et ap-prouvés pour toutes les activités clés. Les normes sont adoptées	Les poli-tiques sont constam-ment revues, et intègrent les bonnes pratiques (indicateurs de mesure) : aspects du processus et des poli-tiques tous répétables	Les poli-tiques sont intégrées et les procé-dures en amélioration continue : meilleures pratiques transnatio-nales et normes appliquées

Obj	Description	Niveau 1	Niveau 2	Niveau 3	Niveau 4	Niveau 5
SP4	**Protection des Infrastructures Critiques & Services Essentiels (IC & SE) :** Etablir et intégrer la gestion des risques pour identifier et prioriser les efforts de protection concernant ces infrastructures	La reconnaissance de la nécessité d'un processus de gestion des risques des IC & SE	Les IC & SE sont identifiés et leur protection planifiée. Le processus de gestion des risques est annoncé	Le processus de gestion des risques est approuvé et opérationnel pour toutes les IC & SE	Le processus est complet et reproductible : bonnes pratiques utilisées à travers des indicateurs de mesure	Evolution des processus de gestion des risques intégrant les bonnes pratiques : amélioration continue permise
SP5	**Parties Prenantes :** Identifier le degré de préparation de chacun des intervenants au sujet de la mise en œuvre de la stratégie NCSec. Déterminer comment ces parties prenantes mettront en œuvre la stratégie et les politiques définies	Reconnaissance de la nécessité de mesurer le degré de préparation de chacun des intervenants	Le processus de mesure du degré de préparation est annoncé et prévu	Le processus de mesure du degré de préparation est opérationnel pour toutes les activités clés	Le degré de préparation de chacun des intervenants est soumis à une revue régulière, et conduit à une bonne pratique, mesurée par des indicateurs	L'amélioration continue du processus est adoptée : généralisation à toutes les catégories d'intervenants

Tableau 5.2 : Modèle de maturité associé aux objectifs du domaine Stratégie & Politiques (SP)

5.3.2. Implémentation & Organisation

Obj	Description	Niveau 1	Niveau 2	Niveau 3	Niveau 4	Niveau 5
IO1	**Conseil National de la Cyber-sécurité :** Définir un conseil national de coordina-tion pour la cyber-sécurité intégrant les principales parties prenantes, qui approuvera la stratégie proposée	La nécessité d'un Conseil National de la Cyber-sécurité est reconnue	Le Conseil National de la Cyber-sécurité est annoncé et prévu	Le Conseil National de la Cyber-sécurité est opération-nel, et la stratégie NCSec est approuvée pour toutes les activités clés	Le Conseil National de la Cyber-sécurité est géré et audité, avec des revues régulières	Le Conseil National de la Cyber-sécurité est en cours d'améliora-tion continue
IO2	**Autorité pour la Cyber-sécurité :** Définir une autorité spécifique pour la coordina-tion et la mise en œuvre de la stratégie en matière de cyber-sécurité nationale	La nécessité d'une Autorité pour la Cyber-sécurité est reconnue	L'Autorité pour la Cyber-sécurité est annoncée et prévue	L'Autorité pour la Cyber-sécurité est opération-nelle, et elle assure la coordinatio n entre toutes les activités clés	L'Autorité pour la Cyber-sécurité est surveillée, et audité e, avec des revues régulières	L'Autorité pour la Cyber-sécurité est en améliora-tion continue

Obj	Description	Niveau 1	Niveau 2	Niveau 3	Niveau 4	Niveau 5
IO3	**CERT National :** Identifier ou établir un CERT[7] national qui sera dédié à détecter, coordonner et répondre aux cyber-incidents à l'échelle nationale	La nécessité d'un CERT national est reconnue	Le CERT national est annoncé et prévu	Le CERT est opéra-tionnel, et il gère les cyber-incidents à l'échelle nationale, entre toutes les activités clés	Le CERT national est contrôlé, audité, avec des revues régulières	Le CERT national est en cours d'améliora-tion continue
IO4	**Protection des don-nées per-sonnelles et proprié-té intellec-tuelle :** Réviser le régime de protection existant et le mettre à jour pour l'environne ment en ligne	La nécessité d'un régime de protection est reconnue	Le régime de confi-dentialité est annon-cé et prévu	Le régime de confiden-tialité est opération-nel, entre toutes les activités clés	Le régime de confiden-tialité est surveillé, vérifié et revu	Le régime de confi-dentialité est mis à jour régu-lièrement et il est en amélioration continue
IO5	**Lois :** S'assurer que le cadre légal est conforme aux recom-mandations internatio-nales, et qu'il est soumis à une amélio-ration continue	La nécessité d'un cadre légal est reconnue	Le cadre légal est annoncé, et prévu	Le cadre légal est mis en œuvre, exploité et entretenu pour toutes les activités clés	Le cadre légal est surveillé, contrôlé et revu	Le cadre légal est en amélioration continue et régulière-ment mis à niveau

---

[7] Computer Emergency Response Team

Obj	Description	Niveau 1	Niveau 2	Niveau 3	Niveau 4	Niveau 5
IO6	**Institutions:** Identifier les institutions ayant des responsabilités de cyber-sécurité, et les ressources qui leur permettent de mettre en œuvre les bonnes pratiques issues de la stratégie NCSec	Institutions isolées ayant des responsabilités en cyber-sécurité	Institutions responsables de la cyber-sécurité nationales : elles sont annoncées et les ressources sont prévues	Toutes les activités clés liées à la cyber-sécurité sont prises en charge par des établissements identifiés	La stratégie de cyber-sécurité nationale NCSec est mise en œuvre, surveillée, vérifiée, mesurée et examinée dans des établissements identifiés	La stratégie de cyber-sécurité nationale NCSec a évolué vers des transactions automatisées, qui sont en amélioration continue
IO7	**Experts nationaux et décideurs :** Identifier les experts et les décideurs appropriés au sein du Gouvernement, du Secteur Privé et des Universités	Experts isolés et décideurs politiques identifiés, mais sans aucune coordination	Experts et décideurs politiques identifiés auprès des parties prenantes	Les experts compétents et les responsables politiques mettent en œuvre, exploitent et maintiennent la cyber-sécurité pour toutes les activités clés	Les experts et décideurs appropriés en matière de vérification, de mesure et d'examen de la cyber-sécurité sont dans des institutions identifiées	Les experts et décideurs œuvrent à améliorer en permanence la cyber-sécurité au sein du Gouvernement, du Secteur Privé et des Universités
IO8	**Formation :** Identifier les besoins en formation, et déterminer la manière de les atteindre	Des initiatives de formation isolées en cyber-sécurité au sein de certaines organisations	Les besoins en formation sont identifiés et planifiés	Les sessions de formation sont organisées pour toutes les activités clés afin de former des ressources humaines appropriées	Les sessions de formation sont audi-tées et re-vues. Leur impact sur la mise en œuvre de la stratégie de cyber-sécurité est mesuré	Le contenu des sessions de formation est continu-ellement amélioré par rapport aux nouveaux besoins de la cyber-sécurité

Obj	Description	Niveau 1	Niveau 2	Niveau 3	Niveau 4	Niveau 5
IO9	**Expertise internationale :** Identifier les experts internationaux qui pourraient apporter une assistance pour résoudre les problèmes de cybersécurité, y compris le partage de l'information	Des experts internationaux et décideurs politiques sont identifiés, mais sans aucune coordination	Des experts internationaux sont identifiés et connus par le CERT national, en coordination avec les CSIRT sectoriels	Des experts internationaux mettent en œuvre la cybersécurité pour toutes les activités clés	Des experts internationaux auditent, mesurent et examinent la cybersécurité au sein d'institutions identifiées	Des experts proposent des améliorations continues au sujet de la cybersécurité au sein du Gouvernement, du Secteur Privé et des Universités
IO10	**Gouvernement :** Mettre en œuvre un plan de cybersécurité pour les systèmes gérés par le Gouvernement, qui prend en compte les évolutions, et ceci en adéquation avec la stratégie NCSec	Ad hoc et isolées, des mesures de gestion de la cybersécurité sont identifiées sans aucune coordination	Des mesures de gestion de la cybersécurité sont identifiées, annoncées et prévues dans la stratégie NCSec	Des mesures de gestion de la cybersécurité sont mises en œuvre et maintenues dans toutes les activités clés	Les systèmes gouvernementaux sont exploités audités et revus du point de vue de la gestion de la cybersécurité	Les mesures de la gestion de la cybersécurité sont en amélioration continue

Obj	Description	Niveau 1	Niveau 2	Niveau 3	Niveau 4	Niveau 5
IO11	**Capacités nationales :** Prendre en compte les capacités nationales qui permettront de mettre en œuvre la stratégie NCSec au niveau national	Chaque intervenant assume sa responsabilité : généralement tenu pour responsable sans que ce soit formellement accepté. Une confusion subsiste sur la responsabilité en cas de problème ; une culture du blâme tend à exister	Processus de responsabilité et d'imputabilité prévus et définis. Les propriétaires de processus ont été identifiés par la NCA. Il est peu probable que le propriétaire du processus ait la pleine autorité pour exercer ses responsabilités	Processus de responsabilité et d'imputabilité acceptés. Travailler d'une manière qui permette à un propriétaire de processus de s'acquitter pleinement de ses responsabilités, sous la supervision du N-CERT. Une culture de récompense est en place, qui motive l'action positive	Processus propriétaires habilités à prendre des décisions et agir. Acceptation de la responsabilité en cascade jusqu'au niveau des CSIRT sectoriels de manière cohérente	La stratégie de cyber-sécurité nationale NCSec & la capacité sont améliorées au niveau national, en coordination entre l'Autorité et le CERT National
IO12	**Service continu :** Assurer un service continu au sein de chaque intervenant, mais également entre les intervenants, et ce en tenant compte de la stratégie NCSec	Un service ad hoc est fourni par certains intervenants	Les parties prenantes annoncent et planifient des services en continu	Le service continu est mis en œuvre en coordination avec les CSIRT sectoriels	La qualité de service est mesurée et surveillée par l'Autorité	La QoS est améliorée, en coordination avec le N-CERT, dans le respect des directives de l'Autorité NCA

Tableau 5.3 : Modèle de maturité associé aux objectifs du domaine Implémentation & Organisation (IO)

5.3.3. Sensibilisation & Communication

Obj	Description	Niveau 1	Niveau 2	Niveau 3	Niveau 4	Niveau 5
AC1	**Les leaders au sein du Gouvernement :** Convaincre les leaders nationaux dans le Gouvernement, de la nécessité de mener une action nationale pour lutter contre les menaces et les vulnérabilités liées à la cybersécurité	Des discussions ad hoc au niveau politique sont initiées par certains acteurs influents	Le NCC annonce et planifie des initiatives de discussion sur la stratégie de cybersécurité au niveau politique à l'échelle nationale	L'Autorité en charge de la cybersécurité entretient des discussions avec tous les intervenants, dans toutes les activités clés	Les gestionnaires du N-CERT évaluent, auditent, font des revues et des actions critiques, pour contrer les menaces et vulnérabilités en concertation avec l'Autorité	Le NCC, en association avec l'Autorité et le N-CERT, améliore la stratégie et les politiques, grâce à des réunions officielles, des conférences et des ateliers
AC2	**Sensibilisation nationale :** Promouvoir un programme global de sensibilisation nationale afin que toutes les parties prenantes, et plus généralement la population, soient en mesure de sécuriser leurs propres systèmes	Reconnaissance de la nécessité de sensibilisation à l'échelle nationale, mais communication sporadique. Reconnaissance du développement de la communication entre intervenants	Il existe une compréhension de l'ensemble des besoins de la stratégie de cybersécurité. L'Autorité annonce et planifie un programme national de communication	Les CSIRT sectoriels mettent en place et réalisent une stratégie de communication vers les parties prenantes, et en coordination avec le CERT National	La stratégie de communication nationale est contrôlée par les CSIRT sectoriels. Elle est mesurée, contrôlée et examinée par le CERT national	La stratégie nationale en matière de communication est améliorée par le CERT national. Son efficacité est mesurée, auditée et revue par l'Autorité

Obj	Description	Niveau 1	Niveau 2	Niveau 3	Niveau 4	Niveau 5
AC3	**Programmes de sensibilisation :** Mettre en œuvre des programmes de sensibilisation à la sécurité et des initiatives spécifiques au profit des utilisateurs des systèmes et des réseaux	Des programmes ad hoc de sensibilisation à la sécurité sont mis en œuvre pour les utilisateurs des systèmes et réseaux. Reconnais-sance de la nécessité d'un programme de sensibilisation à la sécurité	Il existe une compréhension de l'ensemble des besoins pour le programme de sensibilisation. Le CERT national annonce et planifie ces destinées aux utilisateurs des systèmes et réseaux	Les CSIRT mettent en œuvre, exploitent et maintiennent des programmes de sensibilisation spécifiques et des initiatives, couvrant toutes les parties prenantes, dans toutes les activités clés, en coordination avec le N-CERT	Les programmes de sensibilisation à la sécurité et ses usages, sont surveillés par le CERT national. Leur efficacité est mesurée ; ils sont audités et revus par l'Autorité	Les programmes de sensibilisation dans toutes les activités clés sont améliorés, en relation avec les différentes parties prenantes, en se basant sur les audits
AC4	**Citoyen et Protection de l'enfance :** Soutenir les actions de sensibilisation de la Société Civile. Une attention particulière sera accordée notamment aux enfants, aux utilisateurs individuels, et aux personnes à besoins spécifiques	La nécessité d'un programme de sensibilisation à la cyber-sécurité dédié à la société civile, est reconnue, surtout pour les enfants, utilisateurs individuels & personnes handicapées	Il existe une compréhension de tous les besoins pour le programme de sensibilisation publique, spécifiques aux citoyens. Le CSIRT annonce et planifie des programmes de sensibilisation	Le CSIRT met en œuvre, exploite et maintient un programme de sensibilisation spécifique et des initiatives, en coordination avec le CERT national	Le programme de sensibilisation en cours d'utilisation, est surveillé par le CSIRT. Son efficacité est mesurée, auditée et revue par le CERT national	Le programme de sensibilisation est amélioré par le CERT national. Son efficacité est mesurée, auditée et revue par l'Autorité en charge de la cyber-sécurité nationale

Obj	Description	Niveau 1	Niveau 2	Niveau 3	Niveau 4	Niveau 5
AC5	**Culture « NCSec » pour les entreprises :** Encourager le développement d'une culture de la sécurité dans les entreprises	La nécessité par rapport à la culture de cybersécurité dans les entreprises est reconnue. Communication sporadique. Prise de conscience de la nécessité d'agir au niveau des affaires	Compréhension des exigences de la culture cyber-sécurité à l'échelle nationale. Le N-CERT, en coordination avec le CSIRT-privé, annonce & planifie le programme national de cette culture d'entreprise	Le N-CERT en coordination avec les CISRTs sectoriels, exploite et maintient un programme de culture de cyber-sécurité, couvrant toutes les entreprises et les activités clés relatives aux affaires	Le programme de la culture cyber-sécurité est surveillé par le CERT national. Son efficacité est mesurée, auditée et revue par l'Autorité	Le programme de la culture cyber-sécurité au sein des entreprises est amélioré pour toutes les activités aux affaires
AC6	**Solutions disponibles :** Développer la prise de conscience des risques et des solutions disponibles	Des activités ad hoc en sciences et techniques sont initiées par certains acteurs (Universités, etc.)	Un programme national de recherche est prévu et finalisé. Des chercheurs potentiels sont identifiés	Un programme national de recherche est mis en œuvre, en association avec des laboratoires & centres de recherche, pour répondre à la stratégie et aux politiques	Les résultats des recherches sont mesurés, suivis et audités	Les meilleurs programmes de recherche sont renouvelés, et les résultats sont améliorés

Tableau 5.4: Modèle de maturité associé aux objectifs du domaine Sensibilisation & Communication (AC)

5.3.4. *Conformité & Coordination*

Obj	Description	Niveau 1	Niveau 2	Niveau 3	Niveau 4	Niveau 5
CC1	**Coopération & Conformité internationale :** Examiner les recommandations régionales et internationales pour les appliquer volontairement dans la réglementation nationale. Un régulateur doit être au courant des recommandations régionales et internationales, mais la conformité réglementaire avec eux n'est pas nécessaire	Des initiatives ad hoc de conformité sont initiées par certains intervenants	Les initiatives de conformité sont prévues par les institutions leaders parmi les parties prenantes	Les initiatives de conformité sont mises en œuvre, exploitées et entretenues par les institutions leaders parmi les acteurs	Les initiatives de conformité sont surveillées, mesurées, contrôlées et évaluées par les institutions leaders	Les initiatives de conformité sont en cours d'amélioration par les institutions leaders, et elles évoluent vers les meilleures pratiques

Obj	Description	Niveau 1	Niveau 2	Niveau 3	Niveau 4	Niveau 5
CC2	**Coopération nationale :** Identifier et établir les mécanismes et modalités en matière de coopération entre le Gouvernement, les entités du Secteur PV, Universités et ONGs au niveau national, de sorte que les structures organisationnelles puissent s'assurer de l'efficacité et l'efficience des contrôles	Des mécanismes ad hoc de coopération sont initiés par certains intervenants	Des mécanismes de coopération sont prévus par les institutions concernées	Des mécanismes de coopération sont mis en œuvre, exploités et entretenus par les institutions leaders parmi les acteurs	Les mécanismes de coopération sont surveillés, mesurés, contrôlés et évalués par les institutions leaders parmi les acteurs	Les mécanismes de coopération sont en cours d'amélioration par les institutions leader parmi les acteurs, et ont évolué vers les meilleures pratiques
CC3	**Coopération du Secteur Privé :** Encourager la coopération entre les groupes d'industries interdépendantes. Encourager le développement de groupes du Secteur Privé provenant de différentes industries pour répondre à l'intérêt commun en collaboration avec le Gouvernement	Des Initiatives ad hoc privées de coopération entre les groupes du Secteur Privé sont initiées par certains acteurs appartenant au Secteur Privé	Des initiatives de coopération entre les groupes du Secteur Privé sont prévues par certains intervenants appartenant au Secteur Privé	Des initiatives de coopération entre les groupes du Secteur Privé sont mises en œuvre, exploitées et entretenues par certains acteurs appartenant au Secteur Privé	Les initiatives de coopération entre les groupes du Secteur Privé sont contrôlées et mesurées, par certains acteurs appartenant au Secteur Privé	Les initiatives de coopération entre les groupes du Secteur Privé sont en cours d'amélioration par certains intervenants appartenant au Secteur Privé. Elles ont évolué vers les meilleures pratiques

Obj	Description	Niveau 1	Niveau 2	Niveau 3	Niveau 4	Niveau 5
CC4	**Recherche et Développement :** Améliorer les activités liées à la Recherche et Développement (R&D), à travers l'identification d'opportunités et l'affectation de fonds	Des activités ad hoc en Recherche & Développement sont initiées par certains acteurs (Universités, etc.)	Un programme national de recherche est prévu et planifié. Chercheurs potentiels identifiés	Programme national de recherche (en association avec des laboratoires spécialisés, centres de recherche), exigences de la stratégie	Les résultats des recherches sont mesurés, suivis et audités	Les meilleurs programmes de recherche sont renouvelés, et les résultats sont améliorés
CC5	**Gestion des incidents :** Gérer les incidents à travers le CERT national, qui est chargé de détecter et de répondre aux cyber-incidents à l'échelle nationale, et ceci en étroite collaboration avec le Gouvernement et le Secteur Privé	Les traitements relatifs aux incidents et le contrôle des risques sont initialisés et gérés par certains intervenants	Les traitements relatifs aux incidents et le contrôle des risques sont prévus par les parties prenantes leaders	La gestion des incidents et le contrôle des risques sont mis en œuvre, exploités et entretenus par les intervenants	La gestion des incidents et le contrôle des risques sont mesurés, et audités par les parties prenantes	La gestion des incidents et le contrôle des risques sont en cours d'amélioration, et ont évolué vers les meilleures pratiques

Obj	Description	Niveau 1	Niveau 2	Niveau 3	Niveau 4	Niveau 5
CC6	**Points de contact :** Établir des points de contact (ou CSIRT) au sein du Gouvernement, de l'Industrie et de l'Université, afin de faciliter les consultations, la coopération et l'information avec le CERT national, qui doit rendre compte en élaborant des rapports périodiques	Certains points de contact ont été établis au sein du Gouvernement, de l'Industrie et de l'Université pour faciliter la consultation	Des points de contact (ou CSIRT) ont été prévus au sein des institutions leaders pour chacune des parties prenantes (Gouvernement, Industrie et Université) afin de faciliter les échanges d'information, les consultations et la coopération avec le CERT national	Des points de contact (ou CSIRT) ont été mis en œuvre, exploités et maintenus au sein de chacune des parties prenantes (Gouvernement, Industrie et Université) pour faciliter les échanges d'information, les consultations et la coopération avec le CERT national	Des points de contact (ou CSIRT) sont établis au sein du Gouvernement, l'Industrie et l'Université pour faciliter les échanges d'information, les consultations et la coopération avec le CERT national. De plus, ils contrôlent, mesurent et évaluent les performances de la stratégie de cybersécurité nationale NCSec pour chacun des secteurs	Des points de contact (ou CSIRT) sont en cours d'amélioration au sein du Gouvernement, de l'Industrie et de l'Université pour faciliter les échanges d'information, les consultations et la coopération avec le CERT national. Ils évoluent vers les meilleures pratiques et améliorent les performances de la stratégie de cybersécurité au niveau de chacun des secteurs

Tableau 5.5 : Modèle de maturité associé aux objectifs du domaine Conformité & Coordination (CC)

5.3.5. *Evaluation & Suivi*

Obj	Description	Niveau 1	Niveau 2	Niveau 3	Niveau 4	Niveau 5
EM1	**Observatoire national :** Mettre en place l'Observatoire national pour la collecte d'informations liées aux questions de la cybersécurité. nationale, permettant de mesurer et de faire le point sur le contrôle de risque, de conformité et de performance	Les objectifs ne sont pas clairs et aucune mesure n'est prise au niveau de la cybersécurité à l'échelle nationale	Les objectifs d'efficacité et mesures sont identifiés et planifiés par l'Autorité en charge de la cybersécurité, avec un lien avec les objectifs stratégiques. Ces choix sont communiqués au CERT national chargé de cette tâche. Les processus existent mais ne sont pas systématiquement appliqués	L'Autorité en charge de la cybersécurité a défini les indicateurs en tenant compte de la stratégie, suivis par le CERT national, en coordination avec les CSIRT sectoriels. Le tableau de bord cybersécurité est mis en œuvre pour toutes les activités et les secteurs clés	Suivi des indicateurs de performance de la stratégie de cybersécurité par une entité « Observatoire » au sein du CERT national	Amélioration continue des indicateurs selon les évolutions et les meilleures pratiques : réalisé en coordination avec l'Autorité en charge de la cybersécurité. Synthèse des indicateurs transmise au Conseil national pour la cybersécurité
EM2	**Indicateurs globaux :** Définir les mécanismes utilisables pour coordonner les activités de l'institution chef de file, du Gouvernemet, du Secteur PV et de la Société Civile, afin de surveiller et évaluer la performance globale de la stratégie NCSec	Les indicateurs sont initiés pour coordonner les activités de l'Autorité en charge de la cybersécurité, du Gouvernement, du Secteur Privé et de la Société Civile	Les indicateurs sont définis, et leur suivi planifié, pour coordonner les activités de l'Autorité en charge de la cybersécurité, du Gouvernement, du Secteur Privé et de la Société Civile	Les indicateurs sont implémentés, suivis et maintenus, pour assurer la coordination des activités de l'Autorité en charge de la cybersécurité, du Gouvernement, du Secteur Privé et de la Société Civile	Les indicateurs sont suivis, évalués et audités. Surveillance et évaluation des performances de la stratégie de cybersécurité nationale	Les indicateurs de la stratégie de cybersécurité NCSec sont en amélioration continue, et ils évoluent vers les meilleure pratiques

Obj	Description	Niveau 1	Niveau 2	Niveau 3	Niveau 4	Niveau 5
EM3	**Evaluation « NCSec » :** Évaluer et réévaluer périodiquement l'état des efforts de la cyber-sécurité et développer les program-mes prioritaires	La recon-naissance de la nécessité du dévelop-pement des priorités de la stratégie est acquise	L'Autorité en charge de la cyber-sécurité annonce une feuille de route officielle et structurée pour les priorités de la stratégie	L'Autorité en charge de la cyber-sécurité met en œuvre les priorités définies en coordina-tion avec le CERT national	L'Autorité en charge de la cyber-sécurité mesure, évalue et audit les actions relatives à la mise en œuvre des priorités de la stratégie, en coordi-nation avec le CERT national	L'Autorité en charge de la cyber-sécurité procède à une améliora-tion continue des actions relatives à la mise en œuvre des priorités de la stra-tégie, en concerta-tion avec le Conseil
EM4	**Indicateurs par Objectif / Processus :** Définir les indicateurs adéquats pour chaque objectif / processus, afin d'assurer un suivi et procéder à une améliora-tion continue	Quelques indica-teurs sont définis pour certains processus	Les indicateurs des différents processus ont été définis et planifiés	Les indicateurs des différents processus sont mis en œuvre, exploités et maintenus par les parties prenantes	Les indicateurs des différents processus sont mis en œuvre, évalués et audités par les parties prenantes	Les indicateurs des différents processus sont mis en amélio-ration continue et tendent vers les meilleures pratiques

Obj	Description	Niveau 1	Niveau 2	Niveau 3	Niveau 4	Niveau 5
EM5	**Gouvernance NCSec:** Assurer la gouvernance de la cybersécurité nationale à travers le modèle de maturité NCSecMM, surtout avec des coûts optimisés	Chaque intervenant assume sa gouvernance, même si cela n'est pas formalisé	L'Autorité en charge de la cybersécurité a défini les responsables des processus. Les objectifs détaillés des processus sont définis	La responsabilité du processus et l'imputabilité sont acceptées et elles sont assumées à travers la matrice RACI. Une culture récompense est en place pour motiver l'action positive	Les propriétaires des processus sont habilités à prendre des décisions et agir en fonction de la matrice RACI. L'acceptation de la responsabilité a été définie en cascade à travers les composantes des parties prenantes	L'organisation, les structures et les ressources du Conseil National, de l'Autorité en charge de la cybersécurité et du CERT national sont en amélioration continue en tenant compte des meilleures pratiques internationales

Tableau 5.6 : Modèle de maturité associé aux objectifs du domaine Evaluation & Suivi (EM)

5.4. Evaluation de la Cybersécurité Nationale

5.4.1. Facteurs Clés de Succès (FCS) et Activités Stratégiques

Parmi les facteurs clés de succès de la stratégie de cybersécurité nationale prônée, la performance du système de management et la qualité du diagnostic sur les 34 objectifs du référentiel « NCSecFr » favoriseront les éléments suivants :
- La détermination des priorités ;
- L'amélioration continue ;
- La prise de décision ;
- La mesure de la performance ;
- La planification stratégique ;
- La communication efficace.

Ceci apportera les garanties nécessaires quant à l'adéquation entre la stratégie déclinée et la feuille de route qui sera mise à jour régulièrement. Cette approche apportera également des éclaircissements par rapport à cet exercice complexe, et ce à différents niveaux :

- **Détermination des priorités**

  L'évaluation de la cybersécurité nationale à travers le modèle de maturité proposé est supposée apporter des réponses aux questionnements suivants :
  - o Identification des lacunes pour la protection contre les cybermenaces ;
  - o Identification des institutions compétentes pour accomplir cette tâche ;
  - o Niveau de préparation national (cyberattaques et cybermenaces) ;
  - o Amélioration du niveau de préparation (évolution des cybermenaces) ;
  - o Identification, adaptation et/ou mise en œuvre des bonnes pratiques en vigueur au niveau mondial.

- **Amélioration continue**

  Il est primordial de savoir à quel stade sera effectuée l'évaluation, au niveau du cycle de vie de la stratégie. Dans le cas de la cybersécurité nationale, le système de management devrait permettre que l'évaluation puisse être effectuée à n'importe quel stade du cycle de vie de la stratégie. L'avantage procuré serait que les indicateurs associés au modèle de maturité « NCSecMM » soient à jour autant que cela est possible. Toutefois, et pour plus de facilité, il serait recommandé de procéder à cette évaluation à chacune des quatre phases du cycle PDCA, ce qui sera décrit avec plus de détails dans le chapitre dédié au guide d'implémentation.

- **Prise de décision**

  L'évaluation devrait contribuer à harmoniser un certain nombre d'activités exerçant une influence certaine sur la performance de « NCSecMS » dans sa globalité, mais qui ne s'affichent pas néanmoins de façon directe dans son contexte.

  Le modèle de maturité devrait être doté d'une **métrique** permettant d'en mesurer la performance, et qui en recensera les points forts et les points faibles du niveau de préparation d'un Etat en ce qui concerne la prévention des cybermenaces.

  Cette métrique indiquera à terme les domaines au niveau desquels l'Etat pourrait avoir besoin d'un appui supplémentaire pour renforcer ses capacités, ou ceux dans lesquels il pourrait apporter son appui à d'autres Etats ; en découleront également l'identification de la nature des aides potentielles en provenance de bailleurs de fonds, ou d'organisations internationales, ainsi que les bonnes pratiques nationales susceptibles d'être adaptées ou mises en œuvre par d'autres pays.

- **Mesure de la performance**

  L'évaluation devrait jouer un rôle primordial dans le processus de mise en correspondance entre les pays qui s'inscrivent dans cette dynamique, dans le cadre d'un **benchmark** international ou régional.

  En effet, étant donné que la métrique associée au modèle de maturité « NCSecMM » présente des informations accessibles au public, les bailleurs de fonds et les responsables de la mise en œuvre peuvent identifier les atouts et les faiblesses d'un pays et, par la même occasion, établir un dialogue avec ces pays pour leur proposer de renforcer leurs cybercapacités ou de mener des activités tout en apportant des améliorations analogues, en fonction des besoins.

- **Planification stratégique**

  Des études de cas ou références devraient être disponibles concernant les avantages procurés par le modèle de maturité, notamment la fonction de mesure issue de sa métrique. Aussi, il est primordial d'apporter les garanties nécessaires aux mécanismes propres de l'outil, à même de garantir l'indépendance, l'impartialité et la neutralité des résultats obtenus.

- **Communication efficace**

  Le processus de validation par pays devrait être effectué par une structure responsable mandatée, comme c'est le cas du « GCI », auquel il serait tout à fait bénéfique de l'y associer.

5.4.2. Etude de Cas

L'exemple suivant est une illustration de l'usage qui pourra être effectué par rapport à la métrique proposée, dans le cas de la recherche du score global pour lequel nous considérons neuf objectifs de Gouvernance et de Management, parmi les 34 objectifs du référentiel « NCSecFr ».

En vue d'évaluer le niveau de maturité d'un Etat (ou d'une région du monde), en rapport avec sa stratégie de cybersécurité nationale, et afin de mener un inventaire à un moment donné, la sélection de ces objectifs sera effectuée selon la pertinence de ces derniers par rapport à la stratégie nationale NCSec.

Comme le montre la figure 5.4, le diagramme « radar » issu de cette évaluation permettra d'effectuer les comparaisons nécessaires et de suivre les évolutions entre deux dates.

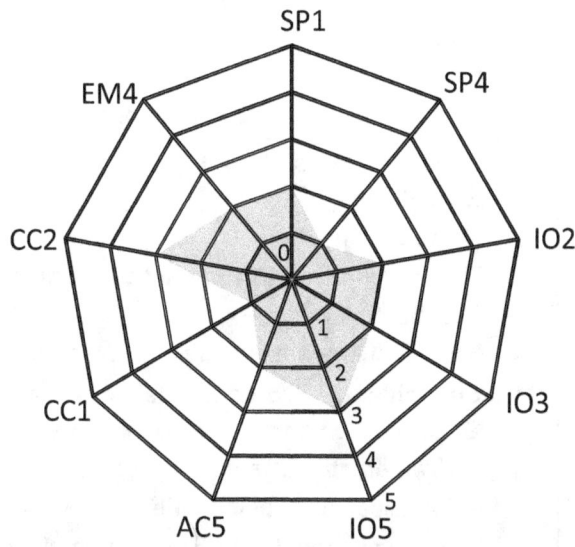

Légende :

SP1 : Stratégie « NCSec »	AC5 : Culture « NCSec » pour les entreprises
SP4 : Protection des IC & SE	CC1 : Conformité à l'international et Coopération
IO2 : Autorité pour la Cybersécurité	CC2 : Coopération nationale
IO3 : CERT National	EM4 : Indicateurs par Objectif/Processus
IO5 : Lois	

Figure 5.4 : Diagramme RADAR relatif à 9 objectifs majeurs

5.4.3. Cadre de Comparaison avec les Autres Modèles

Nous présentons dans ce paragraphe un cadre de comparaison, permettant à terme de situer le modèle de maturité proposé par rapport aux modèles existants. Il est fortement inspiré des travaux du « Groupe d'étude sur la stratégie et les évaluations », issu du « Forum mondial sur la cyberexpertise », regroupant plusieurs membres, dont l'UIT (GFCE 2023).

Le modèle de maturité « NCSecMM » est analysé selon les critères présentés dans le tableau suivant. Cette analyse exhaustive peut être appliquée aux autres modèles de maturité de la cybersécurité nationale :

Critères	Explications relatives à « NCSecMM »
Couverture géographique	Mondiale
Population cible	- Dirigeants mondiaux - Gouv. national / régional (Ministère, Organisme) - Infrastructures Critiques et Services Essentiels (IC & SE) - Organismes de cybersécurité / décideurs - Législateurs - Autorités chargées de l'application des lois - Société Civile - Établissements Universitaires - Experts en cybersécurité ; Toute personne intéressée

Thèmes ou sujets traités	**Politiques générales et stratégie**
	  ⊠ Stratégies
	  ⊠ Évaluations
	  ⊠ Mesures de renforcement de la confiance et normes
	  ⊠ Cyberdiplomatie
	  ⊠ Le droit international dans le cyberespace
	Gestion incidents&protection de l'information (IC&SE)
	  ⊠ Intervention en cas d'incident de cybersécurité
	  ⊠ Examen et analyse des incidents
	  ⊠ Exercices de cybersécurité
	  ⊠ Protection des IC & SE de l'information
	Cybercriminalité
	  ⊠ Cadres juridiques / Droit de la cybercriminalité
	  ⊠ Application de la loi dans le cyberespace
	  ⊠ Formation en matière de cybercriminalité
	  ⊠ Prévention de la cybercriminalité
	Culture et compétences
	  ⊠ Sensibilisation à la cybersécurité
	  ⊠ Éducation et formation
	  ⊠ Perfectionnement de la main-d'œuvre
	Normes
	  ⊠ Normes internationales et / ou nationales
	  ⊠ Normes relatives à un Internet ouvert
	  ⊠ Internet des objets

Critères	Explications relatives à « NCSecMM »
Types d'indicateurs	- Issue du questionnaire lié au modèle de maturité, et selon le type de question, la collecte de données donne lieu à la fois à des indicateurs qualitatifs et quantitatifs - Système de valeurs utilisé pour vérifier les réponses (déterminer l'existence d'un texte de loi, unité spécialisée, cadre de coopération officiel, résultat spécifique, etc.) - Indicateurs associés à chaque objectif, répartis entre les niveaux de maturité (élément nécessaire ou accessoire)

Nombre d'indicateurs utilisés, et mode d'application	- 34 indicateurs à la base, permettant d'identifier le niveau de maturité des objectifs : les indicateurs ont été pondérés en fonction de la pertinence de leur mise en œuvre pour la cybermaturité d'un État. Ces indicateurs se basent eux-mêmes sur les niveaux de capacité des processus
	- Déduction parmi les 5 domaines du référentiel « NCSecFr », ceux qui sont pleinement opérationnels, partiellement opérationnels ou pour lesquels les éléments de preuve sont insuffisants afin d'évaluer l'état actuel d'un pays en matière de cybersécurité, en corrélation avec les objectifs de Gouvernance et de Management
	- Le calcul des indicateurs correspondants sera calculé à partir de la combinaison de scores relatifs à un échantillon d'objectifs, rattachés à un sous-ensemble représentatif de la stratégie nationale NCSec (scores compris entre 0 et 5)
	- Ces indicateurs seront obtenus en se basant sur les éléments suivants :
	   o Le processus est une composante intrinsèque relative à un objectif. Son niveau de capacité, compris entre 0 à 5, respecte les règles relatives à l'échelle de maturité
	   o Le processus regroupe un ensemble de pratiques, pondérées selon le niveau d'importance de la pratique (poids exprimé en pourcentage) dans l'implémentation du processus. Le niveau de capacité du processus correspond à une moyenne pondérée des niveaux de capacité des pratiques qui le composent
	   o Le niveau de maturité de l'objectif de Gouvernance et de Management sera déduit de la valeur du niveau de capacité du processus associé, selon une table de correspondance
	   o La stratégie de cybersécurité nationale correspond à une combinaison partielle ou totale d'objectifs de Gouvernance et de Management. Elle se voit associer un score, qui en est une combinaison des niveaux de maturité des objectifs correspondants

Critères	Explications relatives à « NCSecMM »

Nombre d'indicateurs utilisés, et mode d'application (suite)	- Exemple :
	  o Considérons une stratégie de cybersécurité nationale composée de la combinaison de 3 objectifs ayant les niveaux de maturité suivants : $\{m_{o1}, m_{o2}, m_{o3}\} = \{3, 4, 2\}$
	  o Dans ce cas, le niveau de maturité associé à cette stratégie correspondra à la valeur 3 (la moyenne des 3 niveaux de maturité m_{o1}, m_{o2} et m_{o3})
	- Ainsi, les éléments de preuve doivent être fournis sous forme de données. Si celles-ci répondent à toutes les exigences du critère, elles seront acceptées en tant qu'éléments de preuve suffisants.
	Les pondérations seront utilisées pour calculer un score

Méthodologie (type d'évaluation utilisé)	Il s'agit d'un processus composé de plusieurs étapes : 1- Contextualisation de la recherche documentaire effectuée par l'équipe chargée de la mise en œuvre : Une équipe mandatée procédera dans un premier temps à une évaluation initiale appliquée à un Etat donné, sur la base de recherches documentaires, puis communiquera ses conclusions, vérifiera et validera les évaluations avec les autorités gouvernementales compétentes concernées 2- Confrontation des données recueillies / collectées : En pratique, une équipe mandatée sera chargée de vérifier et de valider les réponses soumises par les coordonnateurs des États concernés (entretiens, réunions possibles), en les confrontant aux données issues de l'évaluation initiale Pour les pays qui ne participent pas au processus, l'équipe mandatée va recueillir ces données et leur communiquer les résultats pour approbation 3- Elaboration d'un rapport détaillé décrivant le contexte de la cybersécurité dans le pays : L'évaluation de chaque Etat sera saisie et mise à jour au cas par cas. Une fois l'évaluation d'un pays saisie et/ou mise à jour, le **score isolé**, le **score spécifique** et le **score global** seront générés, dans le cadre d'un classement comparatif mondial.
Méthode de collecte de données primaires	Anticiper les activités de coordination pour recueillir les données, les regrouper, et identifier un organisme central chargé de réaliser l'autoévaluation et le suivi à l'échelle nationale, en se basant sur : - Questionnaires et enquêtes - Informations provenant de sources libres - Documents confidentiels non publiés ou documents officiels - Documents et dossiers - Législation et autres documents officiels - Sites web officiels - Informations accessibles au public - Documents non publiés - Entretiens/Observations

Critères	Explications relatives à « NCSecMM »
Méthodologie suivie pour la collecte des données secondaires	Données secondaires recueillies pour les pays répondant au questionnaire « NCSecMM », en corrélation avec la méthodologie utilisée par l'UIT, dans le GCI, selon les étapes suivantes : 1- L'équipe mandatée procède à des vérifications, identifie les réponses qui manquent, documents justificatifs et liens. Elle utilise les informations provenant de sources libres, documents non publiés, questionnaires, enquêtes, entretiens, observations, documents et dossiers accessibles au public 2- Les réponses vérifiées sont renvoyées au coordonnateur national, qui améliore au besoin la précision des réponses 3- L'équipe mandatée valide les modifications finales apportées par le coordonnateur national et renvoie le document à chaque coordonnateur pour approbation finale 4- Les réponses au questionnaire ainsi validées sont ensuite utilisées à des fins d'analyse, de notation et de classement, en corroborant, en modifiant ou en développant les informations recueillies lors de l'analyse initiale des sources primaires et des entretiens avec des fonctionnaires et des experts du pays 5- Le score n'est pas nécessairement une valeur statique (données recueillies en permanence tout au long de l'année)

Mécanismes adoptés pour garantir l'exactitude des données recueillies	Activités de recherche fondées sur les sources primaires et secondaires, puis corroborées par des fonctionnaires et/ou des experts en la matière (du pays concerné, de préférence) :
	- Désignation des coordonnateurs des Etats concernés par les ministères
	- Profil des coordonnateurs :
	  o ont suivi une formation ou possèdent des compétences spécialisées dans le domaine de la cybersécurité
	  o occupent des postes liés à la cybersécurité au sein des différents ministères
	- Validation pour l'exactitude des données par les experts :
	  o Ils possèdent une expérience dans les domaines liés à la cybersécurité
	  o Ils doivent mener à bien le processus de vérification jusqu'à la confirmation finale (possibilité de contacter les Etats) pour garantir l'exactitude des données
	- Mise en œuvre par un codage de champ structuré, permettant de saisir et de coder les réponses issues des recherches documentaires et des groupes de coordonnateurs et d'experts, pour valider les indicateurs à chaque étape du processus d'examen
	- Liens et documents pertinents demandés et validés : ils proviennent des sites web publics officiels des Gouvernements, et peuvent être de nature confidentielle

Critères	Explications relatives à « NCSecMM »
Principaux résultats de l'évaluation	Rédaction de rapports ayant pour objectifs de : - aider les Gouvernements à mettre au point leurs pratiques et politiques en matière de cybersécurité - fournir un plan des priorités requises pouvant être appliqué concrètement - renforcer la capacité des Etats en matière de cybersécurité - effectuer une analyse des menaces/possibilités - déterminer les mesures à prendre pour réduire les risques, indépendamment des compétences spécialisées internes Elaborer un rapport détaillé contenant des recommandations classées par ordre de priorité, à travers : - le calcul des indicateurs par pays - les profils individuels par pays - le classement comparatif régional - l'aperçu des tendances régionales - les diagrammes « radar » intuitifs destinés à faciliter l'établissement d'un ordre de priorité entre les objectifs et les investissements selon les risques - l'évaluation des possibilités de coopération internationale
Format de présentation des résultats de l'évaluation	- Site web - Outil de visualisation et de comparaison - Possibilité de télécharger les résultats de l'évaluation
Possibilité de publier les résultats de l'évaluation	Oui, avec l'approbation de l'entité concernée
Possibilité d'accéder aux rapports précédents	- La version la plus récente devrait présenter les dernières informations disponibles - Possibilité pour un visiteur de consulter les informations d'une mise à jour antérieure

Eléments qui attestent de résultats concrets	- Mise en place de partenariats avec des organisations régionales afin d'asseoir un environnement propice à l'exercice de telles activités, à travers lesquelles il est attendu une demande grandissante
	- Mise à disposition de l'outil pour la population des chercheurs universitaires, à travers des études de cas
	- Validation scientifique de l'approche dans le cadre de conférences internationales, à travers des articles
	- Plus précisément, le cadre devrait permettre aux États de :
	  o procéder à une évaluation de leurs capacités nationales en matière de cybersécurité
	  o mieux faire connaître le niveau de maturité du pays
	  o recenser les domaines à améliorer
	  o renforcer les capacités en matière de cybersécurité

Critères	Explications relatives à « NCSecMM »
Avantages d'une évaluation	- Déterminer le niveau de préparation d'un Etat en matière de prévention des cybermenaces - Aider les États à obtenir des informations utiles pour l'élaboration d'une stratégie à long terme - Déterminer l'écart entre le niveau de préparation d'un Etat en matière de cybersécurité et les cybercapacités nationales dont il a besoin pour forger un avenir numérique, en identifiant les éléments qui manquent à sa stratégie - Identifier les pays qui ont le plus besoin d'une assistance pour améliorer leur situation en matière de cybersécurité - Identifier les lacunes qui concernent le développement de la cybersécurité dans les pays et les régions - Comparer les données entre les Etats - Mettre en évidence et encourager les bonnes pratiques que les États peuvent suivre, d'une manière adaptée à leur environnement national - Favoriser une approche transnationale de la cybersécurité fondée sur la participation, dans le cadre de laquelle les bonnes pratiques sont échangées entre plusieurs Etats - Accroître la sensibilisation à la cybersécurité dans le monde - Favoriser une culture mondiale de la cybersécurité - Fournir une base de référence sur les capacités de cybersécurité à l'échelle mondiale pour faciliter les discussions - Définir les priorités en matière d'investissements et de renforcement des capacités futures en matière de cybersécurité - Procéder à des analyses de rentabilité des investissements et des améliorations à apporter à la mise en œuvre de la cybersécurité au niveau national
Recours à un processus de calcul de la pondération	Un choix sera effectué parmi les deux options suivantes : - 1er cas : La pondération, par défaut, est la même pour tous les processus, et pour tous les objectifs - 2ème cas : Le calcul des niveaux de maturité, ainsi que des scores, peuvent donner lieu à un choix des coefficients de pondération traduisant son importance au regard de la stratégie de cybersécurité nationale Ce choix fera l'objet de réunions du groupe d'experts chargé de la pondération, pour chaque itération. Le processus spécifique de calcul de la pondération ne devra pas être communiqué aux utilisateurs, afin d'éviter toute manipulation de l'outil d'évaluation

Critères	Explications relatives à « NCSecMM »

Adoption d'un mécanisme de notation et/ou de classement au niveau de l'évaluation	- La notation est réalisée à travers des diagrammes « radar », portant sur l'ensemble des indicateurs, ou sur un sous-ensemble prédéfini
	- En cas de présence d'un nombre important d'indicateurs, l'établissement d'un classement significatif dans l'absolu devient difficile : à pondération égale, le classement semble à priori tout à fait naturel ; il pourra indiquer de façon directe les domaines devant être développés davantage afin d'atteindre le stade de maturité suivant, ainsi que les données à fournir pour prouver que ce niveau de maturité a été atteint
	- Parmi les extensions du système proposé, il sera possible de déduire la relation entre la vitesse de développement de la cybersécurité nationale et celle du numérique (DDL), obtenue en calculant la différence entre les deux scores réalisés :
	  o Si la différence entre la vitesse de développement de la cybersécurité et le DDL est positive, alors le développement de la cybersécurité de l'Etat est en phase ou en avance sur le développement numérique
	  o Un résultat négatif signifie que la société numérique du pays est plus avancée que sa cybersécurité nationale
	- Ce système de classement pourra être envisagé au niveau des processus de management relatifs au 5ème domaine « Evaluation & Suivi » du référentiel, en particulier le processus EM4. Un exemple pertinent est celui du système de mesure établi par le NCSI (eGA 2018)

Tableau 5.7 : Critères d'évaluation et de comparaison des modèles de maturité des systèmes de management de la cybersécurité nationale appliqués à NCSecMM

Il ressort de cette grille que la série de critères présentée constitue un cadre de comparaison des différents modèles de cybersécurité nationale existants et futurs. L'usage de cette grille permettra à terme de faciliter les analyses comparatives, d'établir des passerelles entre modèles, et de les mettre en relation. Cette grille permet aussi de poser de façon explicite et objective, la question relative à la nature des sources de collecte des données à considérer afin d'alimenter les entrées du modèle proposé, et d'y remédier.

5.4.4. Modèle de maturité « NCSecMM » et Indice « GCI »

L'indice global de cybersécurité « GCI » a été mis en place par l'UIT, et il constitue aujourd'hui le baromètre de la cybersécurité à l'échelle mondiale. Existe-t-il un lien entre le modèle de maturité « NCSecMM » et le « GCI » ? En d'autres termes, l'adoption du modèle de maturité « NCSecMM » conduit-elle de manière directe à la satisfaction des critères et des exigences du « GCI » ?

Le premier élément de réponse découle du constat que ces deux outils respectent les orientations de l'UIT en matière de cybersécurité nationale, en particulier son « Guide pour l'Elaboration d'une Stratégie Nationale de Cybersécurité » (UIT 2021-a).

LEGAL		**1. Lois relatives à la cybercriminalité**		
TECHNIQUE **ORGANISATION** **CAPACITES** **COOPERATION** / Global Cybersecurity Index / Objectifs de Gouvernance et de Management		*1.1. Existence de lois sur …*	*1.2. Législation relative à la falsification informatique, piratage, atteinte aux droits d'auteurs*	*1.3. Droit substantiel sur la sécurité en ligne :*
		1.1.1. l'accès illégal aux appareils, aux systèmes irmatiques et aux données ? / 1.1.2. les interventions illicites sur des dispositifs, des données ou des SI (par introduction, altération ou suppression) ? / 1.1.3. l'interception illicite des dispositifs, des données et des SI ? / 1.1.4. la règle juridique de fond sur l'identité en ligne (vol d'identité et de données en ligne) ?		1.3.1. Infractions liées au contenu en ligne à caractère raciste ou xénophobe ? / 1.3.2. Législation applicable au harcèlement et abus en ligne visant à porter atteinte à la dignité et à l'intégrité de la personne ?
⋮ ...				
IO4	**Protection des données personnelles et propriété intellectuelle :** Réviser le régime de protection existant et le mettre à jour pour l'environnement en ligne			
IO5	**Lois :** Assurez-vous que le cadre légal est conforme aux recommandations internationales et qu'il est soumis à une amélioration continue			
⋮ ...				

Tableau 5.8 : Aperçu sur la matrice d'alignement « GCI » et « NCSecMM »

Le second argument consiste à s'assurer de la correspondance systématique entre rubriques décrivant l'indice global de cybersécurité « GCI », et les objectifs de Gouvernance et de Management du modèle de maturité « NCSecMM ». Cette section se consacre à ce point, par le biais de la **matrice d'alignement** de l'indice « GCI » et du modèle « NCSecMM », figurant dans le tableau précédent.

En complétant ce tableau, une certaine complémentarité en ressort, entre les rubriques décrivant l'indice global de cybersécurité « GCI », et les objectifs de Gouvernance et de Management du modèle de maturité « NCSecMM ». Néanmoins, dénotant d'une certaine complexité de par l'exhaustivité de ses lignes et de ses colonnes, la présentation du tableau s'avère compliquée lorsqu'il s'agit de l'étendre à toutes ses composantes : nous nous limiterons donc à un échantillon de la matrice d'alignement.

A l'issue de l'exercice, nous pouvons vérifier que l'ensemble des rubriques du questionnaire relatif à l'indice global de cybersécurité « GCI » trouvent une correspondance parmi les objectifs du modèle de maturité « NCSecMM ».

Ainsi, nous pouvons confirmer l'adéquation et la complémentarité entre les deux approches « GCI » et « NCSecMM », les objectifs de ce dernier convergeant vers les rubriques du « GCI ». Ceci n'est pas sans conséquences sur l'usage qui pourra être effectué du modèle de maturité proposé, qui va au-delà des objectifs du « GCI » : en effet, le modèle de maturité « NCSecMM » offre toute une série d'indicateurs permettant d'aller de l'avant dans la mise en œuvre de la stratégie de cybersécurité nationale, de manière tout à fait synthétique et holistique, selon une approche itérative prônant le recours à l'approche « PDCA », pour s'inscrire dans une dynamique d'amélioration continue.

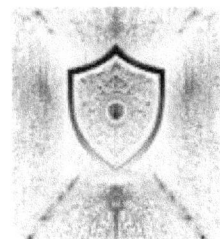

NCSecDG – Guide de Conception

6.1. Pertinence du Guide de Conception

6.1.1. Enjeux

La phase de conception du projet de système de management de la cybersécurité nationale constitue une étape cruciale et importante qui précédera sa réalisation : en se basant sur le contexte du projet et sur la stratégie qui en découle, cette phase conceptuelle en établit le canevas initial, qui évoluera jusqu'à aboutir à sa mouture définitive. Elle en prépare aussi la structuration et l'organisation, tout en posant les jalons de sa planification future, qui fera partie d'une phase ultérieure d'implémentation du projet.

Les principales parties prenantes seront impliquées dans l'élaboration de ce projet d'envergure, dès sa phase de conception : elles en traceront d'une part les grandes lignes, et se pencheront d'autre part sur ses diverses facettes : seront proposées, à titre d'exemple, une offre de formation destinée aux acteurs du projet, mais également un plan de communication adéquat, et une campagne de sensibilisation d'envergure. Des ajustements réguliers sont prévus.

Le guide de conception apportera des réponses aux questions suivantes :

- Quelles sont les lignes directrices de base du modèle de référence « NCSecMS », appliquées à un Etat ? Comment adapter la mise en œuvre ?
- Comment seront choisis les indicateurs clé de performance (KPIs), dans le cadre de lignes directrices spécifiques à des zones d'intérêt ad hoc ?
- Quels seront les objectifs de gouvernance et de management qui seront considérés de manière prioritaire ? Comment seront analysés les niveaux de performance des processus de mise en œuvre associés ?

- Comment sera définie la feuille de route du projet pour la mise en œuvre de la cybersécurité nationale, et quels en seront les « quicks wins » ?
- Comment sera effectuée la comparaison des niveaux de management de la cybersécurité nationale entre Etats ou entre régions ?

Cette section se consacre à la description des aspects managériaux relatifs au guide de conception « NCSecDG », aux niveaux stratégique et opérationnel.

La suite de ce chapitre présentera les principes clé sur lesquels repose « NCSecDG », notamment les notions de « Zone d'Intérêt » et de « Facteur de Conception ». Des illustrations pratiques décriront ensuite comment sera réalisée la gestion de la performance (GdP) du modèle « NCSecMS ». A ce guide de conception « NCSecDG » sera associé ensuite un canevas conceptuel relatif à la mise en œuvre de la totalité du modèle de référence « NCSecMS ». Une étude de cas simple suivra, illustrée par des exemples concrets mentionnant notamment les résultats escomptés.

6.1.2. *Guide de Conception et Management Stratégique*

Sur le plan stratégique, la contribution du guide de conception « NCSecDG » (National CyberSecurity Design Guide) ne sera pas des moindres. En effet, « NCSecDG » orientera les décisions liées aux choix stratégiques propres à l'Etat, en vue de canaliser ses efforts pour la mise en œuvre de « NCSecMS », et à en assurer une adaptation réussie par rapport à son cadre de déploiement.

A terme, ces intrants stratégiques contribueront à l'harmonisation des approches de mise en œuvre avec les objectifs opérationnels, et à l'amélioration des pratiques de gestion, tant à l'échelle nationale que régionale.

Voici quelques aspects stratégiques clés qui en font valoir la pertinence :

- **Exigences réglementaires et de conformité**
  A partir des données stratégiques, le modèle de référence « NCSecMS » devrait définir les lignes directrices du projet de mise en place d'un système de management de la cybersécurité nationale, dans le respect des réglementations en vigueur et des normes pertinentes.
  Vu sous un angle purement économique, et appliqué au contexte particulier de l'industrie, il sera question de recourir à une mise en conformité des bonnes pratiques en matière de cybersécurité nationale, liées à la gouvernance et au management. Cette mise en conformité sera une condition nécessaire à la réussite du projet ;
- **Adoption du cadre de référence**
  Le modèle de référence de la cybersécurité nationale constitue un cadre complet, nécessitant une compréhension approfondie de ses concepts et un effort pour l'adapter aux besoins spécifiques à l'échelle nationale ou régionale, à travers ses composantes multiples, selon les principes sur lesquels il repose, et les pratiques préconisées pour sa mise en œuvre.
  Le guide de conception fournira des conseils sur la manière d'adopter les principes et les bonnes pratiques de cybersécurité à l'échelle nationale ou régionale, pour améliorer la gouvernance et la gestion des processus ;

- **Indicateurs clés de performance (KPIs)**
  La définition et la mesure des KPIs associés à un modèle de référence tel que « NCSecMS » peut s'avérer complexe. Les Etats devront identifier des indicateurs **significatifs** à même d'évaluer l'efficacité de leur mise en œuvre au niveau national et régional ;
- **Personnalisation et Respect des principes fondamentaux**
  Malgré son caractère flexible, la personnalisation du modèle de référence « NCSecMS » peut s'avérer plus complexe qu'elle ne semble l'être, dans la mesure où elle devra répondre à des besoins spécifiques à l'échelle nationale ou régionale. Trouver le bon équilibre entre cette personnalisation et le respect des principes fondamentaux peut donc constituer un dilemme ;
- **Allocation des ressources**
  La mise en œuvre de tout modèle de référence de la cybersécurité nationale nécessitera de mettre à sa disposition des moyens et ressources dédiées, comme par exemple le personnel compétent, les outils technologiques et les investissements financiers conséquents. L'affectation des ressources garantira une mise en œuvre bien soutenue des processus ;
- **Approche d'amélioration continue**
  Les Etats devraient adopter une approche stratégique d'amélioration continue. Cela implique des évaluations, des examens et des ajustements réguliers pour s'assurer que la stratégie « NCSec » restera alignée sur les besoins changeants de l'Etat et les progrès technologiques conséquents ;
- **Sensibilisation, formation et développement des compétences**
  Il est important d'offrir au personnel impliqué la possibilité de développer ses compétences, notamment par le biais de la formation, pour la réussite de la mise en œuvre de « NCSecMS ».
  Il faudra s'assurer que les parties prenantes disposent des connaissances nécessaires pour travailler dans le cadre de la stratégie « NCSec ». Le cas échéant, cela pourrait nuire à la mise en œuvre du modèle de référence « NCSecMS », et à l'exploitation efficace et performante de son cadre.

A travers ce volet stratégique, le modèle de référence « NCSecMS » proposé sera considéré comme un facteur d'harmonisation de tout le patrimoine digital, en termes d'intégration d'outils technologiques à l'appui des pratiques de gestion, de collaboration et de communication entre les diverses entités et à travers les différentes fonctionnalités qu'elles assurent.

En terme de durabilité, le modèle de référence « NCSecMS » fera en sorte de maintenir l'enthousiasme et le dévouement nécessaires à l'amélioration continue. Il n'en n'est pas moins que la définition d'une feuille de route, à même de préciser les circonstances de mise en œuvre et d'implémentation du modèle de référence, sera garante de la réussite d'une telle initiative. C'est bel et bien le rôle du guide de conception « NCSecDG », palliant à terme aux difficultés émanant de questions classiques telles que la résistance au changement, les spécificités culturelles liées aux attitudes, les comportements et méthodes de travail pour s'aligner sur les principes de gouvernance et de management.

6.1.3. Guide de Conception et Management Opérationnel

Néanmoins, les Etats resteront confrontés à un certain nombre de défis, lorsqu'ils veilleront à la mise en œuvre opérationnelle du cadre de management de la cybersécurité nationale : c'est dans ce sens que le guide de conception « NCSecDG » constitue une ressource complète pour les Etats ou régions du monde cherchant l'opérationnalisation de la mise en œuvre du cadre issu du modèle de référence « NCSecMS ».

Cette mise en œuvre mettra à leur disposition les mécanismes et les outils nécessaires au service d'une gouvernance saine, sécurisée et personnalisée des ressources informatiques et technologiques connexes, de manière à s'aligner sur les objectifs, tout en gérant les risques et en assurant la conformité.

La mobilisation de tous les intervenants clés, y compris les partenaires externes, est essentielle à la réussite de la mise en œuvre du modèle de référence, en vue d'atteindre les objectifs stratégiques, d'améliorer la gouvernance, et d'y instaurer les bonnes pratiques d'un point de vue opérationnel. L'objectif principal du guide de conception sera alors de fournir des conseils pratiques sur divers aspects de la mise en œuvre du modèle de référence « NCSecMS », notamment :

- **Évaluation de l'état actuel et Personnalisation opérationnelle**
  Le guide de conception contribuera à l'adaptation de l'implémentation du modèle de référence « NCSecMS » aux besoins et aux exigences spécifiques, en veillant à ce qu'il s'aligne sur les objectifs fixés, sur les risques, et sur les défis existants ;
  La réalisation d'une évaluation approfondie des pratiques actuelles de gouvernance et de management de la cybersécurité nationale aidera à cerner les lacunes et à identifier les points à améliorer. Elle renforcera la personnalisation et l'adaptation de l'implémentation du modèle de référence « NCSecMS » pour répondre à des besoins spécifiques ;
- **Intégration aux processus et cadres existants**
  De nombreux Etats ont déjà instauré des cadres et établi des processus renforçant la cybersécurité ; certains ont également implémenté plusieurs normes de cybersécurité. L'intégration du modèle de référence de la cybersécurité nationale « NCSecMS » à ces pratiques existantes peut s'avérer difficile et nécessiter une planification minutieuse. Elle se baserait alors sur un apport stratégique qui consiste à évaluer au préalable comment l'implémentation du modèle de référence « NCSecMS » peut être intégrée aux pratiques existantes, dans la perspective d'améliorer la gouvernance ;
- **Évaluation, Affectation et Planification des ressources**
  Les Etats peuvent rencontrer des difficultés, au niveau de l'attribution des ressources nécessaires, par rapport aux priorités associées aux autres initiatives en cours. Le guide de conception va aider à évaluer les pratiques actuelles de gouvernance et de gestion par rapport à ces ressources, en cernant les lacunes, en vue de planifier la mise en œuvre de pratiques propres au modèle de référence « NCSecMS », tant au niveau national que régional ;

- **Indicateurs de performance**
  Il est essentiel de définir des indicateurs de performance clés (KPIs) à travers des processus déjà existants ou à mettre en place. Le guide de conception contribuera à leur définition ;
- **Mesures du rendement**
  Le choix des KPIs sera effectué selon des critères de mesure de rendement à même d'évaluer l'efficacité de la mise en œuvre de l'implémentation de « NCSecMS ». La mesure du rendement à travers ces indicateurs permettra de suivre les progrès réalisés et d'identifier les pistes d'amélioration ;
- **Gestion des risques**
  L'identification des risques associés aux processus considérés et l'évaluation des risques par rapport aux technologies déployées constituent un élément crucial au service du renforcement de la cybersécurité. Le modèle « NCSecMS » met l'accent sur des pratiques de gestion des risques efficaces, s'assurant que les initiatives de cybersécurité n'entravent pas l'atteinte des objectifs opérationnels, dans le cadre de la transformation digitale ;
- **Stratégie de communication**
  L'élaboration d'une stratégie de communication complète aide à promouvoir la sensibilisation. Elle contribue également à une meilleure assimilation de « NCSecMS » au niveau de toutes les composantes de l'Etat. Une communication claire à propos des objectifs fixés, des avantages procurés et de la progression de sa mise en œuvre est essentielle pour la réussite du projet ;
- **Conduite du changement**
  Le guide devrait être en mesure d'aborder les aspects relatifs à la conduite du changement, y compris la manière de communiquer, de former et d'obtenir l'adhésion de l'ensemble des intervenants ou des parties prenantes. Il souligne l'importance des stratégies de conduite du changement pour s'assurer que l'implémentation du modèle de référence « NCSecMS » est adoptée et soutenue par les intervenants à tous les niveaux ;
- **Intégration avec d'autres cadres et normes**
  Le modèle de référence « NCSecMS » n'agit pas de manière exclusive. Son guide de conception fournira des informations à propos de l'intégration de « NCSecMS » à d'autres cadres et normes pertinentes, tels que ISO 27001, ISO 27005, ISO 27031, ou encore NIST Cybersecurity Framework ;
- **Opérationnalisation de l'amélioration continue**
  D'un point de vue opérationnel, le guide de conception met l'accent sur l'importance de l'amélioration continue : « NCSecDG » fournit des recommandations sur la manière de surveiller, d'évaluer et d'améliorer les pratiques de gouvernance et de management, en vue de maintenir un niveau de cybersécurité jugé acceptable.

A l'image de l'approche prônée par COBIT 2019, le guide de conception « NCSecDG », objet de ce chapitre, décrit la manière avec laquelle les parties prenantes sont impliquées dans la prise de décision. Il insiste sur les mécanismes garantissant leur adhésion, ce qui contribue à l'amélioration de leur capacité à adopter le cadre « NCSecMS » et à l'exploiter efficacement.

6.2. Zones d'Intérêt (Focus Areas)

6.2.1. Définition

Une **« Zone d'Intérêt »** (ou « Focus Area ») correspond à un regroupement d'objectifs de Gouvernance et de Management autour d'un sujet, d'un domaine ou d'une question de gouvernance spécifique, relativement à la thématique de la cybersécurité nationale ou d'une thématique connexe. Par extension, la notion de **« Zone d'Intérêt »** peut être étendue aux différentes composantes relatives aux objectifs concernés par ce regroupement (par exemple, la **« Zone d'Intérêt »** concernera les processus, les niveaux de capacité, ou encore les niveaux de maturité, etc.).

Le cadre proposé par le modèle de référence « NCSecMS » met l'accent sur un certain nombre de domaines prioritaires pour la gouvernance et le management de la cybersécurité au niveau national. Par défaut, le modèle de référence « NCSecMS » se verra associer trois « Zones d'Intérêt » distinctes, à savoir :
- OpenData ;
- Développement des opérations (DevOps) ;
- Gestion des Risques.

Cependant, d'autres « Zones d'Intérêt » pourront être ajoutées et modifiées au besoin, selon la conjoncture, et sans limite quant à leur nombre dans le modèle de référence « NCSecMS ». Les « Zones d'Intérêt » peuvent être associées à des thématiques telles que la transformation numérique, l'informatique dans le nuage (« cloud computing »), ou encore la protection des données personnelles. Elles seront présentes au niveau des différentes composantes de l'Etat, quel que soit leur degré d'importance, aidant à prioriser ses efforts en matière de cybersécurité nationale. Les thématiques à cibler seront alors énumérées conformément aux exigences, dans un effort de personnalisation du modèle de référence « NCSecMS », et de son adaptation au contexte national. Ceci conduira à un système complètement adapté et intégré à la stratégie de l'Etat.

6.2.2. « OpenData » Focus Area (ODFA)

Le modèle de référence « NCSecMS » intègre explicitement l'OpenData, qui rend disponible au public, tout ensemble de données dans un format librement accessible, réutilisable et redistribuable. Ces données ouvertes, souvent publiées par des organismes gouvernementaux, organisations, entreprises ou individus, sont mises à la disposition sans restrictions excessives.

Les champs d'application de l'OpenData sont vastes et comprennent des domaines tels que les Gouvernements ouverts, la recherche scientifique, les analyses commerciales, la gestion de l'environnement, les transports, la santé publique, etc. L'OpenData joue un rôle important dans la promotion de la transparence, la collaboration et l'innovation dans divers secteurs clés. Sa prise en considération dans le domaine de la cybersécurité nationale s'avère donc nécessaire.

La zone d'intérêt « OpenData Focus Area » (ODFA) se focalisera sur les objectifs de Gouvernance et de Management traitant les aspects suivants de l'OpenData :
- Accessibilité ;
- Liberté de Réutilisation ;
- Interopérabilité ;
- Complétude et Exactitude ;
- Transparence ;
- Innovation.

Réciproquement, les objectifs de Gouvernance et de Management suivants seront concernés par la zone d'intérêt « OpenData Focus Area » (ODFA) :
- SP5   : Parties Prenantes ;
- IO4   : Protection des données personnelles et Propriété intellectuelle ;
- IO9   : Expertise internationale ;
- AC4   : Citoyen et Protection de l'enfance ;
- CC4   : Recherche et Développement ;
- EM4   : Indicateurs par Objectif/Processus.

SP5	Parties Prenantes				
	Identifier le d° de préparation de chacun des intervenants au sujet de la mise en œuvre de la stratégie NCSec & Déterminer comment la stratégie et les politiques définies seront mises en œuvre				
	Niveaux de maturité	**Domaines d'intervention**			
		1.2 Etablir une autorité compétente chargée de la cybersécurité	1.3 Garantir une coopération intra gouvernementale	1.4 Garantir une coopération intersectorielle	2.1 Evaluer les cybermenaces et aligner les politiques selon leur expansion constante
5	Amélioration continue du processus, et généralisation à toutes les catégories d'intervenants				
4	Degré de préparation de chacun des intervenants soumis à une revue régulière, et conduit à une bonne pratique, mesurée par des KPIs				
3	Processus de mesure du degré de préparation opérationnel pour toutes les activités clés				
2	Processus de mesure du degré de préparation annoncé et prévu				
1	Reconnaissance de la nécessité de mesurer le degré de préparation de chacun des intervenants				
Principes Transversaux	2. Approche Globale & Priorités Ciblées				
	3. Approche Inclusive				
	4. Prospérité Economique & Sociale				
	7. Ensemble Approprié d'Instruments Politiques				
	8. Encadrement, Rôles & Attribution des Ressources				
	9. Environnement de Confiance				

Tableau 6.1 : Tableau de correspondances de SP5 dans le cadre de ODFA

A chacun de ces objectifs seront associés, en guise de synthèse, les niveaux de maturité, croisés avec les Domaines d'Intervention et les Principes Transversaux, afin de mettre en évidence les actions à entreprendre et la cible à atteindre.

Chacun des six objectifs de Gouvernance et de Management de l'ODFA se verra associer un tableau de correspondances, dont les détails figurent dans l'annexe 1. Le tableau 6.1 en est une illustration pour l'objectif SP5, correspondant aux « Parties Prenantes ». Le pilotage de l'opération au niveau de l'ODFA se fera en mesurant les niveaux de maturité sur la base de l'approche processus, selon une méthodologie similaire à celle de l'étude de cas, présentée ultérieurement dans la section 6.3.

6.2.3. « DevOps » Focus Area (DOFA)

Le modèle de référence « NCSecMS » intègre également DevOps, auquel est associée une zone d'intérêt nécessitant des orientations spécifiques. Les processus associés et les structures organisationnelles y afférant sont liées au développement, aux opérations et à la surveillance. En effet, dans un environnement fortement digitalisé où les acteurs peuvent de plus en plus se rencontrer virtuellement, et où les transactions sont supposées être traitées en toute sécurité, les activités électroniques se doivent d'être orientées vers les produits et services axés sur le consommateur et d'opérer sur des activités de transaction 24/7. Ainsi, DevOps nécessite une attitude d'ouverture d'esprit et de partage des compétences, et la sortie des équipes de leur zone de confort.

SP3	Politiques NCSec		
	Identifier ou définir des politiques de la stratégie « NCSec »		
Niveaux de maturité		**Domaines d'intervention**	
5	Politiques intégrées et procédures en amélioration continue : Meilleures pratiques transnationales et normes appliquées	2.1 Evaluer les cybermenaces et aligner les politiques selon leur expansion constante	2.4 Développer des profils de risques par secteur en cybersécurité
4	Politiques constamment revues, intégrant les bonnes pratiques (indicateurs) : aspects du processus & politiques répétables		
3	Processus, politiques & procédures définis, documentés, opérationnels, et approuvés pour toutes les activités clés. Les normes sont adoptées		
2	Processus communs & similaires annoncés et planifiés		
1	Approches ad hoc et isolées pour les processus, les politiques et les pratiques		
Principes Transversaux	1. Vision		
	2. Approche Globale & Priorités Ciblées		
	7. Ensemble Approprié d'Instruments Politiques		
	8. Encadrement, Rôles & Attribution des Ressources		
	9. Environnement de Confiance		

Tableau 6.2 : Tableau de correspondances de SP3 dans le cadre de DOFA

Par ailleurs, le développement de systèmes nouveaux placés au cœur de la transformation digitale, tels que le e-Marketing, répond aussi aux exigences d'un contrôle automatisé de la gouvernance de la sécurité, se basant sur les principes DevOps. Ainsi, le niveau d'automatisation exigé par DevOps (services, infrastructures et applications) en fait une zone d'intérêt à part entière (LESTARI M. 2022).

Parmi les objectifs de Gouvernance et de Management du modèle de référence « NCSecMS », les objectifs suivants sont liés à DevOps, et en constituent ainsi la zone d'intérêt « DevOps Focus Area » (DOFA) :
- SP3   : Politiques « NCSec »
- SP5   : Parties Prenantes
- IO12   : Service continu
- AC5   : Culture « NCSec » pour les entreprises
- CC3   : Coopération du Secteur Privé

A chacun de ces objectifs seront associés les niveaux de maturité, croisés avec les Domaines d'Intervention et les Principes Transversaux, afin de mettre en évidence les actions à entreprendre et la cible à atteindre. Chacun des cinq objectifs de Gouvernance et de Management de la zone d'intérêt DOFA se verra associer un tableau de correspondances, dont les détails figurent dans l'annexe 2. Le tableau 6.2 en est une illustration pour l'objectif de Gouvernance et de Management SP3.

Le pilotage de l'opération au niveau de la zone d'intérêt DOFA se fera en mesurant les niveaux de maturité sur la base de l'approche processus, selon une méthodologie similaire à celle de l'étude de cas de la section 6.3 de ce chapitre.

6.2.4. *« Risk Management » Focus Area (RMFA)*

Le modèle de référence « NCSecMS » intègre la gestion des risques à la gouvernance et à la gestion globales de la cybersécurité nationale. Il s'agit de la troisième et dernière zone d'intérêt explicite du modèle de référence « NCSecMS » : elle fournit des recommandations liées aux risques, à la manière d'appliquer le modèle aux pratiques de risque, à travers un ensemble de lignes directrices à caractère stratégique et opérationnel, comprenant une évaluation intégrée des capacités des processus, basée sur des scénarios de risques génériques pour soutenir les efforts de gestion.

Dans le modèle de référence « NCSecMS », la zone d'intérêt RMFA correspond à un domaine d'intérêt décrivant les risques liés à la cybersécurité nationale, et comprenant des points à prendre en considération lors de la mise en œuvre ou de l'amélioration du programme de gestion des risques à l'échelle nationale.

Les principaux détails y afférant comprennent :
- Une vision de synthèse de la gouvernance et du management des risques relativement à la cybersécurité nationale ;
- Le rôle de la gouvernance et du management, montrant leur rapport aux risques, et permettant de mieux comprendre l'impact des risques encourus ;
- Les informations identifiant plus précisément les risques à l'échelle de la cybersécurité nationale, et la façon dont la gestion des risques optimisera la valeur, l'efficacité et l'efficience des processus, améliorant la qualité et réduisant les coûts;
- La connaissance de la manière de capitaliser sur les investissements liés aux pratiques de gestion des risques dans ce même domaine ;
- Les activités, mesures et flux d'information supplémentaires propres aux risques.

Parmi les « objectifs de Gouvernance et de Management » du modèle de référence « NCSecMS », les objectifs suivants relèvent de la Gestion des Risques, et en constituent la zone d'intérêt « Risk Management Focus Area » :

- SP4 : Protection IC & SE
- AC6 : Solutions disponibles
- CC3 : Coopération du Secteur Privé
- CC5 : Gestion des incidents
- EM1 : Observatoire national

SP4	Protection des Infrastructures Critiques et Services Essentiels (IC&SE)				
	Etablir et intégrer la gestion des risques pour identifier et prioriser les efforts de protection concernant ces infrastructures & services				
	Niveaux de maturité	**Domaines d'intervention**			
		2.2. Définir une approche de gestion des risques	2.4. Développer des profils de risques par secteur en matière de Cybersécurité	3.5 Procéder à l'évaluation de l'impact ou de la gravité des incidents de Cybersécurité	4.1 Mettre en place une approche de gestion des risques pour protéger les IC&SE
5	Evolution des processus de gestion des risques (IC&SE), intégrant les bonnes pratiques pour permettre l'amélioration continue				
4	Processus complet et reproductible. Bonnes pratiques utilisées à travers des indicateurs de mesure				
3	Approbation du processus de gestion des risques, qui est opérationnel pour toutes les IC&SE				
2	Identification des IC&SE et planification de leur protection. Processus annoncé				
1	Reconnaissance de la nécessité d'un processus de gestion des risques des IC&SE				
Principes Transversaux	3. Approche Inclusive				
	4. Prospérité Economique et Approche Sociale				
	6. Gestion des Risques et Résilience				
	8. Encadrement, Rôles & Attribution des Ressources				

Tableau 6.3 : Tableau de correspondances de SP4 dans le cadre de RMFA

A chacun de ces groupes d'objectifs seront associés, en guise de synthèse, les niveaux de maturité, croisés avec les Domaines d'Intervention et les Principes Transversaux, afin de mettre en évidence les actions à entreprendre et la cible à atteindre. Chacun des cinq objectifs de Gouvernance et de Management de la zone d'intérêt RMFA se verra associer un tableau de correspondances, dont les détails figurent dans l'annexe 3.

Le tableau 6.3 en est une illustration pour l'objectif de Gouvernance et de Management SP4, correspondant à la « protection des Infrastructures Critiques et Services Essentiels » (IC&SE).

Le pilotage de l'opération au niveau de l'ensemble de la zone d'intérêt RMFA (« Risk Management Focus Area ») se fera en mesurant les niveaux de maturité sur la base de l'approche processus. La méthodologie suivie sera dévoilée dans le cadre de l'étude de cas, présentée dans la section 6.6 de ce chapitre.

6.3. Mesure de la Performance dans « NCSecMS »

6.3.1. Définition et Principes de Gestion de la Performance

La « Gestion de la Performance » (GdP) est une composante essentielle dans tout système de Gouvernance et de Management. En voici une définition, suivie d'une description des principes fondamentaux sur lesquels elle repose :

- **Gestion de la Performance :**

Définition 4 :

La « Gestion de la Performance » (GdP) relative au modèle de référence « NCSecMS » est intrinsèquement liée au rendement associé aux activités de chaque ressource impliquée dans le modèle, à travers un ensemble d'indicateurs liés, visant son amélioration en vue d'atteindre le niveau requis.

Principes de la GdP :

La « Gestion de la Performance » selon le modèle de référence « NCSecMS » repose sur les principes suivants :
- La GdP devrait être simple à comprendre et à utiliser ;
- La GdP devrait être conforme au modèle de référence « NCSecMS » et le soutenir, en permettant la gestion du rendement de tous les types de composantes qui le constituent (processus, objectif, structure organisationnelle, donnée, etc.) ;
- La GdP devrait fournir des résultats fiables, reproductibles et pertinents ;
- La GdP devrait être générique et adaptable, afin de répondre aux besoins des parties prenantes ayant des priorités et des besoins différents ;
- La GdP devrait fournir un tableau de bord pour le suivi et l'amélioration continue du système, à travers des opérations de collecte d'information allant des autoévaluations aux évaluations ou vérifications officielles.

6.3.2. Structure Détaillée d'un Processus

Un processus a déjà été défini précédemment comme un ensemble organisé de pratiques et d'activités permettant d'atteindre un unique objectif de Gouvernance et de Management de même nom, lié à la cybersécurité nationale. Tenant compte des contraintes liées aux « Zones d'Intérêts » (Focus Areas), des principes transversaux, et des domaines d'intervention, la structure détaillée d'un processus, déjà présentée dans la section 4.4.3, devient enrichie par un ensemble de champs très significatifs. Le tableau suivant en est une illustration pour le processus SP4.

Focus Area		RMFA	Niveau de maturité RMFA	4
Objectif de G. et de M. / Process		SP4	Niveau de maturité OGM	3

Description	Protection des Infrastructures Critiques et Services Essentiels (IC & SE)
Objet	Etablir et intégrer la gestion des risques …

Principes Transversaux (PT)					
1. Vision	☐	4. Prosp. Eco. & App. Sociale	☑	7. Ens. App. d'Instr. Pol.	☐
2. App. Glob & Pri. Ciblées	☐	5. Droits Hum. Fondamentaux	☐	8. Enc. Rôles&Att. Ress.	☑
3. Approche Inclusive	☑	6. Gest. Risques & Résilience	☑	9. Env. de Confiance	☐

Domaines d'Intervention (DI)	Métrique
2.2. Définir une approche de gestion des risques	
2.4. Développer des profils de risques par secteur en matière de Cybersécurité	
3.5. Procéder à l'évaluation de l'impact / gravité des incidents de Cybersécurité	
4.1. Mettre en place une approche de gestion des risques pour protéger les IC&SE	

Composantes du Processus	SP4	Niveau de capacité	3.32

Pratique de Gouvernance/Management SP4.01	Pondération	Capacité (P)
Définir une approche de gestion des risques	30%	3.60

Activités :	Capacité (A)
SP4.01.001. Identification des Principaux Actifs et Services Essentiels…	3
SP4.01.002. Identification des Menaces et des Risques Associés…	4
SP4.01.003. Elaboration d'un Registre National des Risques…	2
SP4.01.004. Développement d'une Méthode de Priorisation…	4
SP4.01.005. Précision des Responsabilités des Entités Clés / Secteur…	5

Pratique de Gouvernance/Management SP4.02	Pondération	Capacité (P)
Développer des profils de risque sectoriels en Cyb.Séc.	40%	3.14

Activités :	Capacité (A)
SP4.02.001. Utilisation de Profils de Risques Sectoriels…	4
SP4.02.002. Compréhension moins subjective du risque (val. Num.)…	3
SP4.02.003. Encouragement du Développement de Profils de Risques…	3
SP4.02.004. Mise à Disposition d'une Base pour des Eval. de Risques…	2
SP4.02.005. Introduction d'une Cohérence intra et inter Sectorielle	3
SP4.02.006. Réduction des Ressources … Risques Organisationnels	4
SP4.02.007. Mise à jour sur une Base Régulière…	3

Pratique de Gouvernance/Management SP4.03	Pondération	Capacité (P)
Evaluer l'impact ou la gravité des incidents de Cyb.Séc.	20%	3.17

Activités :	Capacité (A)
SP4.03.001. Mise en Place de Mécanismes d'Evaluation de l'impact/gravité	3
SP4.03.002. Evaluation des Incidents de Cybersécurité selon leur Impact…	4
SP4.03.003. Compréhension du contexte plus large d'un incident…	4
SP4.03.004. Consultation d'un large éventail de parties prenantes…	3
SP4.03.005. Evaluations dans les plans nationaux de reprise…	2
SP4.03.006. Recommandations à même d'éclairer l'intervention globale...	3

Pratique de Gouvernance/Management SP4.04	Pondération	Capacité (P)
Mettre en place une approche de gest. des risq. pour …	10%	3.50

Activités :	Capacité (A)
SP4.04.001. Protection des IC & SE	3
SP4.04.002. Identification des IC & SE, ayant de graves conséquences…	4
SP4.04.003. Identification et hiérarchisation des programmes et politiques...	4
SP4.04.004. Facilitation des relations avec le Secteur Privé	3

Tableau 6.4 : Structure du processus associé à l'objectif SP4

Comme nous pouvons le constater dans le tableau précédent, une métrique est associée aux divers champs de la structure d'un processus. Elle correspond à une mesure quantitative fournissant l'évaluation spécifique d'une caractéristique, d'une propriété ou d'un résultat qui se traduira par une fonction de calcul de performance, associée à chacune des ressources.

Elle se traduit par la présence de deux indicateurs fondamentaux figurant parmi les champs de la structure d'un processus, à savoir le niveau de capacité du processus, auquel est associé le niveau de maturité de l'objectif de Gouvernance et de Management correspondant.

- **Concepts de développement CMMI 2.0 :**

Les concepts clés véhiculés par le modèle « NCSecMS » correspondent essentiellement à deux notions fondamentales, à savoir :
- Le « **niveau de maturité** » d'un objectif de Gouvernance et de Management relatif à un domaine du référentiel ;
- Le « **niveau de capacité** » associé au processus de Gouvernance et de Management de même nom.

6.3.3. *Niveau de Capacité d'un Processus*

Le calcul du niveau de capacité d'un processus sera basé sur la hiérarchie (Activité, Pratique, Processus) convenue suivante :
- **Activité de Gouvernance et de Management** : selon la **Propriété 3**, la capacité d'une activité est une valeur entière comprise entre 0 et 5 ;
- **Pratique de Gouvernance et de Management** : selon la **Propriété 4**, la capacité d'une pratique est la moyenne arithmétique des capacités de ses activités ;
- **Processus** : selon la **Propriété 5**, la capacité d'un processus est la moyenne pondérée des capacités de ses pratiques.
Une fois calculé, le niveau de capacité d'un processus permettra de déduire le niveau de maturité de l'objectif de Gouvernance et de Management associé.

Dans cette section sera présentée la méthodologie suivie pour opérer une telle affectation. Ainsi, selon le modèle de référence « NCSecMS », l'affectation d'une valeur à la capacité d'une activité s'aligne dans une large mesure sur les concepts « CMMI Development V2.0 » (ISACA 2018-d), à l'image de COBIT 2019. Certaines extensions de cette définition peuvent également en découler.

De manière plus précise, la **valeur comprise entre 0 et 5** affectée à une **activité**, répond à l'un des critères présentés dans la figure suivante, selon le Focus Area auquel le processus est associé. Cet exercice d'analyse sera en fait réalisé de manière individualisée, pour chaque **activité** déclarée au niveau d'une pratique relative à un processus.

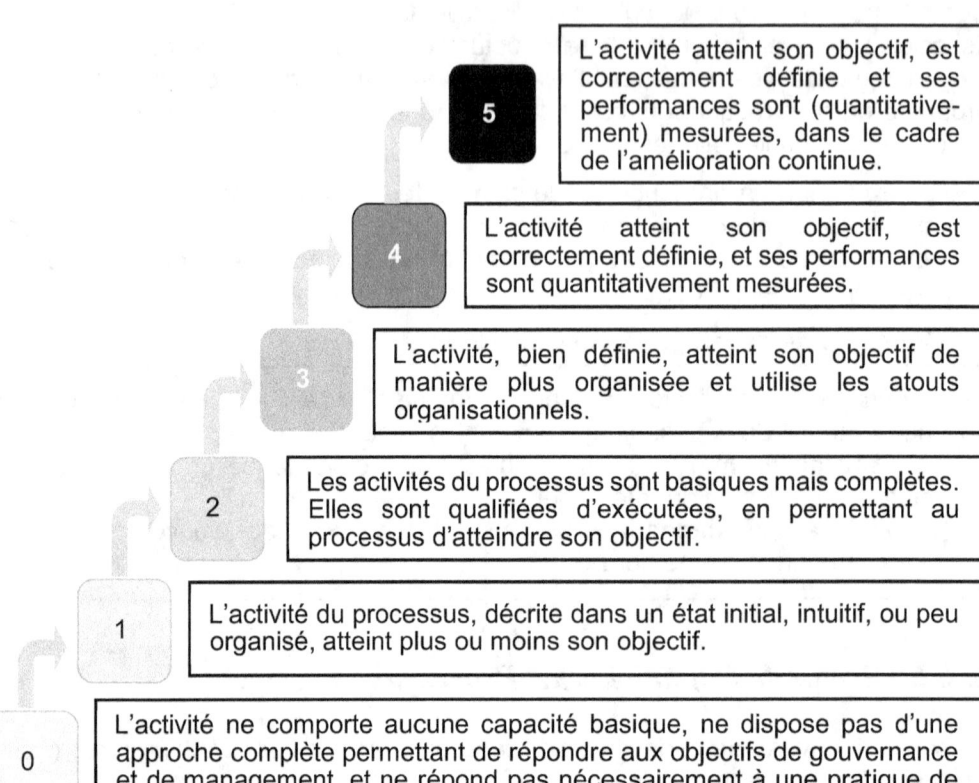

Figure 6.1 : Niveaux de capacité relatifs aux Activités des Processus

En voici une illustration :

- **Exemple complet**

   Cet exemple se base sur le processus SP4, comme illustré dans le tableau 6.4. En guise d'illustration, si l'activité SP4.02.005, intitulée « Introduction d'une Cohérence intra et inter Sectorielle », est bien définie, qu'elle atteint son objectif de manière très organisée, et qu'elle utilise les atouts organisationnels, alors son niveau de capacité sera de « 3 » (voir figure 6.1).

   Cette analyse est ensuite généralisée à l'ensemble des activités du processus, donnant lieu à 22 valeurs entières comprises entre 0 et 5.

   La consolidation des valeurs obtenues permet de calculer le niveau de capacité de chacune des quatre pratiques, sur la base d'une moyenne arithmétique, donnant lieu aux valeurs respectives suivantes : « 3.60 », « 3.14 », « 3.17 » et « 3.50 » (voir tableau 6.4).

   Le niveau de capacité du processus « SP4 », atteint la valeur « 3.32 », comme moyenne arithmétique **pondérée** des capacités des quatre pratiques associées, selon les coefficients de pondération respectifs 30%, 40%, 20% et 10%.

   Cette approche sera ensuite généralisée à l'ensemble des processus du référentiel, donnant lieu à un tableau de bord précis indiquant le niveau de capacité de chacun d'eux.

6.3.4. Niveau de Maturité d'une « Zone d'Intérêt »

Comme une « Zone d'Intérêt » correspond à un regroupement d'objectifs de Gouvernance et de Management, selon le modèle de référence « NCSecMS », la définition de son niveau de maturité devrait découler naturellement du niveau de maturité de chacun des objectifs de Gouvernance et de Management associés. D'un autre côté, tout comme c'est le cas pour le niveau de capacité, la définition du niveau de maturité sera compatible avec les concepts « CMMI Development V2.0 » (ISACA 2018-d). Certaines extensions de cette définition peuvent également en découler.

- **Maturité d'un objectif de Gouvernance et de Management :**

> **Définition :**
> Le niveau de maturité d'un objectif de Gouvernance et de Management sera déduit du niveau de capacité du processus associé, selon une table de correspondance.

La grille suivante donne la correspondance entre le niveau de capacité calculé d'un processus donné, et le niveau de maturité qui sera attribué à l'objectif de Gouvernance et de Management associé.

Niveau de Capacité d'un Processus (valeur calculée)		Niveau de Maturité de
Seuil minimal (strict)	**Seuil maximal (large)**	**l'Objectif associé (valeur déduite)**
5 x 90% = 4,5	5 x 100% = 5,0	5
5 x 70% = 3,5	5 x 90% = 4,5	4
5 x 50% = 2,5	5 x 70% = 3,5	3
5 x 30% = 1,5	5 x 50% = 2,5	2
5 x 10% = 0,5	5 x 30% = 1,5	1
5 x 0% = 0,0	5 x 10% = 0,5	0

Tableau 6.5 : Table de correspondance entre le niveau de maturité d'un objectif de Gouvernance et de Management et le niveau de capacité du processus associé

- **Maturité d'une Zone d'Intérêt – Focus Area –**

> **Définition :** le niveau de maturité d'une Zone d'Intérêt, composée d'un ensemble d'objectifs de Gouvernance et de Management, sera considéré comme étant la valeur minimale des niveaux de maturité de chacun de ces objectifs de Gouvernance et de Management, reprenant ainsi le principe ancestral selon lequel « la sécurité doit toujours être évaluée en tenant compte du maillon le plus faible de la chaîne ».

En d'autres termes, pour qu'une Zone d'Intérêt puisse atteindre une valeur donnée (comprise entre 1 et 5), il faudrait que le niveau de maturité de chacun de ses objectifs de Gouvernance et de Management ait atteint au moins cette même valeur. La figure suivante donne une interprétation de la valeur d'un niveau de maturité associé à un « objectif de Gouvernance et de Management », et par extension, à une « Zone d'Intérêt » (Focus Area).

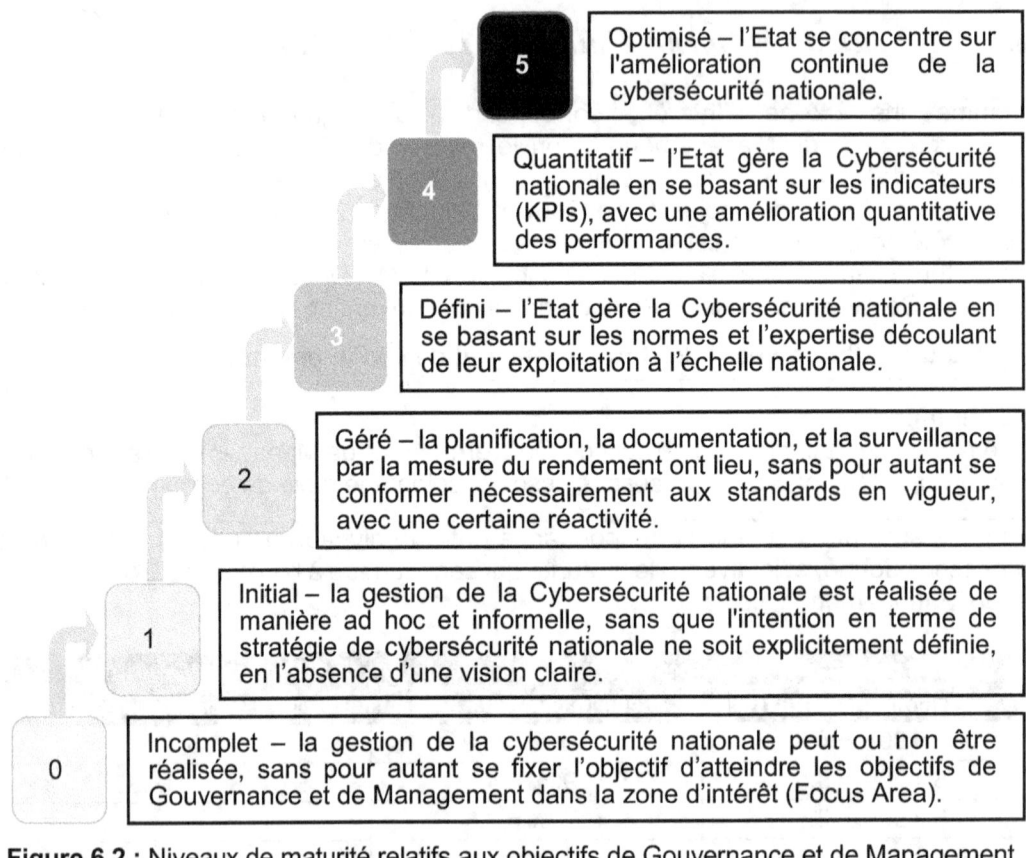

Figure 6.2 : Niveaux de maturité relatifs aux objectifs de Gouvernance et de Management

6.3.5. Extension de la Notion de Gestion de la Performance

En l'absence de toute méthode formelle qui puisse être généralisée aux autres composantes du modèle de référence « NCSecMS » (structures organisationnelles et information), il est envisageable d'étendre la notion de gestion de la performance (GdP) à ces dernières. Cette extension permettra ainsi de les évaluer de manière précise selon plusieurs critères et sous-critères, liés aux différents niveaux de capacité.

Nous pouvons distinguer au moins les trois composantes inspirées de COBIT 2019 (ISACA 2018-e), à savoir les structures organisationnelles, les éléments d'information, et enfin les aspects culturels ou comportementaux. Mais nous pouvons aussi les étendre à d'autres composantes du référentiel « NCSecFr », à savoir les parties prenantes ou encore certaines ressources. Nous nous limiterons dans ce paragraphe aux trois premières composantes suivantes :

- **Gestion de la Performance des Structures Organisationnelles**

  Dans le cas des structures organisationnelles, les critères correspondront à l'application correcte de certaines bonnes pratiques, telles que l'exécution réussie des pratiques de processus dont la structure organisationnelle dispose de la responsabilité « A » ou « R » (dans la matrice RACI), ou l'application réussie d'un

certain nombre de bonnes pratiques pour les structures organisationnelles, pour ne citer que les « Principes de fonctionnement » ou l'« Etendue du contrôle ». A titre d'exemple, les « Principes de fonctionnement » examineront si :
- o   la structure organisationnelle est formellement établie
- o   la structure organisationnelle a un mandat clair et bien documenté
- **Gestion de la Performance des Eléments d'Information**
  Un élément d'information peut être évalué en considérant dans quelle mesure les critères de qualité sont pertinents. Il s'agira de s'assurer si :
  - o   l'information est intrinsèque : les valeurs associées aux données sont conformes aux valeurs actuelles ou réelles
  - o   l'information est contextuelle : associée à un utilisateur, elle est présentée de manière intelligible et claire
  - o   l'information est sécurisée : l'information répond aux exigences de la sécurité, à savoir la Confidentialité, l'Intégrité et la Disponibilité
- **Gestion de la Performance de la Culture et du Comportement**
  Il s'agit de définir plusieurs comportements de gouvernance de la cybersécurité souhaitables (ou indésirables), et d'attribuer à chacun d'eux un niveau de capacité distinct.

6.4. Facteurs de Conception (Design Factors)

6.4.1. Définitions et Terminologie

Le guide de conception vise à traiter certains aspects conceptuels liés à la personnalisation du modèle de référence « NCSecMS », en réponse à des **besoins spécifiques** à l'échelle nationale. Les facteurs de conception pris en considération exerceront une influence majeure sur la conception d'un système de gouvernance de la cybersécurité nationale **sur mesure**. Afin de favoriser la mise en place d'un tel modèle, les facteurs de conception incluent toute combinaison des éléments suivants :

Figure 6.3 : Les 10 Facteurs de Conception du modèle de référence « NCSecMS »

Une fois qu'un Etat aura identifié les divers aspects liés à chacun de ces facteurs de conception, il sera procédé à l'identification du contexte unique de mise en place des objectifs de Gouvernance et de Management les plus pertinents et les plus précieux, qui vont le décrire pleinement.

Cette flexibilité dans l'appréhension de la stratégie et sa contextualisation par rapport à l'Etat en matière de cybersécurité nationale va permettre d'identifier les domaines d'intérêt qui lui apporteront le plus d'avantages.

A titre d'exemple, supposons que l'Etat identifie de nouveaux risques importants (DF n°4), ou bien qu'il décide de déplacer des services clé vers le cloud (DF n°9), ou encore qu'il fasse un choix stratégique combinant les méthodes « Agile » et « DevOps » (DF n°10) : dans ce cas, le contexte de mise en œuvre des objectifs de Gouvernance et de Management sera amené à subir des changements certains, soutenant la création de valeur et son alignement sur la politique de gestion des risques.

6.4.2. Impact des Facteurs de Conception

Les facteurs de conception (Design Factors) exercent une influence majeure sur les différentes manières de gérer le système de management de la cybersécurité nationale.

Les impacts recensés peuvent être de trois types, à savoir :
- **Priorité des objectifs de Gouvernance et de Management**
  Le modèle « NCSecMS » comprend 34 objectifs de Gouvernance et de Management, auxquels sont associés des processus de même nom et un certain nombre de composantes. Ces objectifs sont tous considérés à priori au même rang, sans distinction entre eux et en l'absence d'ordre naturel de priorité.
  Cependant, les facteurs de conception peuvent exercer une certaine influence et rendre certains objectifs de Gouvernance et de Management plus importants que d'autres, dans la mesure où d'autres objectifs peuvent s'avérer d'une importance moindre.
  A titre d'exemple, un Etat très exposé au risque accordera davantage de priorité aux objectifs de gestion visant à gouverner et à gérer les risques et la sécurité. Les objectifs de Gouvernance et de Management liés au « Risk Management Focus Area » seront considérés de manière prioritaire, et les processus associés se verront attribuer des niveaux de capacité cibles (à satisfaire) plus élevés, dont les valeurs seront définies spécifiquement.
  Aussi, un Etat opérant dans un paysage de menaces élevées aura besoin d'améliorer la performance des processus les plus liés à la sécurité. Après avoir identifié les objectifs de Gouvernance et de Management concernés, les niveaux de capacité cibles des processus associés seront plus élevés que les autres.
- **Adaptation des composantes du modèle « NCSecMS »**
  Les composantes du modèle « NCSecMS » constituent l'environnement idoine pour la mise en place et l'atteinte des objectifs de Gouvernance et de Management.
  Les facteurs de conception peuvent imposer des adaptations spécifiques de ces composantes ou porter une influence sur leur importance.

A titre d'exemple, un Etat ayant effectué le choix stratégique de recourir aux pratiques DevOps pour ses développements aura besoin de déployer des activités, de mettre en place des structures organisationnelles appropriées, et de s'imprégner de la culture spécifique inhérente à DevOps, axée autour de l'automatisation, la mesure et le partage.

Cependant, dans le cas d'un Etat opérant dans un environnement hautement réglementé, les autorités accorderont plus d'importance aux politiques et aux procédures documentées. Ce sera aussi le cas pour certains rôles spécifiques, comme à titre d'exemple la fonction de « responsable de la conformité ».

- **Orientations spécifiques pour les Zones d'Intérêt**

Certains facteurs de conception, tels que les « profils des risques (IT) » (DF n°4), le « paysage des menaces » (DF n°6), et les « méthodes d'implémentation IT » (DF n°10), pourraient entraîner la nécessité d'insister sur certaines orientations stratégiques liées au modèle de référence « NCSecMS », au détriment d'autres.

A titre d'exemple, les Etats ayant adopté une approche DevOps auront besoin d'un système de gouvernance comportant un sous-ensemble des 34 processus génériques relevant du modèle de référence « NCSecMS », tels qu'ils devraient être décrits dans la Zone d'Intérêt DevOps pour « NCSecMS ».

Un autre exemple concernera le découpage sectoriel de la cybersécurité, pour lequel les PMEs, contrairement aux entreprises de plus grande taille, disposeraient d'effectifs moins importants en termes de Ressources Humaines. Ces entreprises disposeraient également de ressources informatiques plus réduites, et de lignes hiérarchiques plus courtes et plus directes. Pour cette raison, leur système de gouvernance de la cybersécurité devra être moins onéreux que celui des grandes entreprises, ce qui se traduira par une description explicite dans l'objectif de Gouvernance et de Management CC3 relevant de la RMFA.

6.4.3. Une Gouvernance du Système sur Mesure

Préalablement à la proposition d'un flux de travail (workflow) relatif à la conception d'une gouvernance du système de management de la cybersécurité nationale, il est primordial de bien définir le cadre dans lequel il sera articulé. Fortement inspiré de COBIT 2019 (ISACA 2018-b), et réadapté au contexte de la cybersécurité nationale, le flux de travail proposé pour la conception d'un modèle de gouvernance sur mesure, est illustré par la figure 6.4.

Les étapes concernées par ce flux de travail donneront lieu à des recommandations, en vue de procéder à un classement des objectifs de Gouvernance et de Management, et des processus leur correspondant (notamment à travers les niveaux de capacité cibles). Elles permettront également de mieux décrire les composantes du modèle de référence « NCSecMS » dans leurs variantes spécifiques, en insistant sur les ressources associées. Les orientations proposées à l'issue de chacune de ces étapes ou sous-étapes devront palier aux contradictions éventuelles pouvant apparaître : ceci est envisageable surtout avec le nombre important de facteurs de conception, et les interactions éventuelles avec les orientations génériques globales (Principes d'Intervention & Domaines Transversaux).

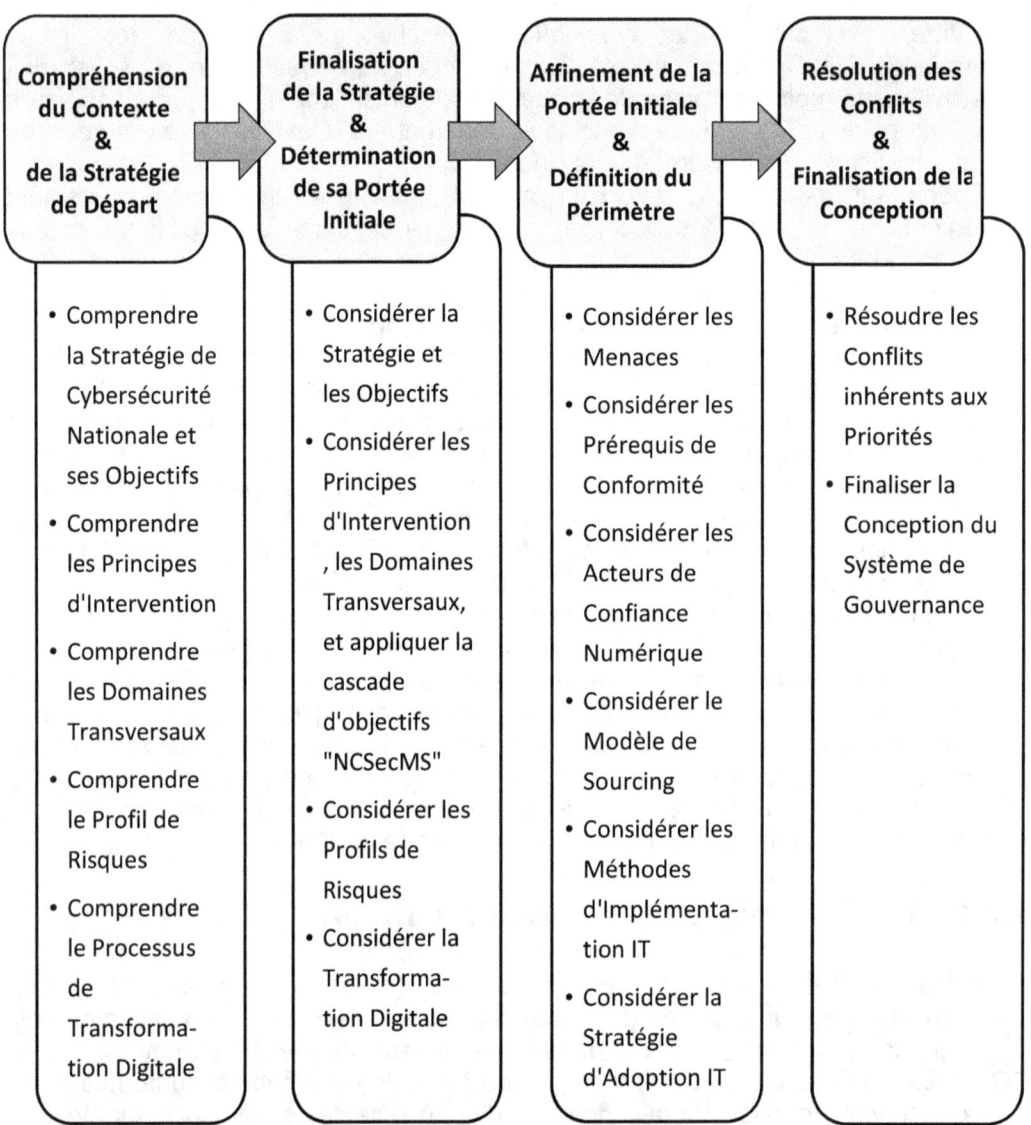

Figure 6.4 : Flux de travail pour la conception du modèle de référence « NCSecMS »

Une recommandation forte consistera à rassembler dans un canevas de conception tous les conseils obtenus lors des différentes étapes et sous-étapes. Suite à cela, il s'agira de résoudre (au cas par cas et au mieux), lors de la dernière étape du processus de conception, les conflits apparus entre les éléments du canevas de conception avant de conclure. Après leur résolution, la conception finale se basera sur ces éléments.

En suivant ces étapes qui sont au nombre de quatre, l'Etat pourra bénéficier d'une gouvernance du système adaptée à ses besoins.

- **Etape 1 :** **Compréhension du Contexte et de la Stratégie de Départ**
  L'Etat **examine** son contexte et son environnement, puis **approuve** sa stratégie afin de parvenir à une compréhension claire des éléments suivants, qui restent interdépendants, complémentaires, tout en se chevauchant partiellement :
  o la Stratégie de Cybersécurité Nationale et ses Objectifs (DF n°1) ;
  o les Principes d'Intervention (DF n°2) ;
  o les Domaines Transversaux (DF n°3) ;
  o le Profil de Risques (DF n°4) ;
  o le Processus de Transformation Digitale (DF n°5).
  À l'issue de cette étape, l'Etat aura une vue claire et cohérente sur les cinq premiers facteurs de conception, qui seraient traduits, lors de l'étape suivante, en objectifs de Gouvernance et de Management prioritaires, dans un cadre de gouvernance personnalisée du système.
- **Etape 2 :** **Finalisation de la Stratégie & Détermination de sa Portée Initiale**
  En vue de déterminer la portée initiale du système en terme de gouvernance, l'étape 2 résume l'information recueillie à l'issue de l'étape 1, et applique de plus la cascade d'objectifs associée à la stratégie « NCSec » : elle la traduit en un ensemble de composantes de gouvernance prioritaires, pour produire cet environnement idoine (adapté au contexte de l'Etat), qui sera associé à son système de management de la cybersécurité nationale.
  Ainsi, tous les éléments seront disponibles pour définir la portée initiale d'une gouvernance personnalisée, dont les objectifs sont placés au cœur des préoccupations de l'Etat. Selon cette conception initiale, il est envisageable d'inclure des directives relatives aux éléments spécifiques de gouvernance.
  Si des différences, des incohérences, ou des situations conflictuelles viennent à être constatées entre les différents conseils, directives, et orientations suggérés, alors des ajustements visant à améliorer le résultat de cette étape seront à l'ordre du jour. La résolution de ces conflits pourra être opérée, au choix, à deux niveaux différents : une première alternative consistera à la réaliser immédiatement ; une seconde option préconisera son report à l'étape 4 pour une amélioration éventuelle, en tenant compte alors également des remarques issues de l'étape 3.
- **Etape 3 :** **Affinement de la Portée Initiale et Définition du Périmètre**
  Durant cette troisième étape, il s'agit d'**affiner** la portée initiale en matière de gouvernance du système, à travers l'analyse du contexte, pour aboutir à la définition de son périmètre, en examinant un à un les facteurs de conception restants (DF n°6 à DF n°10). Ceux-ci ne pourront pas tous être nécessairement appliqués, et certains seront éventuellement ignorés.
  Dans le cas où certains facteurs de conception sont applicables, il s'agit de déterminer de manière quantitative les correspondances entre les indicateurs de performance des objectifs de Gouvernance et de Management impliqués, et ceux associés aux facteurs de conception.
  Cette étape est marquée par l'identification d'une série d'améliorations potentielles au profit de la gouvernance initialement proposée du système de management de la cybersécurité nationale. Elle les placera toutes sur le canevas de conception, en vue d'une consolidation définitive durant l'étape suivante et ultime du flux de travail (workflow) de conception, qui précisera au final le périmètre du système.

Ces améliorations seront formulées de façon semblable à l'étape 2 :
- o Priorisation des objectifs de Gouvernance et de Management ;
- o Identification des composantes jugées importantes pour le système ;
- o Directives spécifiques aux Zones d'Intérêt.

- **Etape 4 : Résolution des conflits et Finalisation de la conception**

Cette dernière étape du processus de conception est marquée par deux aspects :

- o D'abord, toutes les données collectées et les conclusions obtenues, à l'issue des étapes précédentes, en application des facteurs de conception considérés, sont rassemblées et **analysées**. Il s'agit ainsi d'**ajuster** la mise en œuvre du programme de gouvernance.
  - ▪ Le système en résultant doit refléter la prise en compte de tous les intrants et la résolution des conflits éventuels pouvant en résulter, par :
    1- L'implication de tous les intervenants clés dans la discussion ;
    2- La prise en compte de la nature générique des directives du modèle de référence « NCSecMS » ;
    3- Le traitement sur le terrain des contraintes inhérentes à chaque directive, orientation ou proposition.
  - ▪ Une analyse des niveaux de performance (par le biais des niveaux de capacité des processus) est fortement recommandée. La feuille de route obtenue devrait traiter de manière prioritaire les initiatives qui nécessitent un effort limité, mais qui procurent en même temps des avantages élevés (quick wins).
- o La conclusion de cette phase doit aboutir à une **conception unique** du système, qui comprendra :
  - ▪ Les objectifs de Gouvernance et de Management prioritaires, selon lesquels le nombre d'objectifs hautement prioritaires est maintenu à un effectif raisonnable, avec des niveaux de capacité cibles explicitement définis pour les processus associés (Pour les plus critiques, les niveaux de capacité cibles seront élevés, et vice-versa) ;
  - ▪ Les processus restants, en leur affectant des niveaux de capacité cibles, positionnés à des valeurs traduisant leur degré de priorité. Lors de leur définition, il n'est pas recommandé de viser une note élevée, pour diverses raisons :
    1- Pour certains processus et d'autres composantes, une capacité de niveau cinq (5) n'est pas possible ou ne peut pas être définie ;
    2- L'exploitation d'un niveau élevé de capacité pour tous les objectifs ne peut être effectuée que de manière progressive, et devrait traduire une vision pragmatique de l'évolution du système ;
    3- Cette question se trouve au cœur des préoccupations des zones d'intérêt, qui devraient proposer des scénarios valables ;
  - ▪ Les composantes de gouvernance nécessitant une attention particulière en raison de problèmes ou de circonstances particulières ;
  - ▪ Les lignes directrices relatives aux Zones d'Intérêt (Focus Area), qui complètent les lignes directrices de base de « NCSecMS » (lorsqu'elles sont disponibles, nécessaires et appropriées).

6.4.4. Maintien du Système

Au terme de la dernière étape de sa conception, le système de management de la cybersécurité nationale obtenu est considéré comme satisfaisant à la stratégie, aux objectifs, et aux contraintes de mise en œuvre.

Néanmoins, un tel système reste intrinsèquement dynamique en matière de gouvernance : en effet, les stratégies peuvent changer, tributaires à titre d'exemple d'importants programmes d'investissement qui peuvent être lancés, ou encore sous l'influence des changements du paysage des technologies et des menaces.

Cela signifie que le système obtenu, dans sa forme conceptuelle, devrait être revu régulièrement et que certains changements y afférant pourraient être apportés, au besoin. La nature dynamique du système impactera les livrables du guide de conception « NCSecDG », s'inscrivant dans le cadre d'un cycle d'amélioration continue.

6.5. Kit de Conception pour la Gouvernance du Système

6.5.1. Introduction

Le kit d'accompagnement relatif au guide de conception du modèle de référence « NCSecMS » consiste en un ensemble de ressources électroniques, qui sont exploitables à l'aide d'un tableur, facilitant la mise en œuvre du flux de travail (workflow) relatif à cette phase cruciale de conception, présentée dans ce chapitre.

Ce kit a été préparé en vue de permettre une expérimentation simple, rapide et efficiente des diverses notions présentées. Sa finalité ultime consiste à quantifier et classer les priorités. Le kit associé au modèle de référence « NCSecMS » comprend également une multitude de ressources électroniques qui lui sont associées.

6.5.2. Consistance du Kit

Le kit se compose de plusieurs feuilles de calcul pour tableur, contenant notamment un onglet pour chacun des 10 facteurs de conception (DF 1 à 10), consolidés par le biais des quatre étapes du flux de travail (workflow) associé. Il permet à terme d'automatiser la collecte des données, qui peuvent bénéficier d'une représentation graphique.

Les onglets récapitulatifs à l'issue de chaque étape du flux de travail de conception permettent de donner une vue de synthèse, surtout au niveau du mappage de tableaux pour les facteurs de conception. Ainsi, les données auront été préparées pour être utilisées à d'autres moments de l'analyse. Elles seront alors utilisées comme valeurs d'entrée destinées à d'autres onglets.

6.5.3. *Workflow Associé au Kit*

Le kit inclut une implémentation du flux de travail (worflow) relatif au modèle de référence « NCSecMS » présenté dans la section 6.4.3, et qui correspond au canevas conceptuel adopté pour la mise en œuvre de ce worflow. Il s'agit d'une description pragmatique de la consistance du guide de conception « NCSecDG ». La figure 6.5 en est une illustration :

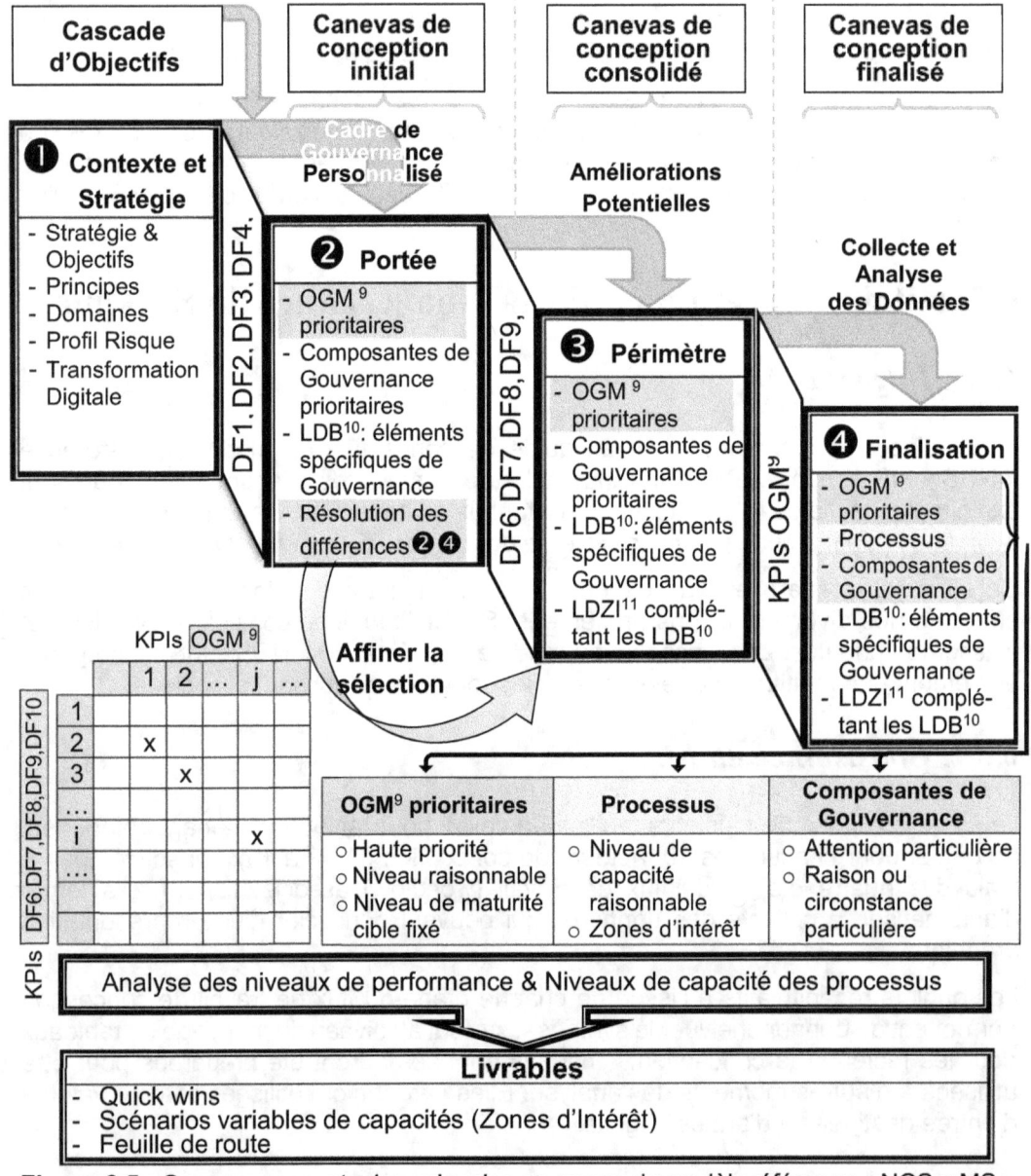

Figure 6.5 : Canevas conceptuel pour la mise en œuvre du modèle référence « NCSecMS »

[9] OGM : Objectif de Gouvernance et de Management
[10] LDB : Ligne Directrice de Base
[11] LDZI : Ligne Directrice Spécifique aux Zones d'Intérêt

6.6. Etude de Cas Relative au RMFA

6.6.1. Méthodologie

Cette section est consacrée à une étude de cas, intitulée « Gestion des Risques pour une Analyse de l'Audit Interne de la Cybersécurité Nationale ». Ce cas d'utilisation constitue une illustration simple des questions courantes relatives à la mise en œuvre de « NCSecMS ». Elle se base sur le retour d'expérience des auteurs de ce livre, en rapport avec sa thématique principale.

Cette étude de cas met l'accent sur les notions principales abordées par le guide de conception « NCSecDG » associé à « NCSecMS », dans une perspective de personnalisation de son implémentation : elle développe, dans un effort d'analyse, les points relatifs aux « Zones d'Intérêt », aux « Facteurs de Conception » et au système de « Mesure des performances » associé.

Les résultats de l'étude seront déclinés en une série d'étapes, chacune indiquant le contexte, les hypothèses de départ (pré conditions) et les résultats attendus (post conditions), tout en proposant des scénarios de réussite faisant référence à la documentation qui sera utilisée pour chaque action proposée.

6.6.2. Contexte

Le modèle de ligne de défense associé au RMFA va de pair avec les enjeux de la cybersécurité nationale. Il se traduira par le plafond des responsabilités statutaires et des rôles attribués au sein de l'Etat, en vue de garantir une gestion efficace des risques et une gouvernance adéquate.

A l'image de COBIT 2019, le RMFA aura recours aux trois lignes de défense distinctes suivantes (représentées par la valeur numérique **DL**), chacune étant caractérisée par des rôles et des responsabilités spécifiques :

- **1ère ligne de défense (DL=1) : Auto-évaluation du Risque et du Contrôle**
   Les propriétaires des processus sont responsabilisés lors de l'exécution des activités métier et des processus clés, pour la mise en œuvre au quotidien des contrôles internes et des activités de gestion des risques.
   L'auto-évaluation des risques et les contrôles associés permettent de s'assurer de l'exécution des processus conformément aux politiques et aux procédures déjà établies.
- **2ème ligne de défense (DL=2) : Management Opérationnel**
   Cette seconde ligne établit le cadre de gouvernance au niveau opérationnel, en faisant appel aux équipes de gestion des risques opérationnels.
   Elle apporte un soutien à la première ligne, en surveillant et en évaluant ses activités, à travers les conseils, les directives fournies, et les normes liées à la gestion des risques, pour la mise en conformité, l'identification des risques à temps et leur gestion appropriée.

- **3ème ligne de défense (DL=3) : Audit Interne et Évaluation Indépendante**
  Selon cette dernière ligne, les activités de gestion des risques et de contrôle sont évaluées de manière indépendante. L'audit interne examinera la qualité et l'efficacité des contrôles internes. Les fonctions requises pour la gestion des risques seront décrites de manière formelle et exécutées avec précision. Elles fourniront une assurance objective aux parties prenantes quant à la conformité et à la performance. L'audit interne sera aussi garant des deux premiers niveaux.

6.6.3. Hypothèses de Départ (Pré conditions)

Considérons la zone d'intérêt « Gestion des Risques » (RMFA : Risk Management Focus Area), et le niveau de maturité associé. Voici les deux pré conditions qui devraient être satisfaites, pour sa mise en place :

- **Évaluation de l'audit interne :**
  Un Groupe d'Audit Interne (IAG) sera constitué. Il choisira, parmi les cas suivants, la démarche à suivre, selon le niveau de maturité du cadre de gestion des risques (RMFA), dans une perspective d'harmonisation :
  - **Niveau de maturité égal à 0 ou 1 :**
    Dans ce cas, le groupe d'audit interne (IAG) évaluera de façon indépendante le cadre de gestion des risques, en remettant en question son identification, sa mise en œuvre, et les progrès réalisés au fur et à mesure de son élaboration.
  - **Niveau de maturité égal à 4 ou 5 :**
    Dans cette situation, nous pouvons affirmer que l'Etat dispose d'un RMFA durable. Le groupe (IAG) va entreprendre un audit pour évaluer l'exhaustivité et l'exactitude du cadre de gestion des risques. Il pourra ensuite examiner le « RMFA » de l'Etat par rapport aux niveaux de maturité relatifs à la zone d'intérêt spécifique à la gestion des risques, en vue de déterminer l'approche d'audit la plus appropriée ;
  - **Niveau de maturité égal à 2 ou 3 :**
    Dans ce dernier cas, une approche d'audit hybride est recommandée.
- **Niveau de gestion des risques retenu :**
  Dans la suite de cette étude de cas, il sera supposé que le niveau de gestion des risques est conforme à la seconde ligne de défense, **DL=2 (Management Opérationnel)**. Celle-ci devrait veiller à la satisfaction des exigences de « NCSecMS » dans le cadre du « NCSecIG », pour en assurer l'**exhaustivité** (completeness) et l'**exactitude** (accuracy).

6.6.4. Résultats Attendus (Post conditions)

Il s'agit de s'assurer à l'issue de cet audit, de l'**exhaustivité** et l'**exactitude** du modèle de référence « NCSecMS », en rapport avec son RMFA. Plusieurs documents seront préparés et produits, afin de faciliter la **personnalisation** de l'implémentation de « NCSecMS », dans la perspective d'une « Gestion des Risques appliquée à la Cybersécurité Nationale ». Dans un effort d'analyse approfondie, le recours à l'Audit Interne est indispensable. Seuls les Etats dont le niveau de maturité du « Risk Management Focus Area » coïncide avec les valeurs 4 ou 5 pourront supporter cette phase.

Deux voies seront suivies pour atteindre ces objectifs :
- **Évaluation de l'audit** (Audit Assessment), à travers l'identification des :
  - ○ Structures Organisationnelles et leur rôle clé (Comités de Risques) ;
  - ○ Politiques de Risques appliquées ;
  - ○ Procédures de mise en œuvre ;
- **Test de conformité** (Compliance Test), à travers la définition des :
  - ○ Profils de Risques « RMFA » ;
  - ○ Plan de Communication des Risques ;
  - ○ Cartographie des Risques ;
  - ○ Appétit, Tolérance et Capacité en matière de Risques ;
  - ○ Indicateurs Clés de Risques (KRI) ;
  - ○ Nouveaux enjeux et Facteurs de Risques.

Sont décrits et présentés, dans la suite de cette section, et en guise d'illustration, certains des documents précités, à savoir :
- **Les Structures Organisationnelles et leurs Rôles-Clés :**
  Dans le contexte de la 2ème ligne de défense, il s'agit de la 1ère étape de l'audit en terme de gestion des risques (DL=2), qui consiste à évaluer l'exhaustivité du RMFA, y compris les rôles, les responsabilités et les comités de risques. Elle pourra être étendue aux politiques de risques et aux procédures.
  Le RMFA du « NCSecIG » commence par définir la structure de gestion des risques, à laquelle sont associés les principaux rôles et responsabilités, comme indiqué dans le tableau 6.6.
  Le RMFA du « NCSecIG » traduira les scénarios de fonctionnement de chacune des Structures Fédératrices, dont voici quelques illustrations :
  - ○ Le Groupe d'Audit Interne (IAG) procédera à l'évaluation des rôles et des responsabilités en matière de gestion des risques au niveau national, pour déterminer et évaluer les écarts selon leur pertinence ;
  - ○ Ce groupe procédera également à l'évaluation de la séparation appropriée des tâches par rapport aux fonctions de surveillance ;
  - ○ Considérant les ERMC comme étant des sous-comités des RMC pour chaque partie prenante, le Groupe d'Audit Interne procédera, à titre d'exemple, et dans un objectif d'harmonisation, à la comparaison de toutes les chartes des ERMC, en prenant comme référence le descriptif du RMC (selon la granularité considérée) ;
  - ○ Chacune des structures organisationnelles pourrait se voir attribuer des rôles différents visant à améliorer la surveillance de la gestion des risques : à titre d'exemple, certains des sous-comités de gestion des risques (ERMC) seraient en mesure de signaler des risques importants au comité RMC. C'est au Groupe d'Audit Interne (IAG) de délimiter la frontière entre la charte du RMC et celle des sous-comités, et d'en évaluer clairement les rôles au préalable, pour une identification efficace de ces risques.

Structure Fédératrice au niveau de l'Etat	Description du Rôle de la Structure Fédératrice	Structure Départementale Correspondante (Stakeholder)
Risk Manage-ment Committee (RMC)	Son rôle consiste à formuler des recommandations au Gouvernement à propos du système de gestion des risques conçu pour permettre une détection précoce des risques, leur supervision et leur gestion efficace. Il regroupe les différentes parties prenantes (stakeholders) telles que définies dans « NCSecFr », avec les responsables en mesure de prendre des décisions. Il a recours au groupe CRO-G, au besoin, traitant les questions liées aux risques. Les membres de l'IAG peuvent y siéger en tant qu'invités.	Enterprise Risk Management Committee (ERMC)
Chief Risk Officer Group (CRO-G)	Il regroupe l'ensemble des CROs rattachés aux différentes parties prenantes, telles que définies dans « NCSecFr ». Ce groupe contribue à l'échange d'expertise intersectorielle en matière de gestion des risques, et il contribue à l'évaluation et à l'atténuation des menaces concurrentielles, réglementaires et technologiques importantes qui peuvent peser.	Chief Risk Officer (CRO)
Internal Audit Group (IAG)	Le groupe d'audit interne regroupe tous les responsables des départements d'audit auprès de toutes les parties prenantes. Il contribue à l'échange d'expertise intersectorielle en matière d'audit interne, notamment pour les écarts constatés sur les contrôles lors des revues.	Audit Department (AD)
Compliance Committee (CC)	Il supervise les activités de l'Etat (en matière de Cybersécurité Nationale), à la lumière des normes applicables par le Gouvernement et en particulier l'industrie, ainsi que les tendances juridiques et commerciales, les questions de politiques publiques, dans le cadre d'un « Programme de Conformité ». Des comités similaires existent dans le cadre des instances internationales (CEE-ONU 2019).	Compliance Department (CD)
Risk Officers / Managers Group (ROM-G)	Ce groupe de professionnels de la gestion des risques est responsable de l'identification, de l'évaluation et de la rédaction des rapports de synthèse relatifs aux risques encourus. Ses membres fournissent les services de surveillance, d'assistance aux défis, d'assurance et de soutien, au profit des entités assumant la responsabilité des risques.	I&T Risk Officers / Managers Group (IT-ROM-G)

Tableau 6.6 : Rôles clés et structures organisationnelles pour RMFA

- **Les Politiques de Risques associées au RMFA :**
  L'évaluation des politiques de gestion des risques de cybersécurité nationale constitue un autre axe de travail, à travers les normes, modèles, cursus de formation et autres lignes directrices liées au modèle de référence :
  o Une politique de gestion des risques correspond à un ensemble de directives stratégiques et de principes directeurs définis par une entité nationale en vue de gérer et d'atténuer les risques de cybersécurité affectant la sécurité, l'économie et la souveraineté du pays ;

- o Cette politique vise à protéger les Infrastructures Critiques et Services Essentiels (IC & SE), les données sensibles, les services en ligne et d'autres actifs numériques vitaux contre les menaces cybernétiques ;
- o La politique devrait énoncer clairement les rôles et les responsabilités, et fournir des directives sur la manière d'implémenter le modèle, sous l'angle du « Focus Area » de la Gestion des Risques (RMFA) ;
- o La formation devrait améliorer la politique à suivre et les normes à mettre en place, en fournissant des instructions d'exécution.

Axes de la Politique	Description des Axes de la Politique de Gestion des Risques
Objectifs stratégiques	Objectifs globaux de la cybersécurité nationale, tels que la protection des systèmes critiques, la promotion de la confiance numérique, la collaboration internationale, etc.
Actifs critiques	Identification des infrastructures, données et services numériques considérés comme critiques pour le fonctionnement du pays et de son économie.
Menaces et risques	Évaluation des menaces potentielles pesant sur les actifs numériques nationaux et analyse des risques associés, pouvant inclure des menaces telles que les attaques informatiques, le vol de données, les actes de cyberespionnage, etc.
Mitigation des risques	Définition des stratégies et mesures en vue d'atténuer les risques identifiés, qui pourront inclure des approches telles que la protection des Infrastructures Critiques et Services Essentiels (IC & SE), le renforcement des capacités de défense cybernétique, la promotion de meilleures pratiques en matière de sécurité, etc.
Coordination inter-agences	Établissement d'un cadre de collaboration entre les différentes agences gouvernementales et les acteurs concernés pour une réponse efficace aux incidents de cybersécurité.
Sensibilisation et éducation	Mise en place des programmes de sensibilisation et de formation pour les citoyens, les entreprises et les organisations gouvernementales afin d'améliorer la culture de la cybersécurité.
Collaboration internationale	Définition des modalités de coopération avec d'autres pays et organisations internationales pour l'échange d'informations, la coordination en cas d'incidents majeurs et la promotion de normes de cybersécurité communes.
Cadre légal et réglementaire	Identification des lois, règlements et normes de cybersécurité qui guideront les actions du Gouvernement et des acteurs privés dans le domaine de la cybersécurité.
Surveillance et évaluation continue	Mise en place des mécanismes de suivi et d'évaluation pour mesurer l'efficacité des mesures de gestion des risques mises en œuvre et ajuster la politique en conséquence.

Tableau 6.7 : Fiche descriptive de la politique de gestion des risques pour RMFA

D'une manière globale, la politique de gestion des risques de la cybersécurité nationale vise à protéger la souveraineté et la sécurité numérique d'un Etat en adoptant une approche proactive pour anticiper et répondre aux menaces cybernétiques. Le tableau 6.7 en est une illustration. Il décrit succinctement les éléments clés d'une politique de gestion des risques de la cybersécurité nationale, dans le cadre de RMFA.

- **Plan de Communication des Risques associé au RMFA :**
  La première étape de ce plan consiste à définir avec précision le type d'information à publier en matière de risques, la fréquence des rapports et l'audience cible de ces renseignements.
  Parmi les objectifs et les critères de qualité inhérents au Plan de Communication des Risques, ce dernier devrait :
  o être adapté à la stratégie ;
  o être présenté d'une manière compréhensible à l'audience cible ;
  o être conçu de façon appropriée, en se basant sur la fonction de gestion des risques, et sur les commentaires des responsables de processus opérationnels ;
  o dater d'une année au plus, en s'alignant sur les besoins des bénéficiaires, en couvrant la structure de bout en bout, ainsi que les parties prenantes externes inclues ;
  o être consultable selon la fréquence convenue, tout en incluant les informations relatives à la fonction de gestion des risques, accessible de manière systématique ;
  o garantir que l'accès en écriture aux éléments d'information soit déterminé par la fonction de gestion des risques, alors que l'accès en lecture soit accordé par défaut à l'ensemble des parties prenantes (stakeholders).

- **Indicateurs Clés de Risques (KRI) associés au RMFA :**
  Il s'agit d'une composante clé en matière de test de conformité. Les KRIs correspondent à des métriques capables de montrer si la probabilité d'occurrence d'un risque excède l'appétit ou la tolérance de risque convenue, en vue de vérifier **l'exactitude** (effectiveness) de « NCSecMS ». Les responsables de la gestion des risques doivent prendre en considération, lors de la définition des KRIs et de leur création, les attributs les plus pertinents, qui optimiseront la surveillance du système dans son intégralité.
  Parmi les critères de qualité inhérents aux KRIs, ces derniers devraient :
  o être appropriés, tout en envisageant l'annonce précise du seuil ;
  o être fondés sur des éléments mesurables d'information objective ;
  o contribuer par leur définition à mieux comprendre l'exposition au risque ;
  o se décliner en KRIs claires et compréhensibles vis-à-vis du public cible.
  Le modèle de référence « NCSecMS » sera considéré comme efficace, si les valeurs des KRIs dépassant les seuils autorisés sont corrigées ; il sera jugé au contraire comme étant inefficace si les valeurs des KRIs continuent de dépasser les seuils pendant une longue période.

6.6.5. Scénarios de Réussite et Références

Dans cette dernière et ultime section de l'étude de cas, trois « scénarios de réussite » sont présentés : ils s'apparentent à la mise en œuvre personnalisée de l'approche risque à l'échelle nationale, dans le cadre du modèle de référence « NCSecMS ». Son intérêt réside dans la méthodologie suivie, qui fait appel aux différentes notions présentées au début de ce chapitre, dans le cadre du guide de conception « NCSecDG » : ainsi, à chaque scénario de réussite, il sera proposé un cheminement d'étapes correspondant à une solution illustrant la manière dont sera opérée la personnalisation de la mise en œuvre de l'approche risque à l'échelle nationale. Seront considérées ainsi les trois questions suivantes :

- **Question 1 :** Quelles sont les mesures à prendre, en matière de Gestion des Risques, quant à l'adhésion d'une Structure Organisationnelle nouvelle ?
- **Question 2 :** Comment assurer une gestion des risques adaptée au contexte, lorsque les Structures Organisationnelles existantes utilisent des environnements hétérogènes de gestion des risques ?
- **Question 3 :** Comment sera mis en place un système approprié de mesure des risques, à l'échelle nationale ?

A chacune de ces trois questions, sera proposé un scénario distinct, décrit à travers chacune des trois figures suivantes :

Scénario de Succès :	Références NCSecMS :
Sélectionner les objectifs appropriés parmi ceux identifiés par RMFA: • Identifier les processus liés à chacun des objectifs • Sélectionner les processus adaptés au RMFA	• Référentiel NCSecFr
Comprendre les directives par processus : • Trouver les directives pour chaque processus • Passer en revue les détails des composantes	• Guide de conception NCSecDG
Déterminer les normes applicables : • Pour chaque composante, identifier et analyser les directives relatives aux normes et à leur usage	• Référentiel NCSecFr

Figure 6.6 : Scénario de Succès et Références « NCSecMS » pour la question 1 : mesures à prendre en Gestion des Risques, quant à l'adhésion d'une Structure Organisationnelle Nouvelle

Scénario de Succès :	Références NCSecMS :
Comprendre les principes • Déterminer les principes du système de gouvernance • Déterminer les principes du cadre de gouvernance	• Référentiel NCSecFr
Elaborer la cascade d'objectifs • Déterminer les principes de gouvernance du système • Cartographier les objectifs visés par la stratégie de l'Etat, notamment les objectifs d'alignement et les objectifs de Gouvernance et de Management	• Référentiel NCSecFr • Guide de conception NCSecDG
Analyser les Zones d'Intérêt selon les Facteurs de Conception • Analyser les objectifs de Gouvernance et de Management relatifs aux Zones d'Intérêt concernées, selon les Facteurs de Conception considérés • Utiliser un outil d'analyse moyennant le toolkit de conception pour sélectionner les objectifs de Gouvernance et de Management	• Guide de conception NCSecDG
Sélectionner les Processus (et les composantes) appropriés • Pour chaque Processus, attribuer les niveaux de capacité, et établir les priorités • Pour chaque Processus, identifier les directives appropriées, et les composantes associées • Pour chaque Processus, identifier les standards applicables	• Référentiel de normes internationales • Guide de conception NCSecDG
Mapper avec les référentiels des structures organisationnelles (relevant des stakeholders) • Se reporter à la section des normes applicables de chaque objectif de Gouvernance et de Management • Déterminer les cadres les plus applicables	• Référentiel de normes internationales • Guide de conception NCSecDG
Documenter et mettre en œuvre • Mettre en œuvre un système de gouvernance sur mesure en utilisant les normes applicables du secteur	• Guide de conception NCSecDG

Figure 6.7 : Scénario de Succès et Références « NCSecMS » pour la question 2 : adaptation de la Gestion des Risques, pour des Structures Organisationnelles hétérogènes

Cette logique pourra être reproduite de manière similaire, en terme de méthodologie, pour toute autre question relative à une thématique spécifique, qui sera associée à une Zone d'Intérêt (Focus Area) bien déterminée.

Scénario de Succès :	Références NCSecMS :
Déterminer le champ d'application • Délimiter la portée et les frontières pour chacune des composantes (découpage sectoriel, etc.) • En utilisant le guide de conception NCSecDG, déterminer les intrants appropriés pour chaque Facteur de Conception	• Guide de conception NCSecDG
Analyser les performances des KPIs • Pour chaque objectif de Gouvernance et de Management du RMFA, analyser les composantes : Pratiques, Activités, Politiques, Structures Organisationnelles, Culture, Information, Services, Personnes • Pour chacun de ces objectifs, identifier les niveaux de capacité des processus associés, ainsi que les niveaux de maturité conséquents	• Référentiel NCSecFr • Guide de conception NCSecDG
Se référer aux KPIs et frameworks en vigueur par secteur • Se reporter à la section des normes applicables à chaque objectif de Gouvernance et de Management • Identifier les KPIs qui seraient les plus applicables au contexte • Mapper avec les référentiels des structures organisationnelles relevant des stakeholders • Planifier et mettre en œuvre les actions appropriées nécessaires pour la prise en compte de ces KPIs	• Référentiel de normes internationales • Référentiel NCSecFr • Guide de conception NCSecDG
Documenter et mettre en œuvre • Mettre en œuvre un système de gouvernance sur mesure en utilisant les KPIs applicables par secteur	• Guide de conception NCSecDG

Figure 6.8 : Scénario de Succès et Références « NCSecMS » pour la question 3 : mise en place d'un système approprié de mesure des risques, à l'échelle nationale

6.6.6. Synthèse

L'approche adoptée dans cette étude de cas permet d'assurer l'uniformité des opérations d'**évaluation d'audit** et de **test de conformité** visées. Grâce au « RMFA », cette approche peut ainsi être convertie en un programme de conformité du modèle de référence « NCSecMS ».

L'étude de cas a été effectuée en supposant le niveau de gestion des risques égal à 2 (DL=2). Si elle avait été réalisée en le considérant égal à 3, l'approche proposée aurait permis d'évaluer de plus l'**exhaustivité** (completeness) et l'**exactitude** (accuracy) des activités liées aux risques, dans un contexte de cybersécurité nationale. L'objectif ultime aurait été de mettre en œuvre et de **maintenir** un cadre de gestion des risques et un plan d'audit, essentiels pour garantir que les groupes de vérification interne au niveau des équipes d'audit soient en mesure d'exécuter efficacement une évaluation complète.

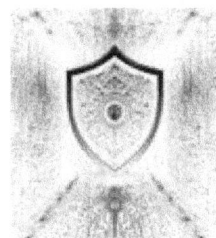

7

NCSecIG – Guide d'Implémentation

7.1. Pertinence du Guide d'Implémentation

7.1.1. Enjeux Stratégiques

Le guide d'implémentation « NCSecIG » (ou « guide de mise en œuvre ») du modèle de référence « NCSecMS » met l'accent sur une vision holistique et intégratrice de la gouvernance de la cybersécurité nationale, reconnaissant l'omniprésence inéluctable de la cybersécurité au niveau de toutes les parties prenantes. Ainsi, il n'est ni possible, ni recommandé de séparer les activités inhérentes à la cybersécurité de l'ensemble des activités métier auxquelles elles restent fortement liées.

Le guide d'implémentation « NCSecIG » a pour but d'inciter les parties prenantes à mettre en œuvre un système de management de la cybersécurité nationale, en conformité avec toutes les **composantes** du modèle de référence « NCSecMS » qui lui sont associées, notamment son modèle de maturité, et sa matrice des rôles et responsabilités.

A partir du modèle de référence « NCSecMS », l'ensemble des parties prenantes, à l'image du Gouvernement, du Secteur Privé, des Infrastructures Critiques et Services Essentiels (IC & SE), des Universités et de la Société Civile, qui souhaitent mettre en place un système de management de la cybersécurité nationale, seront amenées à utiliser ce guide d'implémentation.

7.1.2. Enjeux Opérationnels

En outre, ce guide d'implémentation peut être utilisé par les États, dans le cadre d'un processus d'auto-évaluation, pour soutenir les efforts de mise en œuvre déployés par les différentes parties prenantes. Celles-ci devraient ainsi considérer le management de la cybersécurité comme une partie intégrante de la gouvernance prise au sens large, couvrant l'ensemble des domaines fonctionnels de bout en bout. Autrement, le risque d'échec ne serait pas exclu. De telles initiatives liées à la gouvernance devraient être parrainées au plus haut niveau de l'Etat, et avoir une portée en adéquation avec les objectifs à atteindre (eux-mêmes sujets à une priorisation), dans un contexte dynamique et un environnement adaptable supportant le changement. Une approche basée sur la notion de **programme** ou de **projet** devrait ainsi piloter de manière intégrale le cycle de vie de cette mise en œuvre, se positionnant comme un catalyseur de l'amélioration continue. Mais elle ne devrait pas être exclusive, ouvrant la porte également à une approche durable pour manager la cybersécurité, l'objectif final étant d'établir des pratiques opérationnelles reposant sur l'habilitation des parties prenantes à assumer les décisions de gouvernance et les activités de management en lien avec la cybersécurité.

Cette mise en œuvre ne prendra jamais fin, même si elle génère des avantages mesurables, étant données les perspectives visées dès le départ en matière d'amélioration continue : en effet, les résultats du programme seront intégrés systématiquement aux activités opérationnelles en cours, par itérations successives.

7.1.3. Normes Adoptées

Dans son contexte de mise en œuvre, le guide d'implémentation fait appel aux concepts clés issus des quatre normes suivantes, à savoir :
- **ISO/IEC 27001**
   L'approche prônée par cette norme se base sur la notion de processus, procurant aux gestionnaires l'avantage de bénéficier d'un contrôle total sur leurs processus, leurs entrées et leurs sorties, ainsi que les interactions entre eux : les ressources utilisées par un processus lui permettent de transformer les intrants en extrants. Ainsi, cette transformation se décline en un ensemble d'activités, de tâches ou de travaux synchronisés, de sorte à ce que les entrées d'un processus correspondent aux sorties de l'autre.
   ISO IEC 27001 propose d'associer les processus au modèle PDCA. Cela signifie que chaque processus doit être :
   o   Planifié et prévu (PLAN) ;
   o   Mis en place, exploité et entretenu (DO) ;
   o   Suivi, mesuré, audité et revu (CHECK) ;
   o   en Amélioration continue (ACT).
   Le recours au modèle PDCA recommande de structurer tous les processus du SMSI. Aussi, ce modèle PDCA est appliqué à la structure de la norme elle-même, en tant que point de départ en vue de développer le SMSI.

- **ISO/IEC 27003**

  Il s'agit d'un recueil de bonnes pratiques pour l'implémentation d'un SMSI, supervisé par le Comité ISO SC27 « Sécurité de l'information, cybersécurité et protection de la vie privée ».

  La norme ISO/IEC 27003 fait appel au modèle PDCA, à l'image de ISO/IEC 27001, et lui consacre des chapitres entiers.

- **« Guide d'Implémentation » de COBIT 2019**

  Le guide d'implémentation offre des directives détaillées sur la mise en œuvre pratique du framework COBIT 2019, fournissant un certain nombre de recommandations, accompagnées des meilleures pratiques pour sa mise en œuvre efficace. Il se focalise sur la création de valeur à partir de l'utilisation des technologies de l'information tout en optimisant les risques et les ressources, et en prônant l'amélioration continue.

  Ce guide définit également la manière dont COBIT 2019 s'intègre avec d'autres normes et frameworks, tels que ITIL et ISO/IEC 27001, pour une gouvernance globale des systèmes d'information. Il inclut des exemples concrets, des études de cas ou des scénarios pratiques pour aider les organisations à comprendre comment appliquer les concepts de COBIT 2019 dans des situations réelles.

- **PMBOK**

  Développé et publié par le Project Management Institute (PMI), le PMBOK (Project Management Body of Knowledge) correspond à un ensemble de meilleures pratiques et de normes reconnues internationalement pour la gestion de projet.

  Il fournit un cadre complet pour la gestion de projet selon une approche standardisée, permettant de gérer, planifier et exécuter les projets de manière performante, tout en les contrôlant efficacement.

  La 7ème version se décline en trois supports : « Le Standard pour le Management de Projet », le « Guide PMBOK », et la Plateforme de Contenu Digital « PMIstandards+ ».

7.2. Approche de Résolution

L'approche de résolution adoptée au niveau de l'implémentation du Système de Management de la Cybersécurité Nationale « NCSecMS » fait appel à PMBOK, dans un contexte où les composantes du modèle de référence « NCSecMS » correspondent aux intrants du projet. En fait, le guide d'implémentation « NCSecIG » s'en tiendra aux principes essentiels de la gestion de projet selon PMBOK, dont il s'illustrera comme un cas d'usage.

7.2.1. « NCSecIG » & la Gestion de Projet selon PMBOK

S'inscrivant dans la logique des projets structurants d'envergure, et nécessitant une grande rigueur et une planification minutieuse, l'approche de mise en œuvre du modèle « NCSecMS » se traduira par des initiatives cruciales nécessitant une gestion attentive, une évaluation régulière des performances et une adaptation constante aux menaces émergentes. Ainsi, elle fera appel aux normes et aux principes de la gestion de projet.

Principes de Gestion de Projet			
Diligence, respect et attention	Environnement d'équipe collaboratif	Collaborer efficacement avec les intervenants	Accorder une place prépondérante aux valeurs
Reconnaître, évaluer et réagir aux interactions système	Faire preuve de comportements de leadership	S'adapter selon le contexte	Intégrer la qualité dans les procédures et livrables
Gérer la complexité	Optimiser les réponses aux risques	Adopter l'adaptabilité et la résilience	Tolérer le changement pour atteindre la situation envisagée

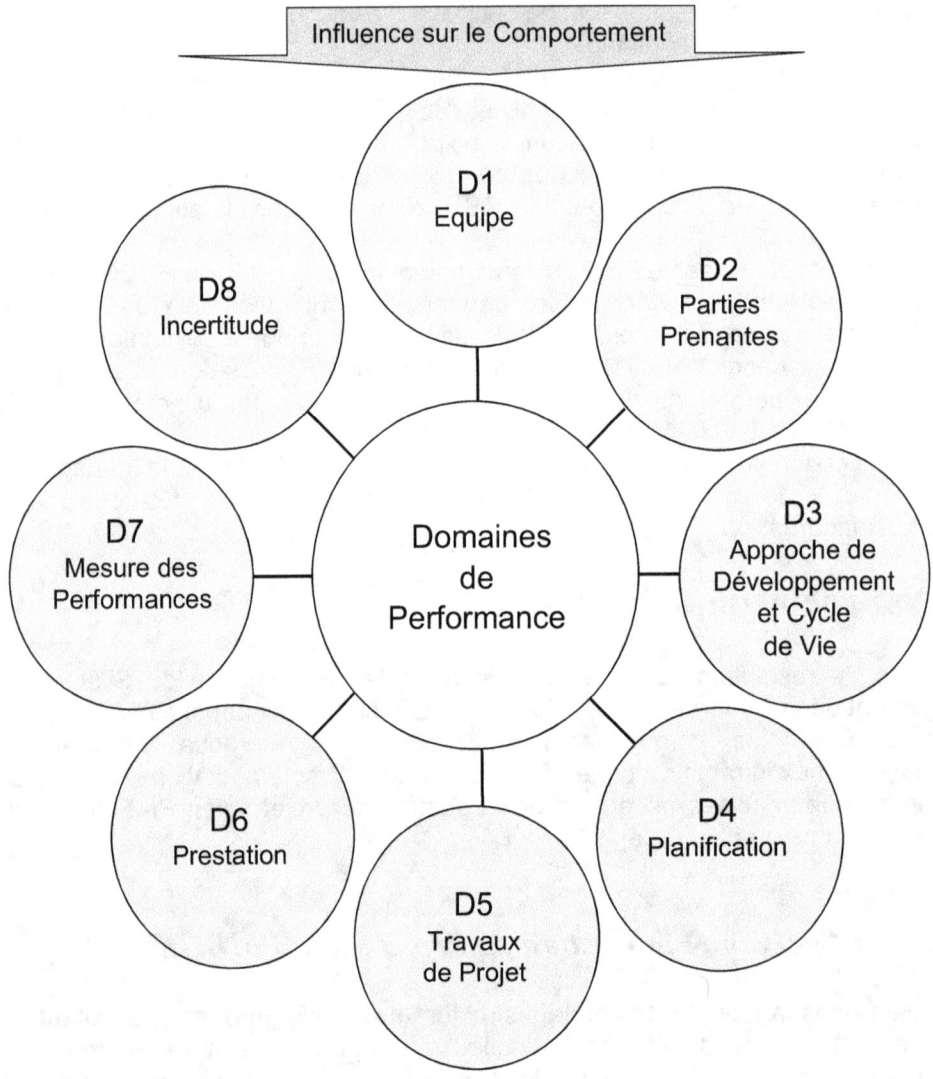

Figure 7.1 : « Principes de Gestion » et « Domaines de Performance » des projets (PMBOK)

Le choix sera porté sur la 7ème édition du « Guide PMBOK » (PMI 2021), notamment les standards PMI adoptés, et en particulier ses « Principes de Management de Projet » en relation avec les « Domaines de Performance » des Projets, considérés dans le contexte de la cybersécurité nationale.

Malgré le chevauchement conceptuel entre les « Principes de Gestion de Projet » et les « Domaines de Performance », les premiers guident le comportement, tandis que les seconds présentent de vastes domaines d'intérêt pour démontrer ce comportement. Ainsi, les « Principes de Gestion de Projet » se situent en amont des « Domaines de Performance », fournissant des orientations pour les activités de chaque « Domaine de Performance », tel que présenté dans la figure 7.1.

D'un côté, les « Principes de Gestion de Projet » influencent et façonnent les « Domaines de Performance » pour produire les résultats escomptés. Au total, ce sont 12 principes de gestion de projet qui sont identifiés. De l'autre, les « Domaines de Performance » des Projets représentent un groupe d'activités connexes, essentielles quant à l'obtention efficace des résultats du projet. A partir des huit domaines du « Guide PMBOK » (notés de D1 à D8) seront associés des objectifs, qui figureront dans le guide d'implémentation du modèle de référence « NCSecMS ». La liste exhaustive de ces objectifs sera identifiée, traitée puis exposée dans une section ultérieure de ce chapitre.

7.2.2. Principales Etapes du Guide d'Implémentation

Les principales étapes qui seront suivies dans le guide d'implémentation « NCSecIG » puisent leur essence dans deux sources essentielles :
- le canevas conceptuel convenu dans le chapitre précédent (et le workflow associé) ; c'est le point de départ de la mise en œuvre du workflow généré, se basant sur les facteurs de conception (Design Factors) inspirés de COBIT 2019 ;
- les « Domaines de Performance » de PMBOK selon le contexte de NCSec, dont l'implémentation du modèle de référence sera gérée selon les prémices de PMBOK.

Il s'agit d'un découpage chronologique, qui s'inscrit dans la cohérence des prérequis de la phase conceptuelle, mais également dans la logique de « PMBOK », appliquée au contexte du modèle de référence « NCSecMS ».

Le guide d'implémentation comporte huit étapes, les trois premières reposant sur les Design Factors de « COBIT 2019 », et les cinq dernières se référant à « PMBOK ». L'approche « PDCA » en est le dénominateur commun.

Selon ce découpage, les étapes ❶, ❷ et ❸ émanent du workflow issu de la phase conceptuelle « NCSecDG », et traduisent les actions à entreprendre dans le contexte de la finalisation de son canevas conceptuel. Les cinq étapes suivantes ❹, ❺, ❻, ❼ et ❽ sont issues des « Domaines de Performance » de PMBOK. Certaines étapes regroupent plusieurs domaines (étapes 4 ou 6), alors qu'un domaine peut être implémenté sur plusieurs étapes (c'est le cas du domaine 8). L'étape 5 se veut l'implémentation du domaine 3.

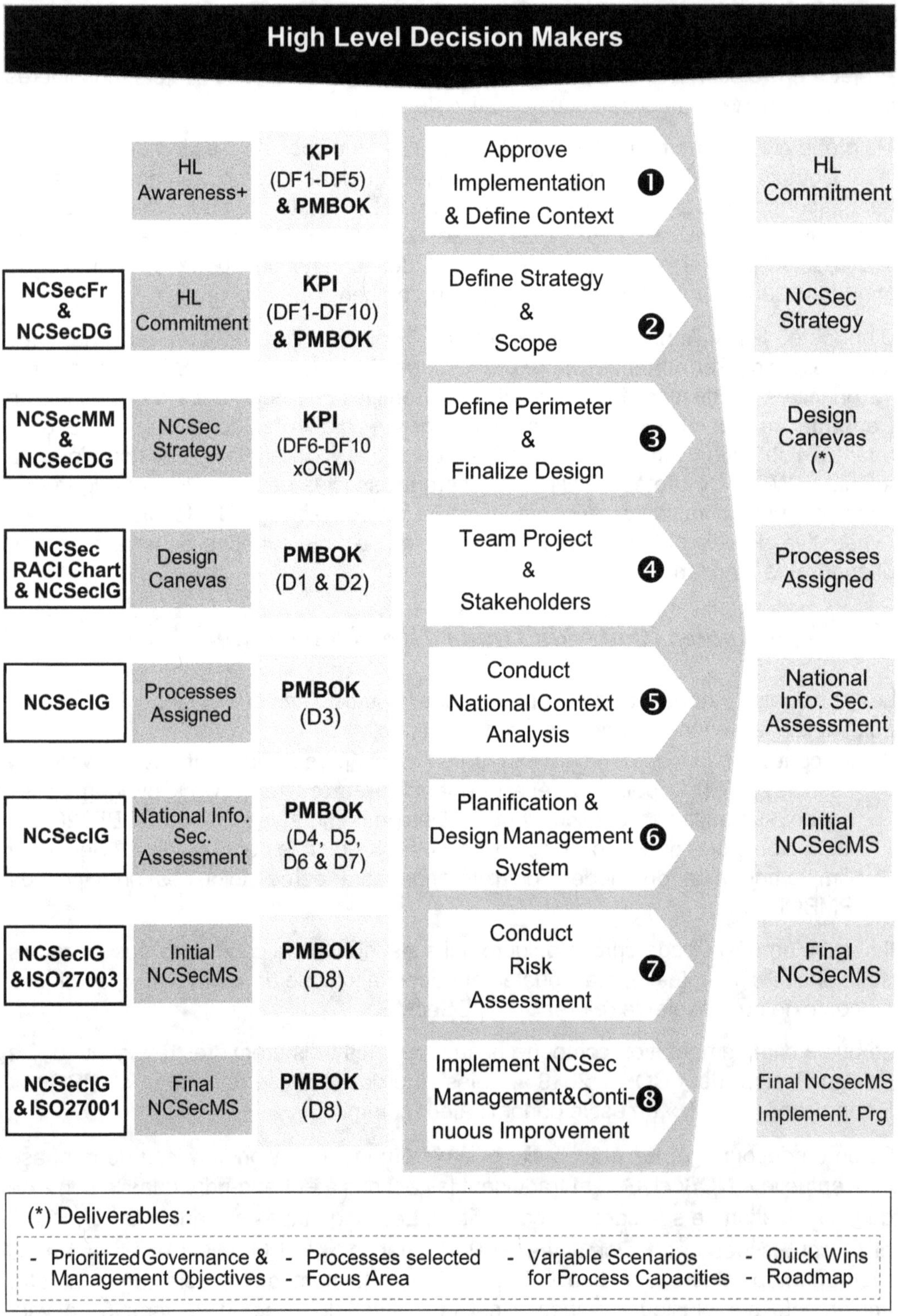

High Level Decision Makers

	HL Awareness+	**KPI** (DF1-DF5) **& PMBOK**	Approve Implementation & Define Context ❶	HL Commitment
NCSecFr & NCSecDG	HL Commitment	**KPI** (DF1-DF10) **& PMBOK**	Define Strategy & Scope ❷	NCSec Strategy
NCSecMM & NCSecDG	NCSec Strategy	**KPI** (DF6-DF10 xOGM)	Define Perimeter & Finalize Design ❸	Design Canevas (*)
NCSec RACI Chart & NCSecIG	Design Canevas	**PMBOK** (D1 & D2)	Team Project & Stakeholders ❹	Processes Assigned
NCSecIG	Processes Assigned	**PMBOK** (D3)	Conduct National Context Analysis ❺	National Info. Sec. Assessment
NCSecIG	National Info. Sec. Assessment	**PMBOK** (D4, D5, D6 & D7)	Planification & Design Management System ❻	Initial NCSecMS
NCSecIG & ISO27003	Initial NCSecMS	**PMBOK** (D8)	Conduct Risk Assessment ❼	Final NCSecMS
NCSecIG & ISO27001	Final NCSecMS	**PMBOK** (D8)	Implement NCSec Management & Continuous Improvement ❽	Final NCSecMS Implement. Prg

---

(*) Deliverables :

- Prioritized Governance & Management Objectives
- Processes selected
- Focus Area
- Variable Scenarios for Process Capacities
- Quick Wins
- Roadmap

Figure 7.2 : Découpage du guide d'implémentation « NCSecIG » selon l'approche PBMOK

7.3. Mise en œuvre de « NCSecIG » : Activités selon PMBOK

Cette section précise les activités qui seront prévues pour les étapes ❹, ❺, ❻, ❼ et ❽, en se référant aux « Domaines de Performance » de PMBOK (PMI 2021), les étapes ❶, ❷ et ❸ ayant été largement décrites dans le chapitre précédent. Dans cette section, il s'agit de rappeler d'abord les résultats escomptés par « Domaine de Performance », puis d'en déduire les activités associées, qui seront déclinées enfin en objectifs à atteindre. Ces objectifs seront intégrés ultérieurement à « NCSecIG ».

7.3.1. Des « Domaines de Performance » aux « Résultats Escomptés »

Le tableau ci-dessous résume les résultats escomptés relativement à chacun des « Domaines de Performance » D1 à D8 :

Domaines de Performance	Résultats escomptés associés au « Domaine de Performance »
D1 Equipe	**Définition :** Activités et fonctions associées aux personnes responsables de la production des produits livrables du projet qui permettent d'atteindre les résultats opérationnels
	- Propriété partagée - Niveau de performance très élevé - Leadership et compétences interpersonnelles de toute l'équipe
D2 Parties Prenantes	**Définition :** Activités et fonctions associées aux parties prenantes
	- Amélioration de la productivité du travail - Accord des intervenants avec les objectifs du projet - Minimisation des facteurs de résistance au projet, en limitant l'impact négatif sur les résultats
D3 Approche de Développement et Cycle de Vie	**Définition :** Activités et fonctions associées à l'approche de développement, à la cadence et aux phases du cycle de vie du projet
	- Approches de développement cohérentes avec les livrables - Découpage du projet en phases - Phases facilitant la cadence de livraison et l'approche de développement
D4 Planification	**Définition :** Activités et fonctions associées à l'organisation initiale, à la coordination, et à un mode d'organisation continu et évolutif, nécessaires pour produire les livrables et atteindre les résultats du projet
	- Progression organisé, coordonnée et délibérée - Approche holistique pour l'atteinte des résultats - Information évolutive (produire livrables & résultats) - Temps consacré à la planification approprié à la situation - Information de planification suffisante (gestion des attentes des intervenants) - Processus d'adaptation des plans durant le projet

Tableau 7.1 : Résultats escomptés pour chacun des huit « Domaines de Performance » de PMBOK (7ème édition)

Domaines de Performance	Résultats escomptés associés au « Domaine de Performance »
D5 Travaux de Projet	**Définition :** Activités et fonctions associées à l'établissement de processus de projet, la gestion des ressources matérielles et la promotion d'un environnement d'apprentissage
	- Performance efficace et efficiente - Processus de projet appropriés - Communication appropriée - Gestion efficace des ressources physiques - Gestion efficace des approvisionnements - Amélioration des capacités de l'équipe (apprentissage continu et optimisation des processus)
D6 Prestation	**Définition :** Activités et fonctions associées à la réalisation de la qualité pour laquelle le projet a été entrepris, selon la portée qui lui a été associée
	- Stratégie tracée et Objectifs d'ordre opérationnel atteints - Suivi des résultats à atteindre produits par le projet - Avantages du projet atteints dans les délais prévus - Compréhension claire des exigences par les équipes - Livrables acceptés par toutes les parties prenantes
D7 Mesure des Performances	**Définition :** Activités et fonctions associées à l'évaluation du rendement du projet et la prise de mesures appropriées (maintenir un rendement acceptable)
	- Compréhension fiable de l'état d'avancement du projet - Données exploitables pour faciliter la prise de décision - Mesures opportunes et appropriées (maintenir le rendement du projet) - Prise de décisions opportunes (prévisions et évaluations fiables selon les objectifs escomptés et la valeur opérationnelle visée)
D8 Incertitude	**Définition :** Activités et fonctions associées à l'incertitude et aux risques
	- Prise de conscience de l'environnement (social, démographique, etc.) - Exploration proactive et réaction à l'incertitude - Prise de conscience de l'interdépendance de multiples variables sur le projet - Capacité d'anticiper menaces & opportunités, compréhension des conséquences des problèmes - Exécution du projet en limitant l'impact négatif d'événements ou d'imprévus - Amélioration du rendement et des résultats du projet - Réserves de coûts et de calendrier utilisées efficacement pour maintenir l'harmonisation avec les objectifs du projet

Tableau 7.1 (suite 1) : Résultats escomptés pour chacun des huit « Domaines de Performance » de PMBOK (7ème édition)

7.3.2. Des « Résultats Escomptés » aux « Objectifs à Atteindre »

A partir des résultats escomptés, et en rapport avec les étapes visées par le guide d'implémentation, cette section traduit ces résultats en un ensemble d'objectifs à atteindre, auxquels seront associées une série d'actions à réaliser : celles-ci décriront la consistance du travail à effectuer, pour l'étape concernée au niveau du guide d'implémentation « NCSecIG ».

Domaines de Performance	Résultats escomptés par « Domaine de Performance »	Objectifs à atteindre pour « NCSecIG »
D1 Equipe	**Définition :** Activités et fonctions associées aux personnes responsables de la production des produits livrables du projet qui permettent d'atteindre les résultats opérationnels	
	- Propriété partagée - Niveau de performance très élevé - Leadership et compétences interpersonnelles de tous les membres de l'équipe	**O11 :** Constitution des équipes
		O12 : Identification des facteurs de changement
D2 Parties Prenantes	**Définition :** Activités et fonctions associées aux parties prenantes	
	- Influence majeure déterminant le succès ou l'échec du projet - Amélioration de la productivité du travail - Accord des intervenants avec les objectifs du projet - Minimisation des facteurs de résistance au projet, en limitant l'impact négatif sur les résultats	**O21 :** Délimitation du périmètre de chaque partie prenante
		O22 : Engagement de chaque partie prenante
D3 Approche de Développement et Cycle de Vie	**Définition :** Activités et fonctions associées à l'approche de développement, à la cadence et aux phases du cycle de vie du projet	
	- Approches de développement cohérentes avec les livrables - Découpage du projet en phases - Phases facilitant la cadence de livraison et l'approche de développement	**O31 :** Alignement et Priorisation des Objectifs
		O32 : Cibles d'Amélioration suivies d'une Analyse des Ecarts
		O33 : Approches de développement & Phasage du projet

Tableau 7.2 : Objectifs à atteindre liés à l'implémentation du modèle de référence « NCSecMS » selon les huit « Domaines de Performance » de PMBOK (7ème édition)

Domaines de Performance	Résultats escomptés par « Domaine de Performance »	Objectifs à atteindre pour « NCSecIG »
D4 Planification	**Définition :** Activités et fonctions associées à l'organisation initiale, à la coordination, et à un mode d'organisation continu et évolutif, nécessaires pour produire les livrables et atteindre les résultats du projet	
	- Progression organisée, coordonnée et délibérée - Approche holistique pour l'atteinte des résultats - Information évolutive (produire livrables & résultats)	**O41 :** Planification des Solutions
	- Temps consacré à la planification approprié à la situation - Information de planification suffisante pour gérer les attentes des intervenants (portée, activités, calendrier, ressources, budget, etc.) - Processus d'adaptation des plans durant le projet	**O42 :** Progression du projet
D5 Travaux de Projet	**Définition :** Activités et fonctions associées à l'établissement de processus de projet, la gestion des ressources matérielles et la promotion d'un environnement d'apprentissage	
	- Performance efficace et efficiente - Processus de projet appropriés - Communication appropriée - Gestion efficace des ressources physiques, et des approvisionnements - Amélioration des capacités de l'équipe par l'apprentissage continu et l'optimisation des processus	**O51 :** Gestion de projet efficace et efficiente
D6 Prestation	**Définition :** Activités et fonctions associées à la réalisation de la qualité pour laquelle le projet a été entrepris, selon la portée qui lui a été associée	
	- Stratégie tracée et Objectifs d'ordre opérationnel atteints - Suivi des résultats à atteindre produits par le projet	**O61 :** Transition durable
	- Avantages du projet atteints dans les délais prévus - Compréhension claire des exigences par les équipes - Livrables acceptés par toutes les parties prenantes	**O62 :** Concrétisation des actions

Tableau 7.2 (suite 1) : Objectifs à atteindre liés à l'implémentation du modèle de référence « NCSecMS » selon les huit « Domaines de Performance » de PMBOK (7ème édition)

Domaines de Performance	Résultats escomptés par « Domaine de Performance »	Objectifs à atteindre pour « NCSecIG »
D7 Mesure des Performances	**Définition :** Activités et fonctions associées à l'évaluation du rendement du projet et la prise de mesures appropriées (maintenir un rendement acceptable)	
	- Compréhension fiable de l'état d'avancement du projet - Données exploitables pour faciliter la prise de décision - Mesures opportunes et appropriées pour maintenir le rendement du projet sur la bonne voie	**O71 :** Système de mesure
	- Prise de décisions opportunes fondées sur des prévisions et sur des évaluations fiables selon les objectifs escomptés et la valeur opérationnelle visée	**O72 :** Pratiques de mesures pour un rendement efficace
D8 Incertitude	**Définition :** Activités et fonctions associées à l'incertitude et aux risques	
	- Prise de conscience de l'environnement (social, politique, économique, démographique, technique, etc.) - Exploration proactive et réaction à l'incertitude - Prise de conscience de l'interdépendance de multiples variables sur le projet - Capacité d'anticiper menaces & opportunités, compréhension des conséquences des problèmes	**O81 :** Gestion des Risques
	- Exécution du projet en limitant l'impact négatif d'événements ou d'imprévus - Amélioration du rendement et des résultats du projet - Réserves de coûts et de calendrier utilisées efficacement pour maintenir l'harmonisation avec les objectifs du projet	**O82 :** Amélioration

Tableau 7.2 (suite 2) : Objectifs à atteindre liés à l'implémentation du modèle de référence « NCSecMS » selon les huit « Domaines de Performance » de PMBOK (7ème édition)

7.3.3. Des « *Objectifs à Atteindre* » aux « *Activités Associées* »

Le guide d'implémentation « NCSecIG » fournit des instructions claires sur la manière de mettre en œuvre un projet, un processus, un système ou une solution. Dans le cas du modèle de référence de cybersécurité nationale « NCSecMS », il va guider les personnes impliquées au niveau de chacune des étapes à suivre, afin d'atteindre les objectifs principaux définis dans les huit « Domaines de Performance » (D1 à D8), selon l'approche de gestion de projet prônée par la 7ème version de PMBOK.

Chaque objectif sera décliné en activités, qui constitueront le socle de chacune des phases du guide d'implémentation, de la même manière que celles-ci sont décrites dans la dernière colonne du tableau ci-dessous, résumant les activités recensées, associées à chaque objectif principal, et réparties selon les « Domaines de Performance » :

Domaines de Performance	Résultats escomptés par « Domaine de Performance »	Activités associées aux objectifs visés par l'implémentation de « NCSecMS »
D1 Equipe (Team)	**Définition :** Activités et fonctions associées aux personnes responsables de la production des produits livrables du projet qui permettent d'atteindre les résultats opérationnels	
	L'engagement des membres des équipes et leurs compétences sont essentiels pour assurer la qualité, la sécurité et la conformité des livrables. Voici quelques-uns des résultats escomptés : - Propriété partagée - Niveau de performance très élevé - Leadership et compétences interpersonnelles de tous les membres de l'équipe	**O11 :** Constitution des équipes - Identifier les compétences interpersonnelles : adaptabilité, créativité, autonomie, aisance relationnelle, gestion du temps, persuasion, collaboration - Traiter les activités des ressources qui visent l'atteinte des résultats escomptés - Se concentrer sur les actions/processus liés à l'équipe (gestion des conflits, croissance et suivi des interactions) - Encourager les membres au partage de la responsabilité des résultats
	Les personnes impliquées contribueront ainsi de manière significative à l'obtention de résultats opérationnels efficaces dans le cadre d'un projet de cybersécurité nationale	**O12 :** Identification des facteurs de changement - Leviers - Rentabilité - Facteurs clés de succès

Tableau 7.3 : Activités liées à l'implémentation du modèle de référence « NCSecMS » selon les huit « Domaines de Performance » de PMBOK (7ème édition)

Domaines de Performance	Résultats escomptés par « Domaine de Performance »	Activités associées aux objectifs visés par l'implémentation de « NCSecMS »
D2 Parties Prenantes (Stakeholders)	**Définition :** Activités et fonctions associées aux parties prenantes	
	Les parties prenantes jouent des rôles essentiels contribuant à définir des objectifs, prendre des décisions, et réussir le projet, dont : - Influence majeure déterminant le succès ou l'échec du projet - Amélioration de la productivité - Accord des intervenants avec les objectifs du projet - Minimisation des facteurs de résistance au projet, limitant l'impact négatif sur les résultats	**O21 :** Délimitation du périmètre de chaque partie prenante - Etablir des relations de travail efficaces, afin d'intégrer correctement les besoins, priorités, préférences et points de vue - Garantir une interaction efficace - Recourir à des stratégies et actions favorisant leur implication dans la prise de décision et la mise en œuvre **O22 :** Engagement parties prenantes - Engagement de toutes les parties prenantes, à tous les niveaux (responsables des processus concernés) - Livrables acceptés
D3 Approche de Développement et Cycle de Vie (Development Approach and Life Cycle)	**Définition :** Activités et fonctions associées à l'approche de développement, à la cadence et aux phases du cycle de vie du projet	
	Elle garantit une mise en œuvre réussie et une adaptation continue aux évolutions du paysage de la cybersécurité : - Approches de développement cohérentes avec les livrables - Découpage du projet en phases - Phases facilitant la cadence de livraison et l'approche de développement En intégrant ces activités et ces fonctions à chaque phase du cycle de vie du projet, on peut s'assurer d'une approche complète, agile et adaptative pour le développement de la cybersécurité nationale	**O31 :** Alignement et Priorisation Objectifs - Autodiagnostic - Processus - Alignement d'objectifs : Priorités Nationales, Consultations des Parties Prenantes, Évaluation Risques et Besoins, Analyse des Menaces Actuelles et Futures, Identification des Actifs Numériques Critiques, Adoption de Normes, Objectifs Mesurables **O32 :** Cibles d'Amélioration suivies d'une Analyse des Ecarts - Performance Opérationnelle - Adoption de Technologies Émergentes - Analyse des écarts : Évaluation de la Conformité aux Normes, Analyse des performances par rapport aux objectifs, Étude des Tendances de Menaces - Ampleur des gains (temps, difficultés) - Solutions potentielles - Priorisation des objectifs : Analyse Coût-Bénéfice, Classification des Risques, Critères de Priorisation, Analyse des Interdépendances, Calendrier et Échéancier, Réponse aux Menaces Imminentes, Implications Géopolitiques, Validation avec Décideurs, Révision Périodique (Priorisation), Communication et Sensibilisation - Classement des solutions **O33 :** Approches de développement & Phasage du projet - Structuration du projet pour optimiser la création de valeur et la responsabilisation - Approche de développement (prédictive, adaptative ou hybride) selon les résultats - Nombre et calendrier des livraisons influencent les livrables et l'approche

Tableau 7.3 (suite 1) : Activités liées à l'implémentation du modèle de référence « NCSecMS » selon les huit « Domaines de Performance » de PMBOK (7ème édition)

Domaines de Performance	Résultats escomptés par « Domaine de Performance »	Activités associées aux objectifs visés par l'implémentation de « NCSecMS »
D4 Planification (Planning)	**Définition :** Activités et fonctions associées à l'organisation initiale, à la coordination, et à un mode d'organisation continu et évolutif, nécessaires à la réalisation des produits livrables et des résultats du projet	
	Elle garantit la protection des IC & SE et données sensibles. Quelques approches pour la planification des solutions : - Progression organisée, coordonnée et délibérée - Approche holistique pour l'atteinte des résultats - Information évolutive (produire livrables & résultats) - Temps consacré à la planification approprié à la situation - Information de planification suffisante pour gérer les attentes des intervenants (portée d'activités, calendrier, ressources, budget, etc.) - Processus d'adaptation des plans durant le projet Création d'un cadre robuste pour anticiper, détecter, répondre et atténuer les menaces cybernétiques.	**O41 :** Planification des Solutions - Analyses de rentabilité appuyées - Solutions réalisables et pratiques - Plan de changement (envisageable) - Surveillance permanente - Identification des solutions techniques - Élaboration de politiques et de procédures - Test des solutions - Élaboration de plans de gestion des incidents - Mise en œuvre progressive - Évaluation continue et ajustements **O42 :** Progression du projet - Planification avant ou pendant le projet (ajustements éventuels) - Déroulement organisé et coordonné - Approche holistique (résultats atteints) - Évolution selon les objectifs initiaux - Temps de planification (selon situation) - Informations suffisantes pour répondre aux attentes des parties prenantes
D5 Travaux de Projet (Project Work)	**Définition :** Activités et fonctions associées à l'établissement de processus de projet, à la gestion des ressources matérielles et à la promotion d'un environnement d'apprentissage	
	Défis et enjeux liés à l'ampleur des systèmes, la variété des acteurs et la nature interconnectée des IC & SE. Voici quelques objectifs : - Performance efficace et efficiente - Processus projet appropriés - Communication appropriée - Gestion efficace des ressources physiques, et des approvisionnements - Amélioration des capacités de l'équipe par l'apprentissage continu et l'optimisation des processus	**O51 :** Gestion de projet efficace et efficiente - Stratégie de cybersécurité nationale - Coordination intersectorielle - Évaluation des risques - Législation et réglementation - Renforcement des capacités - Partenariats internationaux - Infrastructure de cybersécurité nationale - Sensibilisation et éducation - Veille technologique - Exercices de simulation

Tableau 7.3 (suite 2) : Activités liées à l'implémentation du modèle de référence « NCSecMS » selon les huit « Domaines de Performance » de PMBOK (7ème édition)

Domaines de Performance	Résultats escomptés par « Domaine de Performance »	Activités associées aux objectifs visés par l'implémentation de « NCSecMS »
D6 Prestation (Delivery)	**Définition :** Activités et fonctions associées pour satisfaire la qualité pour laquelle le projet a été entrepris, selon la portée qui lui a été accordée	
	La nature des prestations varie en fonction de la portée spécifique du projet et des objectifs fixés : - Stratégie tracée et Objectifs d'ordre opérationnel atteints - Suivi des résultats à atteindre produits par le projet - Avantages du projet atteints dans les délais prévus - Compréhension claire des exigences par les équipes - Livrables acceptés par toutes les parties prenantes L'ensemble de ces activités contribue à la réalisation de la qualité dans un projet de cybersécurité nationale en assurant une protection efficace contre les menaces actuelles et émergentes. La qualité dans ce contexte implique la prévention, la détection, la réponse et l'atténuation des risques de cybersécurité, ainsi que l'adaptabilité continue aux évolutions du paysage cybernétique	**O61 :** Transition durable - Veille technologique continue - Amélioration continue pour les pratiques de gouvernance et de management vers des opérations routinières normales - Suivi de la réalisation des améliorations en utilisant les mesures de performance et les avantages attendus - Agilité et flexibilité - Normalisation - Alignement avec les meilleures pratiques - Intégration de l'IA et du ML - Collaboration internationale - Gestion durable des talents - Approche basée sur les risques - Investissements dans la R&D - Respect de la vie privée et protection des données - Évaluation continue des IC & SE - Conscientisation continue - Révision et ajustement des politiques **O62 :** Concrétisation des actions - Elaboration effective de la stratégie de cybersécurité nationale NCSec - Approche méthodique et coordonnée - Création de structure organisationnelle - Définition des priorités selon les risques - Développement de lois et réglementations - Investissements dans les technologies et infrastructures - Capacités humaines renforcées - Partenariats et coopération - Sensibilisation (public et entreprises) - Tests réguliers (simulations) - Surveillance et ajustement continu

Tableau 7.3 (suite 3) : Activités liées à l'implémentation du modèle de référence « NCSecMS » selon les huit « Domaines de Performance » de PMBOK (7ème édition)

Domaines de Performance	Résultats escomptés par « Domaine de Performance »	Activités associées aux objectifs visés par l'implémentation de « NCSecMS »
D7 Mesure des Performances (Performance Measurement)	**Définition :** Activités et fonctions associées à l'évaluation du rendement du projet et à la prise de mesures appropriées pour maintenir un rendement acceptable	

	Résultats escomptés	Activités associées
	Elles garantissent l'efficacité continue pour identifier des domaines d'amélioration : - Compréhension fiable de l'état d'avancement du projet - Données exploitables pour faciliter la prise de décision - Mesures opportunes et appropriées pour maintenir le rendement du projet sur la bonne voie - Prise de décisions opportunes fondées sur des prévisions et sur des évaluations fiables selon les objectifs escomptés et la valeur opérationnelle visée Elle est essentielle pour garantir que le projet de cybersécurité nationale reste adapté aux besoins changeants et aux nouvelles menaces. L'approche doit être itérative, avec une rétroaction continue pour améliorer constamment les performances du projet	**O71 :** Système de mesure - Visibilité essentielle sur la performance, l'efficacité et la résilience des capacités de cybersécurité - Démontre la valeur des investissements dans la cybersécurité - Guide les actions correctives nécessaires - Développement de KPIs - Évaluation de la maturité en cybersécurité - Analyse des incidents et rapports de menace - Évaluation des risques en temps réel - Tests de résilience et simulations d'attaques - Mesure de l'efficacité des contrôles de sécurité - Audits de conformité - Mesure de la sensibilisation à la cybersécurité - Surveillance des menaces persistantes avancées (APT) - Feedback et amélioration continue **O72 :** Pratiques de mesures pour un rendement efficace - Pratiques quotidiennes, Mesures - Systèmes de surveillance établis - Activités harmonisées - Rendement mesuré - Engagement de toutes les parties prenantes, à tous les niveaux (notamment les responsables des processus) - Mesure de la résilience des IC & SE - Évaluation de la collaboration intersectorielle - Analyse des tendances

Tableau 7.3 (suite 4) : Activités liées à l'implémentation du modèle de référence « NCSecMS » selon les huit « Domaines de Performance » de PMBOK (7ème édition)

Domaines de Performance	Résultats escomptés par « Domaine de Performance »	Activités associées aux objectifs visés par l'implémentation de « NCSecMS »
D8 Incertitude (Uncertainty)	**Définition :** Activités et fonctions associées à l'incertitude et aux risques	

	La gestion de l'incertitude dans un projet de cyber-sécurité nationale est cruciale (nature dynamique et évolutive du paysage cybernétique). Quelques approches pour traiter l'incertitude dans un tel projet :
	- Prise de conscience de l'environnement (social, politique, économique, démographique, technique, etc.)
	- Exploration proactive et réaction à l'incertitude
	- Prise de conscience de l'interdépendance de multiples variables sur le projet
	- Capacité d'anticiper menaces & opportunités, compréhension des conséquences des problèmes
	- Exécution du projet en limitant l'impact négatif d'événements ou d'imprévus
	- Amélioration du rendement et des résultats du projet
	- Réserves de coûts et de calendrier utilisées efficacement pour maintenir l'harmonisation avec les objectifs du projet
	L'adoption d'une approche proactive et adaptable pour protéger les actifs numériques critiques est recommandée. La flexibilité, la collaboration et la vigilance continue sont des éléments clés dans la gestion de l'incertitude en cybersécurité nationale.
		O81 : Gestion des Risques
		- Etablissement du contexte
		- Appréciation du risque (Identification des actifs et des menaces, Analyse et Evaluation des vulnérabilités)
		- Gestion des risques (Traitement et Surveillance)
		- Gouvernance des risques
		- Continuité des opérations planifiée
		- Formation et sensibilisation
		- Partage d'informations
		- Surveillance et détection d'incidents
		- Législation et réglementation
		- Coordination nationale
		
		O82 : Amélioration
		- Évaluation régulière des risques
		- Mécanismes de feedback
		- Revues post-incident
		- Tableaux de bord de cybersécurité
		- Exercices de simulation
		- Formation continue du personnel
		- Politiques de cybersécurité mises à jour
		- Collaboration avec le Secteur Privé et les Centres de Recherche
		- Audit de conformité
		- Investissements stratégiques
		- Participation aux exercices internationaux
		- Révisions régulières du plan directeur de cybersécurité nationale
		- Examen du succès global de l'initiative
		- Détermination d'autres exigences en matière de gouvernance / gestion
		- Gestion des programmes et des projets, fondée sur des pratiques exemplaires
		- Prévision des points de contrôle à chacune des 7 phases pour s'assurer :
		  o du rendement du programme selon les prévisions
		  o de la mise à jour régulière de l'analyse de rentabilisation et des risques
		  o de la planification de la prochaine phase ajustée au besoin

Tableau 7.3 (suite 5) : Activités liées à l'implémentation du modèle de référence « NCSecMS » selon les huit « Domaines de Performance » de PMBOK (7ème édition)

7.3.4. Le Canevas Conceptuel adapté aux « Domaines de Performance » de PMBOK

Cette section établit la relation entre le guide de conception « NCSecDG » et le guide d'implémentation « NCSecIG ». Le tableau 7.4 décrit les points de rencontre entre ces deux guides : sa finalité consiste à orienter les utilisateurs pour trouver la correspondance en termes d'objectifs (déclinés en activités à réaliser), entre d'une part les composantes du flux de travail (workflow) du guide de conception « NCSecDG » (figure 6.5), et d'autre part les « Domaines de Performance » qui seront intégrés au niveau du guide d'implémentation « NCSecIG » (tableau 7.2), en vue de la consolidation de ce dernier, selon un fil directeur commun.

Workflow NCSecDG	Composante	O11	O12	O21	O22	O31	O32	O33	O41	O42	O51	O61	O62	O71	O72	O81	O82
Contexte & Stratégie	DF1		x		x	x						x		x			x
	DF2	x		x				x		x						x	
	DF3			x	x					x				x	x	x	x
	DF4		x	x				x		x						x	
	DF5		x						x	x	x	x			x		x
Portée	DF6		x												x	x	
	DF7					x			x		x			x			
	DF8	x	x	x	x						x					x	
	DF9							x	x	x	x				x		
	DF10							x	x	x							
Périmètre	KPI DF$_{6-10}$ x OGM					x	x					x		x	x		x
	OGM [9]			x	x	x	x							x		x	
	Process						x						x	x	x	x	x
	LDB [10]	x		x			x		x	x	x			x		x	
	LDZI [11]				x			x					x	x	x	x	
Finalisation	OGM [9]			x	x	x	x							x		x	
	Process						x					x		x		x	x
	Gouvernance		x			x			x	x	x				x		x
	LDB [10]	x		x			x		x	x	x			x		x	
	LDZI [11]				x			x					x	x	x		
Livrables	Quick wins					x			x					x			
	SVK [12]					x	x							x		x	x
	Roadmap		x			x	x	x	x			x					x

Tableau 7.4 : Points de connexion entre les deux guides « NCSecDG » et « NCSecIG » selon « PMBOK »

---

[9] OGM : Objectif de Gouvernance et de Management
[10] LDB : Ligne Directrice de Base
[11] LDZI : Ligne Directrice Spécifique au Zone d'Intérêt
[12] SVK : Scénarios variables de capacités (Zones d'Intérêt)

7.4. Mise en Œuvre du Guide d'Implémentation

La mise en œuvre du guide d'implémentation sera effectuée comme suit :

7.4.1. Approbation de l'Implémentation et Définition du Contexte

Considérée comme essentielle pour le déroulement correct du processus d'implémentation de la cybersécurité nationale, cette étape revêt plus un caractère stratégique qu'opérationnel. Il en va de la réussite de tout le projet.

Elle est constituée des trois composantes suivantes :
A. Définition des objectifs et du contexte pour la cybersécurité ;
B. Définition de la stratégie de départ de la gouvernance ;
C. Obtention de l'approbation d'un Haut Dirigeant.

En voici un aperçu :
A. **Définir les objectifs et du contexte pour la Cybersécurité**
A ce niveau, il faudrait définir avec les Hauts Dirigeants du pays ou de la région du monde, les objectifs à atteindre et les exigences nationales, en établissant la Gouvernance de la « Stratégie de Cybersécurité Nationale », ce qui nécessitera l'analyse de ses besoins en cybersécurité.
B. **Définir la stratégie de départ de la gouvernance**
Cette approche consiste à déterminer la stratégie de départ qui doit être couverte par le Système de Management de la Cybersécurité Nationale. Il s'agit en particulier de définir les éléments clés à inclure, mais aussi ceux qui sont exclus, afin de clarifier les orientations à prendre par les décideurs.
C. **Obtenir l'approbation d'un Haut Dirigeant**
Cette étape est cruciale, car elle accordera aux décideurs une certaine couverture pour amorcer le démarrage de la stratégie relative au Système de Management de la Cybersécurité. Cette décision sera concomitante avec l'engagement des décideurs dans leur pays à mettre en œuvre le Système de Management de la Cybersécurité Nationale à développer.

A l'issue de cette étape, deux documents seront produits, les détails figurant dans le paragraphe « Etape 1 » de la section 6.4.3 :
- L'engagement formel d'un Haut Dirigeant ;
- La lettre de mission pour l'équipe responsable de l'établissement du « Système de Management de la Cybersécurité Nationale ».

7.4.2. Définition de la Stratégie et de la Portée initiale

Cette seconde étape revêt un caractère à la fois stratégique et opérationnel : elle permet de décliner la série d'objectifs en un ensemble de choix stratégiques prioritaires, afin de produire cet environnement de gouvernance idoine adapté au contexte de l'Etat, qui sera associé à son système de management de la cybersécurité nationale.

Elle est constituée des trois composantes suivantes :
A. Définition des frontières du cyberespace national ou régional ;
B. Définition des limites de la portée ;
C. Finalisation de la stratégie de départ en matière de « Cybersécurité nationale ».

En voici un aperçu :
A. **Définir les frontières du cyberespace national ou régional**
Le responsable de l'établissement du Système de Management de la Cybersécurité Nationale doit définir les limites du cyberespace national ou régional, son développement et ses interactions avec d'autres pays ou régions. Ce cyberespace sera divisé en zones de couverture. Il en sera de même pour les acteurs concernés.

B. **Définir les limites de la portée**
A partir de la stratégie de départ, définie dans la première phase, et de l'analyse du contexte national du cyberespace, il s'agira de détailler la portée initiale du Système de Management de la Cybersécurité Nationale. Cette approche consistera à définir en détail les inclusions et les exclusions, pour éviter toute ambiguïté dans son application.

C. **Finaliser la stratégie de départ en matière de « Cybersécurité nationale »**
Après avoir défini le champ à couvrir, basé sur le modèle de référence « NCSecMS », les responsables doivent finaliser la stratégie de départ de mise en œuvre du Système de Management de la Cybersécurité Nationale, en vue d'atteindre les objectifs préalablement définis par les Hauts Dirigeants.

Les détails figurent dans le paragraphe « Etape 2 » de la section 6.4.3.

7.4.3. Définition du Périmètre et Finalisation du Canevas

Durant cette troisième étape, il s'agit d'affiner la portée initiale en matière de gouvernance du système, pour aboutir à la définition de son périmètre, mais également de finaliser le canevas de conception initialement entamé.

Cette étape est constituée des quatre composantes suivantes :
A. Identification d'une série d'améliorations potentielles ;
B. Consolidation du canevas de conception ;
C. Ajustement du programme de gouvernance ;
D. Finalisation de la conception du système.

Voici un aperçu sur la définition du périmètre de la stratégie de cybersécurité et de la finalisation du canevas de conception :
A. **Identifier une série d'améliorations potentielles**
Cette étape est marquée par l'identification d'une série d'améliorations potentielles qui seront prises en considération (au profit de la gouvernance initialement proposée du système de management de la cybersécurité nationale), à savoir : Menaces, Prérequis de Conformité, Acteurs de Confiance Numérique, Modèle de Sourcing, Méthodes d'Implémentation IT, et Stratégie d'Adoption IT.

B. **Consolider le canevas de conception**

Les améliorations repérées seront toutes placées sur le canevas de conception initial, en vue d'une consolidation définitive et ultime du flux de travail (workflow) de conception, à travers notamment la résolution des conflits inhérents aux priorités, en se penchant de près sur :

o La priorisation des objectifs de Gouvernance et de Management ;
o L'identification des composantes jugées importantes pour le système ;
o Les directives spécifiques aux Zones d'Intérêt.

C. **Ajuster le programme de gouvernance**

Il s'agit d'ajuster la mise en œuvre du programme de gouvernance, en rassemblant et en analysant tout d'abord toutes les données collectées et les conclusions obtenues en application des facteurs de conception. Une analyse des niveaux de performance à l'échelle des processus est fortement recommandée. Une priorité sera accordée au niveau de la feuille de route pour les initiatives qui nécessitent un effort limité, mais qui procurent des avantages élevés (quick wins).

D. **Finaliser la conception du système**

Celle-ci aboutira à une conception unique du système, qui comprendra :

o Les « quick wins », qui seront identifiés ;
o Les objectifs de Gouvernance et de Management prioritaires, selon lesquels le nombre d'objectifs hautement prioritaires est maintenu à un niveau raisonnable, avec des scénarios variables explicitement définis au niveau des capacités cibles (Pour les objectifs les plus critiques, les niveaux de capacité cibles seront plus élevés, et vice-versa) ;
o Les lignes directrices disponibles, nécessaires et appropriées relatives aux Zones d'Intérêt, qui complètent les lignes directrices de base de « NCSecMS », dans le cadre des scénarios variables de capacité ;
o Les processus, à travers les divers niveaux de capacité cibles, positionnés à des valeurs raisonnables ;
o Les composantes de gouvernance nécessitant une attention particulière en raison de problèmes ou de circonstances particulières ;
o La feuille de route, qui sera proposée (« Roadmap » définitive).

Les détails figurent dans les paragraphes « Etape 3 » et « Etape 4 » de la section 6.4.3.

7.4.4. Désignation de l'Equipe et Identification des Stakeholders

Cette quatrième étape constitue le point de départ de la mise en pratique de la conception du système « NCSecMS » convenue.

Cette étape est constituée de quatre composantes :

A. Constitution des équipes ;
B. Identification des facteurs de changement ;
C. Délimitation du périmètre de chaque partie prenante ;
D. Engagement des parties prenantes.

En voici un aperçu :

A. Constituer les équipes

Il s'agit de veiller à désigner et à organiser les équipes de mise en œuvre. Ce travail entre dans le cadre de la planification des ressources humaines : il sera recommandé de déterminer les besoins en identifiant les compétences nécessaires, l'effectif du personnel requis et la nature des activités de chacun. C'est ainsi que seront définis, à titre d'exemple, les comités, les équipes d'assurance qualité et de gestion du changement.

B. Identifier les facteurs de changement

L'identification des facteurs de changement passera par l'anticipation des éléments influents par rapport au projet, tels que les nouvelles réglementations nationales et internationales, les évolutions technologiques et les changements organisationnels. Les tendances et les déficits de performance devraient être gérés tout au long du cycle de vie, en insistant notamment sur les avantages du programme et de sa réalisation en terme de rentabilité, tout en interagissant avec les équipes impliquées.

C. Délimiter le périmètre de chaque partie prenante (Stakeholders)

Après avoir identifié les parties prenantes et les structures organisationnelles inhérentes, il sera question de délimiter le champ d'action de chacune d'elles, en particulier le périmètre de ses activités et responsabilités.

A partir des processus sélectionnés et de la définition des rôles et responsabilités (matrice RACI), il s'agira d'abord de recenser les structures organisationnelles existantes et celles qui doivent être mises en place pour soutenir la mise en œuvre des processus clés.

A ce stade, il faudrait déjà identifier les Infrastructures Critiques et Services Essentiels (IC & SE) et définir leur protection. Puisque les systèmes d'information associés nécessitent une attention particulière, ils en constituent donc une priorité pour la sécurisation numérique du pays. Toutes perturbations à leurs niveaux pourraient avoir des conséquences très graves. Il sera également question d'identifier les principales institutions qui portent la Stratégie de Cybersécurité Nationale (NCSec).

La définition du champ d'action des parties prenantes passe par l'analyse et la compréhension de leurs intérêts, leurs attentes et leurs influences, qui peuvent être à l'origine de changements. Chaque partie prenante joue un rôle spécifique selon des activités et des responsabilités bien définies, relevant d'entités (par exemple les organismes de régulation et de règlementation), ou encore de profils (par exemple, le responsable en matière de gestion des risques). La matrice RACI en est l'illustration.

D. Engagement des parties prenantes

L'implication des parties prenantes est essentielle à la réussite du processus de mise en œuvre, notamment au niveau des responsables de processus concernés. Elle sera concrétisée par leur engagement et par l'acceptation des livrables.

Les détails figurent au niveau des « Domaines de Performance » D1 (Team) et D2 (Stakeholders) de PMBOK, et ils ont été décrits de manière très succincte dans les lignes correspondantes du tableau 7.3.

7.4.5. Analyse du Contexte National ou Régional

Cette étape suit les prémices du Cycle de Développement de « NCSecMS ».

Elle est constituée des trois composantes suivantes :
A. Alignement des objectifs ;
B. Cibles d'amélioration, analyse des écarts et priorisation ;
C. Approches de développement et phasage du projet.

En voici un aperçu :
A. **Alignement des objectifs**
   L'état des lieux (« Où en sommes-nous ? ») sera établi, en procédant à **l'alignement des objectifs** et **processus** sur les stratégies et risques.
   Un autodiagnostic devrait permettre aux instances de l'Etat en charge de l'évaluation, de connaître la capacité actuelle au niveau global et au niveau processus, ainsi que les lacunes potentielles existantes.
   Selon la politique suivie par l'Etat en matière de cybersécurité nationale, ce dernier sera alors en mesure de déterminer, d'identifier et de classer les objectifs de Gouvernance et de Management essentiels et les processus sous-jacents ayant une capacité suffisante, pour le succès de l'opération.
B. **Cibles d'amélioration, analyse des écarts et priorisation des objectifs**
   Cette activité sera suivie de l'identification des cibles d'amélioration, puis de l'analyse des écarts : il s'agira de répondre à la question suivante : « Comment voulons-nous nous positionner ? ». Une analyse des écarts identifiera les solutions à envisager par rapport aux améliorations potentielles. Un classement de ces solutions sera établi, selon l'ampleur des gains en termes de rapidité et de difficulté à long terme. Une priorité sera notamment accordée aux actions les plus simples à réaliser et susceptibles de procurer les plus grands avantages (quick wins).
C. **Approches de développement et phasage du projet**
   Cette partie revêt une importance extrême : Il s'agit d'abord de veiller à la structuration du projet pour optimiser la création de valeur et la responsabilisation, puis à l'identification de l'approche de développement conduisant au phasage du projet (prédictive, adaptative ou hybride) selon les résultats escomptés, facilitant ainsi la cadence de livraison. Le nombre et le calendrier des livraisons seront aussi clairement établis.

Les détails figurent au niveau du « Domaine de Performance » D3 de PMBOK, et ils ont été décrits dans la ligne correspondante du tableau 7.3.

7.4.6. Planification et Conception du Système de Management

Cette sixième étape demeure la plus importante dans le processus d'implémentation du système « NCSecMS ».

Elle est constituée des sept composantes suivantes :
A. Planification des solutions ;
B. Progression du projet ;
C. Gestion de projet efficace et efficiente ;

D. Transition durable ;
E. Concrétisation des actions ;
F. Système de mesure ;
G. Pratiques de mesures pour un rendement efficace.

A. Planification des Solutions

La planification et la progression du programme permettra la mise en place des solutions, après avoir effectué le choix des structures organisationnelles et des processus liés à la mise en œuvre de la stratégie. En définissant le contenu du « Programme National de Cybersécurité », une planification globale des projets sera établie, associée aux rôles et responsabilités des acteurs.

Répondant à la question « Que faut-il faire ? », cette composante créera au plus haut niveau de l'Etat une volonté de changement concrétisée par la suite par une étude de cas, montrant le manque à gagner à travers une analyse de rentabilité quantitative, devant inclure également la composante risque.

La liste des composantes du programme sera établie, ainsi qu'un plan de changement éventuel pour la mise en œuvre. Les avantages du programme, placé sous surveillance systématique, devront être identifiés au préalable.

Cette composante fera le point également sur les activités et fonctions associées à l'organisation initiale, de sorte à ce qu'elles soient évolutives et qu'elles s'inscrivent dans une certaine continuité. Une attention particulière sera accordée à la coordination nécessaire pour la réalisation des produits livrables et en vue de l'atteinte des résultats escomptés.

A ce stade, les responsables se doivent de décrire les solutions réalisables et pratiques, accompagnées de l'identification des solutions techniques, de l'élaboration des politiques et des procédures, puis du test des solutions. Un plan de changement sera également envisagé occasionnellement, avec une évaluation continue, des ajustements éventuels, des plans de gestion des incidents élaborés, en vue d'une mise en œuvre progressive des solutions.

B. Progression du projet

Une planification pratique des solutions réalisables sera attribuée à chaque composante du programme. Le déroulement sera effectué de manière organisée et coordonnée selon une approche holistique pour atteindre les résultats escomptés, avec une évolution respectant les objectifs initiaux, dans le respect du temps de planification, au risque de certains ajustements éventuels avant ou pendant le projet.

C. Gestion de projet efficace et efficiente

La progression se fera selon des processus déjà établis, dans un contexte de coordination intersectorielle, et dans le respect de la législation et de la réglementation en vigueur, pour une bonne conduite de l'implémentation du modèle de référence, selon la Stratégie de cybersécurité nationale.

Les moyens pour la mise en œuvre seront accessibles, et ce à travers des pratiques quotidiennes prédéfinies, des mesures régulières, des systèmes de surveillance établis, des activités harmonisées, de la sensibilisation et un rendement mesuré. Les parties prenantes, notamment les responsables des processus concernés, feront preuve d'engagement, sans exception.

Il s'agit, dans cette composante, de veiller à une communication adéquate, à une gestion efficace des ressources physiques et des approvisionnements, ainsi qu'à un renforcement des capacités des équipes par l'apprentissage continu et l'optimisation des processus. L'infrastructure nationale de cybersécurité sera renforcée, impliquant tous les secteurs, moyennant une collaboration internationale dénotant des meilleures pratiques en vigueur. Des exercices de simulation seront envisagés.

D. Transition durable

Cette composante assurera d'abord la transition durable depuis des opérations routinières normales, vers des pratiques améliorées de management au service de la gouvernance, dans un alignement total avec les meilleures pratiques en vigueur, selon une approche basée sur les risques, envisageant la révision et l'ajustement régulier des politiques.

Les techniques d'intelligence artificielle (IA) et d'apprentissage automatique (ML) seront introduites de manière dosée, dans un cadre normalisé d'agilité et de flexibilité, dans le respect de la vie privée et de la protection des données.

L'évaluation continue des IC & SE sera placée dans un cadre plus général d'amélioration continue, à travers le suivi de la réalisation des améliorations en utilisant les mesures de performance et les avantages attendus.

Les investissements dans la R&D et la veille technologique continue seront effectués dans un cadre de collaboration internationale, tout en incluant la gestion durable des talents.

E. Concrétisation des actions

Aussi, cette composante s'intéressera à l'élaboration effective de la stratégie de cybersécurité nationale NCSec, en concrétisant les actions prévues initialement. Celles-ci répondront à la stratégie tracée, selon une approche méthodique et coordonnée, passant par la définition des priorités selon les risques, le développement de lois et réglementations, l'accroissement des investissements dans les technologies et les infrastructures, et le renforcement des capacités humaines.

F. Système de mesure

Il permettra de définir l'ensemble des indicateurs pour mesurer les changements dans la mise en œuvre de la stratégie, à travers le développement de KPIs : ceux-ci conduiront à l'évaluation de la maturité en cybersécurité, l'analyse des incidents et rapports de menace, l'évaluation des risques en temps réel, en ayant recours aux tests de résilience et aux simulations d'attaques, et à la surveillance des menaces persistantes avancées. Ces outils permettront de mesurer l'efficacité des contrôles de sécurité, et de procéder à des audits de conformité, donnant ainsi une visibilité essentielle sur la performance, l'efficacité et la résilience des capacités de cybersécurité. Ceci contribuera à démontrer la valeur des investissements dans la cybersécurité, à guider les actions correctives nécessaires, et à mesurer la sensibilisation à la cybersécurité.

G. Pratiques de mesures pour un rendement efficace

Il s'agit d'instaurer à ce niveau des pratiques de mesures pour un rendement efficace. La compréhension fiable de l'état d'avancement du programme permettra de mettre à la disposition toutes les données exploitables pour faciliter la prise de décision. Un certain nombre de mesures opportunes et appropriées seront effectuées pour maintenir sur la bonne voie le rendement de chacun des projets identifiés. Des prises de décisions s'avèreront nécessaires, et elles seront fondées sur des prévisions et des évaluations fiables selon les objectifs visés et la valeur opérationnelle mesurée. Parmi ces pratiques figurent, à titre d'exemple, les mesures quotidiennes, les systèmes de surveillance établis, les activités harmonisées, le rendement mesuré, la mesure de la résilience des infrastructures critiques, l'évaluation de la collaboration intersectorielle, et l'analyse des tendances.

Les détails figurent au niveau des « Domaines de Performance » suivants : D4 (Planning), D5 (Project Work), D6 (Delivery) et D7 (Performance Measurement) de PMBOK, décrits succinctement dans les lignes correspondantes du tableau 7.3.

7.4.7. *Conduite de l'Evaluation des Risques*

Cette septième étape se consacre à la gestion des risques au niveau de l'implémentation du système « NCSecMS ».

Elle est constituée de quatre composantes :
A. Etablissement du contexte ;
B. Appréciation du risque ;
C. Traitement du risque ;
D. Acceptation du risque.

Voici un aperçu sur la conduite de l'évaluation des risques :
A. **Etablir le contexte**
    L'établissement d'un tel contexte pour l'évaluation des risques contribuera à une gestion efficace et proactive des risques, sachant que les enjeux, les priorités et les objectifs de cette démarche seront correctement spécifiés.
B. **Apprécier le risque**
    L'appréciation des risques est réalisée à travers leur analyse et leur évaluation. L'analyse du risque commencera par l'identification du risque, sur la base du modèle de référence « NCSecMS » et de l'évaluation de l'information de sécurité nationale. Elle consistera à décrire la cartographie des risques, en tenant compte des facteurs humains, organisationnels et technologiques, à l'échelle du pays ou de la région.
    L'évaluation du risque dressera la liste des risques préalablement établis, qui seront évalués en tenant compte de la probabilité et de l'impact de chaque risque. A partir des outils d'analyse, il faudrait établir les priorités des risques à couvrir, en tenant compte de la gravité de leur impact.
C. **Traiter le risque**
    Le traitement des risques commencera par le choix des processus NCSec qui devront être mis en œuvre, en vue d'atténuer et de surveiller les risques avec certaines priorités au niveau de leur surveillance.
D. **Accepter le risque**
    La conception holistique des processus vise à assurer une gestion des risques proactive et efficace. Il s'agira de reconnaître la possibilité de risques faibles ou peu fréquents sans prendre de mesures pour les couvrir, les assurer ou les éviter.

Les détails figurent au niveau de l'objectif O81 du « Domaine de Performance » D8 (Uncertainty) de PMBOK. Ils ont été décrits de manière très succincte dans la ligne correspondante du tableau 7.3.

7.4.8. Implémentation du Système de Management et Amélioration Continue

Cette ultime étape répond essentiellement à la question suivante : « Comment maintenir l'élan ? ». Elle constitue l'aboutissement du processus d'implémentation du système de management de la cybersécurité nationale. Il s'agit d'envisager les bonnes pratiques pour la gestion de l'incertitude et l'amélioration du rendement. Cette étape examine le succès global de l'initiative, détermine d'autres exigences prioritaires en matière de gouvernance, et renforce le besoin d'amélioration continue.

La gestion des programmes et des projets est fondée sur des pratiques exemplaires. Elle prévoit des points de contrôle au niveau de chacune des sept phases précédentes, afin de s'assurer que le rendement est sur la bonne voie, que l'analyse de rentabilisation ainsi que l'analyse des risques sont mises à jour régulièrement, et que la planification des phases ultérieures est ajustée au besoin.

Cette dernière étape est constituée des trois composantes suivantes :
A. Etablissement du contexte ;
B. Implémentation du système de management ;
C. Amélioration du système.

Voici un aperçu sur l'implémentation du Système de Management projeté :

A. Etablir le contexte
La préparation du terrain comprend plusieurs actions, dont les suivantes :
o Prise de conscience de l'environnement (technique, social, politique, économique, etc.) ;
o Exploration proactive et réaction à l'incertitude ;
o Prise de conscience de l'interdépendance de multiples variables sur le projet ;
o Capacité d'anticiper les menaces & les opportunités, et compréhension des conséquences des problèmes ;
o Exécution du projet en limitant l'impact négatif d'événements ou d'imprévus ;
o Amélioration du rendement et des résultats du projet ;
o Réserves de coûts et de calendrier utilisées efficacement pour maintenir l'harmonisation avec les objectifs du projet.

B. Implémenter le système de management
L'implémentation du système de management inclue les actions suivantes :
o Mise en place du système de management ;
o Réalisation de projets de mise en œuvre ;
o Documentation des procédures et du contrôle.

Avant de lancer l'exécution du Programme relatif à cette mise en place du Système de Management de la Cybersécurité Nationale, il faudrait instaurer un « Comité de direction du Programme » qui fera en sorte que la gouvernance et la supervision de l'ensemble du programme soient assistées par un PMO (Project Management Office).

Le Comité de direction du Programme lancera les différents projets en tenant compte des priorités définies à l'avance. Pour chaque projet, il faudrait définir un « Comité de pilotage », sa portée, les délais impartis et les budgets prévisionnels. Une lettre de mission sera remise à chaque chef de projet désigné. Les gestionnaires de projets seront assistés par le PMO pour mettre en œuvre leurs projets.

Toutes les composantes du Système de Management de la Cybersécurité Nationale seront consignées dans une documentation claire et accessible. Toutes les procédures seront décrites. Il en sera de même pour les indicateurs de performance et de suivi.

C. Améliorer le système

L'amélioration du système comprend plusieurs actions, dont les suivantes :

- o Examen du succès global de l'initiative ;
- o Détermination d'autres exigences en matière de gouvernance ;
- o Renforcement du besoin d'amélioration continue ;
- o Exploration également d'autres voies pour améliorer le système de gouvernance ;
- o Gestion des programmes et des projets, fondée sur des pratiques exemplaires ;
- o Prévision des points de contrôle à chacune des phases pour s'assurer :
  - ▪ du rendement du programme selon les prévisions ;
  - ▪ de la mise à jour régulière de l'analyse de rentabilisation et des risques ;
  - ▪ de la planification de la prochaine phase ajustée au besoin ;
- o Respect de l'approche standard.

Les détails figurent au niveau de l'objectif O82 du « Domaine de Performance » D8 de PMBOK, surtout pour la composante C. Ils ont été décrits de manière très succincte dans la ligne correspondante du tableau 7.3.

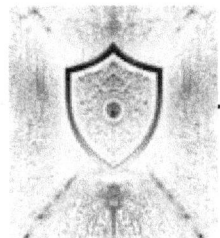

Chapitre
8

Conclusion

La proposition d'un Système de Management de la Cybersécurité Nationale, permet de mettre en place une Gouvernance adéquate par rapport à une stratégie nationale ou régionale. Prenant en considération l'étendue du cyberespace, le modèle de référence « NCSecMS » serait à même de créer des synergies entre les différentes parties prenantes au niveau national, régional et global pour atteindre les objectifs fixés.

L'approche prônée dans cet ouvrage est alignée avec les objectifs exprimés par l'UIT dans son Programme mondial cybersécurité « GCA », en tenant compte d'abord des travaux réalisés dans le cadre du HLEG (High Level Experts Group) initié par le Secrétaire Général de l'UIT, et qui ont été confirmés par l'UIT en 2018 puis en 2021, dans le cadre de sa stratégie, à travers le « Guide pour l'Élaboration d'une Stratégie Nationale de Cybersécurité » (UIT 2021-b).

Le Système proposé aidera un pays ou une région à déterminer comment mettre en œuvre une stratégie pour la cybersécurité, à travers l'auto-évaluation basée sur le modèle de maturité. Le Système de Management de la Cybersécurité Nationale permettrait aux pays et régions d'atteindre des niveaux adéquats de la maîtrise des cyberincidents, en tenant compte du coût à court et long terme. Les itérations futures de ce document doivent aborder les questions relatives à la chaîne d'approvisionnement et à l'évaluation des risques au niveau national.

Glossaire

AD (Audit Department) : Département d'Audit

AFNOR : Association française de normalisation

BS (British Standard) : Standard britannique de normalisation

CaaS (Cybercrime As A Service) : Service de cyber-criminalité à la demande

CC (Compliance Committee) : Comité de conformité

CD (Compliance Department) : Département de conformité

CERT (Computer Emergency Response Team) : Équipe d'intervention en cas d'urgence informatique

CMDT : Conférence mondiale de développement des télécommunications

CMMI (Capability Maturity Model Integration) : Modèle intégré du niveau de maturité

CNCS-Portugal : Observatoire portugais de Cybersécurité

COBIT (Control Objectives for Information and related Technology) : Objectifs de contrôle pour les technologies de l'information et les technologies connexes

CRO (Chief Risk Officer) : Directeur de la gestion des risques

CRO-G (Chief Risk Officer Group) : Groupe des directeurs de la gestion des risques

CSIRT (Computer Security Incident Response Team) : Centre de réponse aux incidents de sécurité informatique

DDL (Data Definition Language) : Niveau de développement du numérique

DDoS (Distributed Denial of Service) : Attaques de déni de service distribué

DEPTI : Département des Postes et Télécommunications et des Nouvelles Technologies – Ministère marocain de l'Industrie, du Commerce et des Nouvelles Technologies

DevOps : Développement des opérations

DF (Design factors) : Facteurs de Conception

DI : Domaine d'Intervention

DIN (Deutsches Institut für Normung) : Institut Allemand de Normalisation

DL (Defense Line) : Ligne de défense

DOFA : « DevOps » Focus Area

Domaines NCSec :
- **SP** (Strategy & Policies): Stratégie & Politiques
- **IO** (Implementation & Organization) : Implémentation & Organisation
- **AC** (Awareness & Communication) : Sensibilisation & Communication
- **CC** (Compliance & Coordination) : Conformité & Coordination
- **EM** (Evaluation & Monitoring) : Evaluation & Suivi

ERMC (Enterprise Risk Management Committee) : Comité de gestion des risques organisationnels

FCS : Facteurs clés de succès

GCA (Global Cybersecurity Agenda) : Programme mondial cybersécurité

GCI (Global Cybersecurity Index) : Indice Mondial de la Cybersécurité

GdP :   Gestion de la Performance

GFCE (Global Forum on Cyber Expertise) : Forum Mondial sur la Cyber Expertise

HLEG (High Level Expert Group) : Groupe d'experts de haut niveau

IA :   Intelligence Artificielle

IAG (Internal Audit Group) : Groupe d'Audit Interne

IC & SE: Infrastructures Critiques et Services Essentiels

IoT (Internet of Things) : Internet des Objets

ISACA (Information Systems Audit and Control Association) : Association pour le contrôle et l'audit des systèmes d'information

ISO (International Organization for Standardization) : Organisation internationale de normalisation

I&T (Information Technology) : Technologies de l'information

IT-ROM-G (I&T Risk Officers / Managers Group) : Groupe des gestionnaires des risques en technologies de l'information

IUT (International telecommunication union) : Union internationale des télécommunications

KPI (Key Performance Indicator) : Indicateur clé de performance

KRI (Key Risk Indicator) : Indicateur clé de risque

LDB :   Ligne Directrice de Base

LDZI :   Ligne Directrice spécifique aux Zones d'Intérêt

ML (Machine Learning) : Apprentissage automatique

Modèles de maturité nationaux :

- **CCSMM** : Community Cyber Security Maturity Model
- **CECN** : Cadre d'évaluation des capacités nationales
- **CMAPR** : Cyber Maturity in the Asia-Pacific Region
- **CMM** : Cybersecurity Capacity Maturity Model for Nations
- **CPI** :   Cyber Power Index
- **CRI** :   Cyber Readiness Index
- **CSDI** :   Cyber Strategy Development & Implementation
- **GCI** :   Global Cybersecurity Index
- **NCPI** :   National Cyber Power Index
- **NCSecMM** : National Cybersecurity Maturity Model
- **NCSI** :   National Cyber Security Index

NBN (Bureau voor Normalisatie) : Bureau de Normalisation (Belgique)

NCA (National Cybersecurity Agency) : Autorité Nationale pour la Cybersécurité

NCC (National Cybersecurity Council) : Conseil national de la cybersécurité

NCSec :   Stratégie de Cybersécurité Nationale

NCSecDG (National CyberSecurity Design Guide) : Guide de conception de la cybersécurité nationale

NCSecFr (National CyberSecurity Framework) : Référentiel de cybersécurité nationale

NCSecIG (National CyberSecurity Design Guide) : Guide d'implémentation de la cybersécurité nationale

NCSecMM (National CyberSecurity Maturity Model) : Modèle de maturité de la Cybersécurité Nationale

NCSecMS (National CyberSecurity Management System) : Modèle de référence de cybersécurité nationale

NCSecRR (National CyberSecurity Roles and Responsibilities) : Matrice des rôles et responsabilités de la cybersécurité nationale

NIST : National Institute of Standards and Technology

ODFA : « OpenData » Focus Area

OGM : Objectif de Gouvernance et de Management

ONG : Organisation Non Gouvernementale

OTAN : Organisation du Traité Atlantique Nord

PDCA (Plan Do Check Act) : Planifier, Déployer, Contrôler, Agir

PGF : Productivité Globale des Facteurs

PMBOK (Project Management Body of Knowledge) : Guide du corpus des connaissances en management de projet

PMC : Programme mondial cybersécurité « GCA »

PMF : Productivité Multifactorielle

PP : Conférence de Plénipotentiaires

PPP : Groupement d'institutions d'études de défense et de sécurité du partenariat pour la paix

PT : Principes Transversaux

Q22-1/1 : Question 22-1/1 de la Commission d'études 1 de l'UIT-D

R&D : Recherche et Développement

RMC (Risk Management Committee) : Comité de gestion des risques

RMFA : « Risk Management » Focus Area

ROM (Risk Officers / Managers) : Gestionnaires des risques

ROM-G (Risk Officers / Managers Group) : Groupe des gestionnaires des risques

SMSI: Sommet mondial sur la société de l'information

SMSI: Système de Management de la Sécurité de l'Information

SVK : Scénarios Variables de Capacités (Zones d'Intérêt)

TIC : Technologie de l'Information et de la Communication

UIT : Union internationale des télécommunications

UIT-D : Secteur du développement des télécommunications de l'UIT

WTDC (World Telecommunication Development Conferen-ce) Conférence mondiale sur le développement des télécommunications

WTSA (World Telecommunication Standardization Assembly): Assemblée mondiale de normalisation des télécommunications

Annexes

Tableaux de Correspondances pour les OGMs de ODFA

Tableaux de correspondances entre les niveaux de maturité, les domaines d'intervention et les principes transversaux pour les objectifs de Gouvernance et de Management de l'OpenData Focus Area, à savoir :
- SP5 : Parties Prenantes ;
- IO4 : Protection des données personnelles et Propriété intellectuelle ;
- IO9 : Expertise internationale ;
- AC4 : Citoyen et Protection de l'enfance ;
- CC4 : Recherche et Développement ;
- EM4 : Indicateurs par Objectif/Processus.

SP5	Parties Prenantes				
	Identifier le d° de préparation de chacun des intervenants au sujet de la mise en œuvre de la stratégie NCSec & Déterminer comment la stratégie et les politiques définies seront mises en œuvre				
	Niveaux de maturité	Domaines d'intervention			
		Etablir une autorité compétente chargée de la cybersécurité	Garantir une coopération intra gouvernementale	Garantir une coopération intersectorielle	Evaluer les cybermenaces et aligner les politiques selon leur expansion constante
5	Amélioration continue du processus, et généralisation à toutes les catégories d'intervenants				
4	Degré de préparation de chacun des intervenants soumis à une revue régulière, et conduit à une bonne pratique, mesurée par des KPIs				
3	Processus de mesure du degré de préparation opérationnel pour toutes les activités clés				
2	Processus de mesure du degré de préparation annoncé et prévu				
1	Reconnaissance de la nécessité pour la mesure du degré de préparation de chacun des intervenants				
Principes Transversaux	2. Approche Globale & Priorités Ciblées				
	3. Approche Inclusive				
	4. Prospérité Economique & Sociale				
	7. Ensemble Approprié d'Instruments Politiques				
	8. Encadrement, Rôles & Attribution des Ressources				
	9. Environnement de Confiance	1.2	1.3	1.4	2.1

Tableau de correspondances de l'OGM SP5 dans le cadre de l'ODFA

IO4	Protection des données personnelles et propriété intellectuelle	
	Réviser le régime de protection existant et le mettre à jour pour l'environnement en ligne	
Niveaux de maturité		**Domaines d'intervention**
5	Le régime de confidentialité est mis à jour régulièrement et il est en amélioration continue	
4	Le régime de confidentialité est surveillé, vérifié et revu	
3	Le régime de confidentialité est opérationnel, entre toutes les activités clés	6.3 Reconnaître et protéger les droits individuels et les libertés
2	Le régime de confidentialité est annoncé et prévu	
1	La reconnaissance de la nécessité d'un régime de protection	
Principes Transversaux	5.Droits Humains Fondamentaux	
	8. Encadrement, Rôles & Attribution des Ressources	
	9. Environnement de Confiance	

Tableau de correspondances de l'OGM IO4 dans le cadre de l'ODFA

IO9	Expertise internationale	
	Identifier les experts internationaux qui pourraient apporter une assistance afin de résoudre les problèmes de cybersécurité, y compris le partage de l'information	
Niveaux de maturité		**Domaines d'intervention**
5	Les experts internationaux proposent des améliorations continues au sujet de la cybersécurité au sein du Gouvernement, du Secteur Privé et de l'Université	
4	Des experts internationaux auditent, mesurent et examinent la cybersécurité au sein d'institutions identifiées	3.3 Promouvoir le partage d'informations
3	Des experts internationaux mettent en œuvre la cybersécurité pour toutes les activités clés	
2	Des experts internationaux sont identifiés et connus par le CERT national, en coordination avec les CSIRT sectoriels	
1	Des experts internationaux et décideurs politiques identifiés, mais sans aucune coordination	
Principes Transversaux	8. Encadrement, Rôles & Attribution des Ressources	

Tableau de correspondances de l'OGM IO9 dans le cadre de l'ODFA

AC4	Citoyen et Protection de l'enfance		
	Soutenir les actions de sensibilisation de la société civile. Une attention particulière sera accordée notamment aux enfants, aux utilisateurs individuels, et aux personnes à besoins spécifiques		
	Niveaux de maturité	**Domaines d'intervention**	
5	Programme de sensibilisation est amélioré par le CERT national. Son efficacité est mesurée, auditée et revus par l'Autorité en charge de la cybersécurité nationale	5.6 Adapter les programmes aux secteurs et groupes vulnérables	6.3 Reconnaître et protéger les droits individuels et les libertés
4	Programme de sensibilisation en cours d'utilisation, est surveillé par le CSIRT. Son efficacité est mesurée, auditée et revus par le CERT national		
3	Le CSIRT met en œuvre, exploite et maintient un programme de sensibilisation spécifiques et des initiatives, en coordination avec le CERT national		
2	Il existe une compréhension de tous les besoins pour le programme de sensibilisation publique, spécifiques aux citoyens. Le CSIRT annonce et planifie des programmes de sensibilisation		
1	La reconnaissance de la nécessité d'un programme de sensibilisation à la cybersécurité dédié à la société civile, surtout les enfants, utilisateurs individuels & personnes handicapées		
Principes Transversaux	3. Approche Inclusive		
	5. Droits Humains Fondamentaux		
	8. Encadrement, Rôles & Attribution des Ressources		
	9. Environnement de Confiance		

Tableau de correspondances de l'OGM AC4 dans le cadre de l'ODFA

CC4	Recherche et Développement	
	Améliorer les activités liées à la Recherche et Développement (R&D), à travers l'identification d'opportunités et l'affectation de fonds	
	Niveaux de maturité	**Domaines d'intervention**
5	Les meilleurs programmes de recherche sont renouvelés, et les résultats sont améliorés	5.5 Encourager l'innovation et la R&D en matière de cybersécurité
4	Les résultats des recherches sont mesurés, suivis et audités	
3	Programme national de recherche (association avec laboratoires spécialisés, centres de recherche), exigences de la stratégie	
2	Un programme national de recherche est prévu et planifié. Chercheurs potentiels identifiés.	
1	Activités ad hoc en R&D sont initiées par certains acteurs (universités, etc.)	
Principes Transversaux	1. Vision	
	2. Approche Globale & Priorités Ciblées	
	3. Approche Inclusive	
	4. Prospérité Economique & Sociale	
	7. Ensemble Approprié d'Instruments Politiques	
	8. Encadrement, Rôles & Attribution des Ressources	

Tableau de correspondances de l'OGM CC4 dans le cadre de l'ODFA

EM4	Indicateurs par Objectif/Processus	
	Définir les indicateurs adéquats pour chaque objectif/processus, pour assurer un suivi et procéder à une amélioration continue	
Niveaux de maturité		**Domaines d'intervention**
5	Les indicateurs des différents processus sont mis en amélioration continue et tendent vers les meilleures pratiques	
4	Les indicateurs des différents processus sont mis en œuvre, évalués et audités par les parties prenantes	
3	Les indicateurs des différents processus sont mis en œuvre, exploités et maintenus par les parties prenantes	
2	Les indicateurs des différents processus ont été définis et planifiés	**4.4** Utiliser un large panel de leviers marketing
1	Quelques indicateurs sont définis pour certains processus. Les indicateurs des différents processus sont définis et planifiés	
Principes Transversaux	2. Approche Globale & Priorités Ciblées	
	7. Ensemble Approprié d'Instruments Politiques	
	8. Encadrement, Rôles & Attribution des Ressources	

Tableau de correspondances de l'OGM EM4 dans le cadre de l'ODFA

Tableaux de Correspondances pour les OGMs de DOFA

Tableaux de correspondance entre les niveaux de maturité, les domaines d'intervention et les principes transversaux pour les objectifs de Gouvernance et de Management du DevOps Focus Area, à savoir :
- SP3 : Politiques « NCSec »
- SP5 : Parties Prenantes
- IO12 : Service continu
- AC5 : Culture « NCSec » pour les entreprises
- CC3 : Coopération du Secteur Privé

SP3	Politiques « NCSec »		
	Identifier/définir des politiques relatives à la stratégie « NCSec »		
Niveaux de maturité		**Domaines d'intervention**	
5	Politiques intégrées et procédures en amélioration continue ; Meilleures pratiques transnationales et normes appliquées		
4	Politiques constamment revues, intègrent bonnes pratiques (indicateurs de mesure). Tous aspects du processus & politiques répétables	Evaluer les cybermenaces et aligner les politiques selon leur expansion constante	Etablir des politiques de cybersécurité
3	Processus, politiques & procédures définis, documentés, opérationnels, et approuvés pour toutes les activités clés. Les normes sont adoptées		
2	Des processus communs & similaires sont annoncés et planifiés		
1	Les approches sont ad hoc et isolés pour les processus, les politiques et les pratiques		
Principes Transversaux	1. Vision		
	2. Approche Globale & Priorités Ciblées		
	7. Ensemble Approprié d'Instruments Politiques		
	8. Encadrement, Rôles & Attribution des Ressources		
	9. Environnement de Confiance	2.1	2.5

Tableau de correspondances de l'OGM SP3 dans le cadre du DOFA

SP5	Parties Prenantes				
	Identifier le d° de préparation de chacun des intervenants au sujet de la mise en œuvre de la stratégie NCSec & Déterminer comment la stratégie et les politiques définies seront mises en œuvre				
	Niveaux de maturité	Domaines d'intervention			
5	L'amélioration continue du processus, et la généralisation à toutes les catégories d'intervenants	1.2 Etablir une autorité compétente chargée de la cybersécurité	1.3 Garantir une coopération intra gouvernementale	1.4 Garantir une coopération intersectorielle	2.1 Evaluer les cybermenaces et aligner les politiques selon leur expansion constante
4	Le d° de préparation de chacun des intervenants est soumis à une revue régulière, et conduit à une bonne pratique, mesurée par indicateurs				
3	Processus de mesure du degré de préparation est opérationnel pour toutes les activités clés.				
2	Processus de mesure du degré de préparation est annoncé et prévu.				
1	Reconnaissance de la nécessité de mesurer le degré de préparation de chacun des intervenants				
Principes Transversaux	2. Approche Globale & Priorités Ciblées				
	3. Approche Inclusive				
	4. Prospérité Economique & Sociale				
	7. Ensemble Approprié d'Instruments Politiques				
	8. Encadrement, Rôles & Attribution des Ressources				
	9. Environnement de Confiance				

Tableau de correspondances de l'OGM SP5 dans le cadre du DOFA

IO12	Service continu	
	Assurer un service continu au sein de chaque intervenant, mais également entre les intervenants, et ce en tenant compte de la stratégie « NCSec »	
	Niveaux de maturité	**Domaines d'intervention**
5	La QoS est améliorée, en coordination avec le CERT national, dans le respect des directives de l'Autorité nationale en charge de la cybersécurité	3.2 Elaborer des plans d'urgence pour la gestion des crises de cybersécurité et la reprise après incident
4	La qualité de service est mesurée et surveillée par l'Autorité	
3	Le service continu est mis en œuvre en coordination avec les CSIRT sectoriels	
2	Les Parties Prenantes annoncent et planifient des services en continu	
1	Service ad hoc est fourni par certains intervenants	
Principes Transversaux	4. Prospérité Economique & Sociale	
	6. Gestion des Risques & Résilience	
	8. Encadrement, Rôles & Attribution des Ressources	
	9. Environnement de Confiance	

Tableau de correspondances de l'OGM IO12 dans le cadre du DOFA

AC5	Culture « NCSec » pour les entreprises	
	Encourager le développement d'une culture de la sécurité dans les entreprises	
Niveaux de maturité		**Domaines d'intervention**
5	Le programme de la culture cybersécurité au sein des entreprises est amélioré pour toutes les activités aux affaires	
4	Son efficacité est mesurée, auditée et revue par l'Autorité	
3	Le programme de la culture cybersécurité est surveillé par le CERT national.	5.2 Développer des cursus dédiés à la cybersécurité
2	Le CERT national en coordination avec les CISRTs, sectoriels, exploite et maintient un programme de culture cybersécurité, couvrant toutes les entreprises et toutes les activités clés relatives aux affaires.	
1	Reconnaissance de la nécessité par rapport à la culture cybersécurité dans les entreprises. Communication sporadique. Prise de conscience de la nécessité d'agir au niveau des affaires…	
Principes Transversaux	2. Approche Globale & Priorités Ciblées	
	8. Encadrement, Rôles & Attribution des Ressources	

Tableau de correspondances de l'OGM AC5 dans le cadre du DOFA

CC3	Coopération du Secteur Privé			
	Encourager la coopération entre les groupes d'industries interdépendantes (…) Encourager le développement de groupes du Secteur Privé provenant de différentes industries pour répondre à l'intérêt commun en collaboration avec le Gouvernement (…)			
Niveaux de maturité		**Domaines d'intervention**		
5	Initiatives de coopération entre les secteurs sont en cours d'amélioration par certains intervenants appartenant au Secteur Privé. Elles ont évolué vers les meilleures pratiques	1.4 Garantir une coopération intersectorielle de la cybersécurité	5.6 Adapter les programmes aux secteurs et groupes vulnérables	7.4 Promouvoir le renforcement des capacités pour la coopération internationale
4	Initiatives de coopération entre les secteurs sont contrôlées, et mesurées, par certains acteurs appartenant au Secteur Privé			
3	Initiatives de coopération entre les secteurs sont mises en œuvre, exploitées et entretenues par certains acteurs appartenant au Secteur Privé			
2	Initiatives de coopération dans le secteur sont prévues par certains intervenants appartenant au Secteur Privé			
1	Initiatives ad hoc privées de coopération entre les secteurs sont initiées par certains acteurs appartenant au Secteur Privé			
Principes Transversaux	2. Approche Globale & Priorités Ciblées			
	3. Approche Inclusive			
	4. Prospérité Economique & Sociale			
	6. Gestion des Risques & Résilience			
	7. Ensemble Approprié d'Instruments Politiques			
	8. Encadrement, Rôles & Attribution des Ressources			

Tableau de correspondances de l'OGM CC3 dans le cadre du DOFA

Annexe 3

Tableaux de Correspondances pour les OGMs de RMFA

Tableaux de correspondances entre les niveaux de maturité, les domaines d'intervention et les principes transversaux pour les objectifs de Gouvernance et de Management du Risk Management Focus Area, à savoir :
- SP4 : Protection IC & SE
- AC6 : Solutions disponibles
- CC3 : Coopération du Secteur Privé
- CC5 : Gestion des incidents
- EM1 : Observatoire national

SP4	Protection des Infrastructures Critiques et Services Essentiels (IC&SE)				
	Etablir et intégrer la gestion des risques pour identifier et prioriser les efforts de protection concernant ces infrastructures				
	Niveaux de maturité	Domaines d'intervention			
		2.2 Définir une approche de gestion des risques	2.4 Développer des profils de risque par secteur en cybersécurité	3.5 Procéder à l'évaluation de l'impact ou de la gravité des incidents de cybersécurité	4.1 Mettre en place une approche de gestion des risques pour protéger les infrastructures et services essentiels
5	Evolution des processus de gestion des risques (IC & SE) intégrant les bonnes pratiques et permettre l'amélioration continue				
4	Processus complet et reproductible. Bonnes pratiques utilisées à travers des indicateurs de mesure				
3	Le processus de gestion des risques est approuvé et opérationnel pour toutes les IC & SE				
2	Les IC & SE sont identifiées et leur protection planifiée. Le processus de gestion des risques est annoncé				
1	Reconnaissance de la nécessité d'un processus de gestion des risques des IC & SE				
Principes Transversaux	3. Approche Inclusive				
	4. Prospérité Economique et Approche Sociale				
	6. Gestion des Risques et Résilience				
	8. Encadrement, Rôles & Attribution des Ressources				

Tableau de correspondances de l'OGM SP4 dans le cadre du RMFA

AC6	Solutions disponibles		
	Développer la prise de conscience des risques et des solutions disponibles		
Niveaux de maturité		**Domaines d'intervention**	
		2.4 Développer des profils de risque par secteur en cybersécurité	5.4 Mettre en place un programme coordonné de sensibilisation à la cybersécurité
5	Les meilleurs programmes de recherche sont renouvelés, et les résultats sont améliorés.		
4	Les résultats des recherches sont mesurés, suivis et audités		
3	Programme national de recherche mis en œuvre, en association avec laboratoires&centres de recherche, pour répondre à la stratégie et politiques		
2	Un programme de recherche national est prévu et finalisé, et des chercheurs potentiels sont identifiés		
1	Des activités ad hoc en science et technique sont initiées par certains acteurs (universités, etc.)		
Principes Transversaux	2. Approche Globale & Priorités Ciblées		
	4. Prospérité Economique & Sociale		
	6. Gestion des Risques & Résilience		
	8. Encadrement, Rôles & Attribution des Ressources		
	9. Environnement de Confiance		

Tableau de correspondances de l'OGM AC6 dans le cadre du RMFA

CC3	Coopération du Secteur Privé			
	Encourager la coopération entre les groupes d'industries interdépendantes (…) Encourager le développement de groupes du Secteur Privé provenant de différentes industries pour répondre à l'intérêt commun en collaboration avec le Gouvernement (…)			
Niveaux de maturité		**Domaines d'intervention**		
		1.4 Garantir une coopération intersectorielle	5.6 Adapter les programmes aux secteurs et groupes vulnérables	7.4 Promouvoir le renforcement des capacités pour la coopération internationale
5	Initiatives de coopération entre les secteurs sont en cours d'amélioration par certains intervenants appartenant au Secteur Privé. Elles ont évolué vers les meilleures pratiques			
4	Initiatives de coopération entre les secteurs sont contrôlées, et mesurées, par certains acteurs appartenant au Secteur Privé			
3	Initiatives de coopération entre les secteurs sont mises en œuvre, exploitées et entretenues par certains acteurs appartenant au Secteur Privé			
2	Initiatives de coopération dans le secteur sont prévues par certains intervenants appartenant au Secteur Privé			
1	Initiatives ad hoc privées de coopération entre les secteurs sont initiées par certains acteurs appartenant au Secteur Privé			
Principes Transversaux	2. Approche Globale & Priorités Ciblées			
	3. Approche Inclusive			
	4. Prospérité Economique & Sociale			
	6. Gestion des Risques & Résilience			
	7. Ensemble Approprié d'Instruments Politiques			
	8. Encadrement, Rôles & Attribution des Ressources			

Tableau de correspondances de l'OGM CC3 dans le cadre du RMFA

CC5	Gestion des incidents			
	Gérer les incidents à travers le CERT national, qui est chargé de détecter et de répondre aux cyberincidents à l'échelle nationale, et ceci en étroite collaboration avec le Gouvernement et le Secteur Privé			
	Niveaux de maturité	**Domaines d'intervention**		
5	Gestion des incidents et contrôle des risques sont en cours d'améliora-tion, et ont évolué vers les meilleures pratiques	1.3 Garantir une coopération intragouvernementale	3.1 Mettre en place des capacités de réaction face aux cyber-incidents	3.5 Procéder à l'évaluation de l'impact ou de la gravité des incidents de cybersécurité
4	Gestion des incidents et contrôle des risques sont mesurés, et audités par les parties prenantes			
3	Gestion des incidents et contrôle des risques sont mis en œuvre, exploités et entretenus par les intervenants			
2	Traitements des incidents et contrôle des risques sont prévus par les parties prenantes leaders			
1	Traitements des incidents et contrôle des risques initialisées et gérés par certains intervenants.			
Principes Transversaux	2. Approche Globale & Priorités Ciblées			
	3. Approche Inclusive			
	7. Ensemble Approprié d'Instruments Politiques			
	8. Encadrement, Rôles & Attribution des Ressources			

Tableau de correspondances de l'OGM CC5 dans le cadre du RMFA

EM1	Observatoire national			
	Mettre en place l'Observatoire national pour la collecte d'informations liées aux questions de la cybersécurité nationale, qui permettra de mesurer et de faire le point sur le contrôle des risques, de conformité et de performance			
	Niveaux de maturité	**Domaines d'intervention**		
5	Amélioration continue des indicateurs en tenant compte des évolutions et des meilleures pratiques. Et ceci en coordination avec l'Autorité en charge de la cybersécurité. Une synthèse des indicateurs est transmise au Conseil national pour la cybersécurité	2.3 Définir une méthodologie commune de gestion des risques en matière de cybersécurité	2.4 Développer des profils de risque par secteur en cybersécurité	6.4 Créer des mécanismes de conformité
4	Suivi des indicateurs de performance de la stratégie cybersécurité par une entité « Observatoire » au sein du CERT national			
3	L'Autorité en charge de la cybersécurité a défini les indicateurs en tenant compte de la stratégie. Ces indicateurs sont suivis par le CERT National, en coordination avec les CSIRT sectoriels…			
2	Objectifs d'efficacité et des mesures sont identifiés et planifiés par l'Autorité en charge de la cybersécurité, …			
1	Objectifs pas clairs et aucune mesure n'est effectuée sur la cybersécurité à l'échelle nationale			
Principes Transversaux	2. Approche Globale & Priorités Ciblées			
	6. Gestion des Risques & Résilience			
	7. Ensemble Approprié d'Instruments Politiques			
	8. Encadrement, Rôles & Attribution des Ressources			

Tableau de correspondances de l'OGM EM1 dans le cadre du RMFA

Biographie des Auteurs

Taieb Debbagh, est Expert en cybersécurité et Protection des Données. En tant que Secrétaire Général du Ministère marocain en charge des Technologies de l'Information, il a élaboré en 2007 la stratégie nationale de « Confiance Numérique », puis il a supervisé en 2008 la préparation et la mise en œuvre du Plan « Maroc Numeric 2013 ». Il a aussi été à l'origine de la rédaction de la loi 09-08 (Protection des données personnelles), et en 2010 de la mise en œuvre du maCERT.

Lorsque l'UIT a lancé le Programme mondial cybersécurité en 2007, Taieb Debbagh était membre du Groupe d'experts de haut niveau et présidait le Comité des structures organisationnelles. Dans le cadre du développement de ce comité, il a proposé un référentiel de bonnes pratiques pour la mise en œuvre d'une stratégie nationale intitulée « Système national de gestion de la cybersécurité », qui a été adoptée à l'unanimité lors de la Conférence de plénipotentiaires de l'UIT à Mexico en octobre 2010.

Docteur en informatique de l'Université Paris-Dauphine, il est Auditeur Certifié des Systèmes d'Information (CISA), Certifié en Contrôle des Risques et des Systèmes d'Information (CRISC), et auteur de plusieurs publications en relation avec cet ouvrage. Taieb Debbagh est auteur du livre « 15 ans de cybersécurité au Maroc », paru en 2021, et Président de ISACA Casablanca Chapter depuis mars 2024.

Dafir Kettani, est Docteur-Ingénieur en cybersécurité. En tant que Vice-Président Gouvernance et Système d'Information depuis 2018, il est à l'origine de la mise en œuvre de la stratégie de transformation digitale de l'Université Mohammed V de Rabat (UM5), concrétisée notamment par les services de scolarité en ligne et d'administration électronique, ainsi que la carte d'étudiants multi-services. Il y a également supervisé, en tant que RSSI, l'ensemble des projets de cybersécurité dont la mise en place du 1er NDR à l'échelle nationale.

Dafir Kettani a été expert auprès de plusieurs organismes internationaux, dont l'ONUDI et l'UNESCO, dans le cadre de projets de digitalisation. Il est membre du comité de pilotage du projet JobInTech, initié en 2023 par le Ministère en charge de l'Enseignement Supérieur, proposant aux étudiants une offre de formation courte et qualifiante aux métiers du digital, dont la cybersécurité, à travers des dispositifs favorisant leur insertion dans le monde professionnel du secteur du digital.

Dafir Kettani a coordonné plusieurs formations au sein de l'ENSIAS (filière de Master de Recherche en Génie Informatique, Certificat d'Université), où il exerce actuellement en tant que Professeur de l'Enseignement Supérieur. Auteur de plusieurs brevets d'invention dans les domaines de la blockchain, et de la cryptographie, il a publié plus d'une trentaine d'articles de recherche dans des conférences et des journaux internationaux de renommée, dont les 3 articles à l'origine de cet ouvrage. Il est certifié ISO 27001LI, et ITILv3 Foundation.

Bibliographie

A/RES/57/239. «Creation of a global culture of cybersecurity.», *resolution / adopted by the General Assembly,* https://digitallibrary.un.org/record/482184?ln=fr, 2002-12-20. UN, 2002.

BAHUGUNA A. «Country-level cybersecurity posture assessment:Study and analysis of practices.», *Information Security Journal: A Global Perspective, Response Team, Ministry of Electronics and IT, Government of India, New Delhi, India, Volume 29, 2020 - Issue 5,* https://doi.org/10.1080/19393555.2020.1767239, 2020.

BELFIUS B&A. «L'innovation, stimulant de la croissance économique? Analyse Belfius Research», *Mai 2017, BELFIUS BANQUES ET ASSURANCES,* https://research.belfius.be/wp-content/uploads/2019/02/2017-Innovation-et-croissance-%C3%A9conomique.pdf, 2017.

CEE-ONU. «Guide du Comité d'examen du respect des dispositions de la Convention d'Aarhus», https://unece.org/DAM/env/pp/Publications/Guide_to_the_Compliance_Committee__second_edition__2019_/French/Guide_de_Ct_d_Aarhus_final.pdf, *UNITED NATIONS ECONOMIC COMMISSION FOR EUROPE,* 2019.

CNCS. «Cibersegurança em Portugal: Políticas Públicas», *Observatorio de Cibersegurança, Centro Nacional de Cibersegurança PORTUGAL: Faculdade de Economia da Universidade de Coimbra e CNCS,* https://www.cncs.gov.pt/docs/relatorio-politicaspublicas2021-observatoriociberseguranca-cncs.pdf, 2021.

DEBBAGH T. / DEPTNT. «National cybersecurity management system: Framework, maturity model, roles and responsibilities, indicators and implementation guide», *Ministry of Industry, Trade and New Technologies/ Department of Post, Telecommunications and New Technolgies,* Morocco: https://www.itu.int/md/dologin_md.asp?lang=en&id=D06-DAP1.2.4-C-0014!!MSW-E, 2010.

DEPTNT. «National CyberSecurity Management System: Framework, Maturity Model and Implementation Guide», *ITU Regional Cybersecurity Forum for Africa and Arab States, 4-5 June 2009, Tunis, Tunisia,* Union Internationale des Télécommunications, 2009.

ECH-CHERIF EL KETTANI M.D. & DEBBAGH T. «NCSec: a National CyberSecurity Referential for the Developmenet of Code of Practice in Cyber Security Management», *ICEGOV '08: Proceedings of the 2nd international conference on Theory and practice of electronic governance, December 2008,* https://doi.org/10.1145/1509096.1509174, *pp 373-380,* 2008.

ECH-CHERIF EL KETTANI M.D. & DEBBAGH T. «NCSecMM: A National Cyber Security Maturity Model for an Interoperable "National Cyber Security" Framework», *9th European Conference on e-Government, ECEG 2009, Westminster Business School, University of Westminster, London, UK, 29-30 June 2009.* pp 236-247, ISSN 20491034, Academic Conferences International, https://www.researchgate.net/publication/371574860_NCSecMM_A_National_Cyber_Security_Maturity_Model_for_an_Interoperable_National_Cyber_Security_Framework, 2009-a.

ECH-CHERIF EL KETTANI M.D. & DEBBAGH T. «A national RACI chart for an interoperable "national cyber security" framework.», *8th European Conference on Information Warfare and Security 2009, ECIW 2009, ISBN: 978-1-906638-35-1,* https://www.scopus.com/inward/record.uri?eid=2-s2.0-84873180158\&partnerID= 40\&md5=a3221e6df50a7b6ee0f0089bf1da1304, *pp. 60-70,* 2009-b.

eGA. «National Cyber Security Index (NCSI) », https://cybilportal.org/publications/national-cyber-security-index-ncsi/, refering to NCSI website: https://ncsi.ega.ee/methodology/, eGovernance Academy - Cybil, 2018.

FEAKIN T., WOODALL J. and AIKEN K. «Cyber Maturity in the Asia-Pacific Region», https://www.aspi.org.au/report/cyber-maturity-asia-pacific-region-2014, Barton, Australia: Australian Strategic Policy Institute, 2014.

GATEWATCHER. «Edito du CyberThreats Barometer Mars 2023», https://www.gatewatcher.com/threat-barometer/mars-2023/, 2023.

GCSCC. «Cybersecurity Capacity Maturity Model for Nations (CMM) - 2021 Edition», https://gcscc.ox.ac.uk/files/cmm2021editiondocpdf, *Oxford University: Global Cyber Security Capacity Centre,* 2021.

GFCE. «Aperçu général des outils existants d'évaluation des capacités nationales en matière de cybersécurité (GOAT) », https://cybilportal.org/wp-content/uploads/2021/12/French_GOAT.pdf, *FORUM MONDIAL SUR LA CYBER EXPERTISE,* 2023.

GOURISETTI S.N.G., MYLREA M., PATANGIA H. «Cybersecurity Vulnerability Mitigation Framework through Empirical Paradigm: Enhanced Prioritized Gap Analysis», *Future Generation Computer Systems, Future Generation Computer Systems, Volume 105, April 2020, Pages 410-431,* https://doi.org/10.1016/j.future.2019.12.018, 2020.

HAMILTON A-B. «Cyber Power Index: Findings and Methodology», *The Economist: Economist Intelligence Unit, pp 2-33,* 2011.

HATHAWAY M., DEMCHAK C., KERBEN J., McARDLE J. and SPIDALIERI F. «Cyber Readiness Index 2.0», https://potomacinstitute.org/images/CRIndex2.0.pdf, Arlington, *VA: Potomac Institute for Policy Studies,* 2015.

IMAMVERDIYEV YADIGAR N. O. «E-Government Information Security Management Models and Methods», Doctoral *thesis,* https://ted.az/az/view/news/33725/ldquoe-dovletin-informasiya-tehlukesizliyinin-idare-edilmesi-modelleri-ve-metodlarirdquo-movzusunda-dissertasiya-ishi-mudafie-olundu, Baku: Institute of Information Technologies, Republic of Azerbaijan, https://ict.az/uploads/dissertasiyalar /eGovDiss_InT_idare_metod-model_YENI_04-26-2021.pdf, 2021.

ISACA. «COBIT 2019 Framwork : Governance and Management Objectives», ISBN 978-1-60420-764-4, 2018-a.

ISACA. «COBIT 2019 Design Guide: Designing an Information and Technology Governance Solution», ISBN 978-1-60420-765-1, 2018-b.

ISACA. «COBIT 2019 Implementation Guide Implementing and Optimizing an Information and Technology Governance Solution», ISACA, 2018-c.

ISACA. «CMMI® Development V2.0», https://cmmiinstitute.com/model-viewer/dashboard: CMMI Institute, USA, 2018-d.

ISACA. «COBIT 2019 Framework : Introduction and Methodology», ISBN 978-1-60420-763-7, 2018-e.

ISACA. «State of Cybersecurity 2023, Global Update on Workforce Efforts, Resources and Cyberoperations», http://www.isaca.org/state-of-cybersecurity-2023, *Information Systems Audit and Control Association (ISACA),* 2023.

ISO. «Standards & economic growth: ISO members' research on the impact of standards on their national economies», https://www.iso.org/files/live/sites/isoorg/files/store/en/PUB100456.pdf: *International Organization for Standardization*, 2021.

ISO-IEC. «ISO/IEC 27002:2022: Information security, cybersecurity and privacy protection — Information security controls», *International Standard*, 2022.

KARABACAK B. «Developing and verifying a set of principles for the cyber security of the critical infrastructures of Turkey», *Thesis*, https://open.metu.edu.tr/handle/11511/24729, Graduate School of Informatics, Turkey, 2015.

KELLY R. « RACI charts: a Tool to Identify and Acknowledge Faculty Members Administrative Work », Magna Publications, Inc., 2006.

LESTARI M., IRIANI A., HENDRY H. «Information Technology Governance Design in DevOps-Based E-Marketplace Companies Using COBIT 2019 Framework.» *INTENSIF Jurnal Ilmiah Penelitian dan Penerapan Teknologi Sistem Informasi, ISSN 2549-6824,* http://dx.doi.org/10.29407/intensif.v6i2.18104, 2022.

MITRE. «Cadre pour l'élaboration et la mise en œuvre d'une stratégie de cybersécurité (CSDI)», MITRE Corporation: https://cybilportal.org/publications/national-cyber-strategy-development-implementation-framework/, 2023.

MORRISH J., ARNOTT M., HATTON M. «Global IoT Forecast Report, 2022-2032», *Forecast Insight Report*, https://transformainsights.com/research/reports/global-iot-forecast-report-2032, May 2023: Transforma insights, 2023.

MULTIMATICS INSIGHT. «Measuring IT Maturity with COBIT® 2019 Framework», https://multimatics.co.id/blog/jan-2023/measuring-IT-maturity-with-COBIT%C2%AE-2019-framework.aspx, 2023.

NIST. «Framework for Improving Critical Infrastructure Cybersecurity», https://nvlpubs.nist.gov/nistpubs/CSWP/NIST.CSWP.04162018.pdf, National Institute of Standards and Technology, 2018.

OTAN-GPPP-CMRC. «Programme de Référence Générique de la CyberSécurité», Organisation du Traité Atlantique Nord, Collège militaire royal du Canada, Groupement du Partenariat, ISBN 978-92-845-0196-0, 2016.

PMI. «A Guide to the Project Management Body of Knowledge (PMBOK Guide) », ISBN: 978-1-62825-664-2, PMI Seventh Edition July 2021, 2021.

RIKK R. «National Cyber Security Index 2018», Tallinn: e-Governance Academy, https://ega.ee/wp-content/uploads/2018/05/ncsi_digital_smaller.pdf, 2018.

SARRI A., KYRANOUDI P., THIRRIOT A., CHARELLI F., DOMINIQUE Y. «Cadre d'Évaluation des Capacités Nationales», ISBN: 978-92-9204-483-1, DOI: 10.2824/46758, *Agence européenne pour la cybersécurité (ENISA)*, https://www.enisa.europa.eu/publications/report-files/ncaf-translations/national-capabilities-assessment-framework-fr.pdf, 2020.

SAVANT, SUMEET. «Plan Do Check Act: Project Execution Essentials Handbook», ISBN-13-978-1717763808, 2018.

SMITH M.L., ERWIN, J. «Role and Responsibility Charting (RACI) », https://pmicie.org/files/22/PM-Toolkit/85/racirweb31.pdf, Project Management Forum (PMForum), 2005.

UIT. «ITU Global Cybersecurity Agenda (GCA); Framework for International Cooperation in Cybersecurity», https://ifap.ru/library/book169.pdf, Union Internationale des Télécommunications, 2007-a.

UIT. «Cybersecurity guide for developing countries», https://www.itu.int/pub/D-STR-SECU-2007, International Telecommunication Union, 2007-b.

UIT. «Report of the Chairman of High Level Expert Group (HLEG) to To ITU Secretary-General», https://www.itu.int/en/action/cybersecurity/Documents/gca-chairman-report.pdf, Union internationale des télécommunications, 2008.

UIT. «QUESTION 22-1/1: Sécurisation des réseaux d'information et de communication: bonnes pratiques pour créer une culture de la cybersécurité», https://www.itu.int/dms_pub/itu-d/opb/stg/D-STG-SG01.22.1-2014-PDF-F.pdf, Union internationale des télécommunications, 2010-2014.

UIT. «Rôle de l'UIT concernant les questions de politiques publiques internationales ayant trait aux risques d'utilisation des technologies de l'information et de la communication à des fins illicites», https://www.itu.int/en/council/2019/Documents/basic-texts/RES-174-F.pdf, Union internationale des télécommunications, 2014.

UIT. ABI Research. «Global Cybersecurity Index: Conceptual Framework» https://www.itu.int/en/ITU-D/Cybersecurity/Documents/GCI_Conceptual_Framework.pdf, United Kingdom, 2014.

UIT. «Indice mondial de cybersécurité – cinquième édition - Modèle de Référence (méthodologie)», https://www.itu.int/en/ITU-D/Cybersecurity/Documents/GCIv5/513560_2F.pdf, Programme de cybersécurité UIT-D, Union internationale des télécommunications, 2015.

UIT. «Principles and procedures for the allocation of work to, and strengthening coordination and cooperation among, the ITU Radiocommunication, ITU Telecommunication Standardization and ITU Telecommunication Development Sectors», https://www.itu.int/pub/T-RES-T.18-2016, Union internationale des télécommunications, 2016.

UIT. «Guide pour l'Élaboration d'une Stratégie Nationale de Cybersécurité», https://www.itu.int/dms_pub/itu-d/opb/str/D-STR-CYB_GUIDE.01-2018-PDF-F.pdf, ISBN: 978-92-61-27792-5: Union internationale des télécommunications, 2018

UIT. «Transmission of the Report from the former Chairman of GCA High-Level Experts Group (C19/58) », https://www.itu.int/md/S19-CL-C-0058/en, 8 May 2019: Union internationale des télécommunications, 2019.

UIT. «Guide to Developping a National Cybersecurity Strategy (2nd Edition)», https://ncsguide.org/wp-content/uploads/2021/11/2021-NCS-Guide.pdf, Union internationale des télécommunications, 2021-a.

UIT. «A Report Explaining how the ITU is currently utilizing the Global Cybersecurity Agenda (GCA) Framework», https://www.itu.int/dms_pub/itu-s/md/21/cl/c/S21-CL-C-0036!!MSW-E.docx, Union Internationale des Télécommunications, 22 April 2021, 2021-b.

UIT. «Draft Guidelines for Utilization of the Global Cybersecurity Agenda by the ITU», https://www.itu.int/dms_pub/itu-s/md/22/cl/c/S22-CL-C-0032!R1!MSW-E.docx, 2022-a.

UIT. «Draft Information Document for Guidelines for Utilization of the Global Cybersecurity Agenda», https://www.itu.int/dms_pub/itu-s/md/22/cl/inf/S22-CL-INF-0008!!MSW-E.docx, 2022-b.

UIT. «Actes Finals de la Conférence de plénipotentiaires », https://www.itu.int/dms_pub/itu-s/opb/conf/S-CONF-ACTF-2022-PDF-F.pdf, Bucarest: ITUPublications, Union Internationale des Télécommunications, 2022 Bucarest.

UIT. «DRAFT INFORMATION DOCUMENT FOR GUIDELINES FOR UTILIZATION OF THE GLOBAL CYBERSECURITY AGENDA», *Note by the Secretary-General*, https://www.itu.int/dms_pub/itu-s/md/21/cl/c/S21-CL-C-0071!!MSW-E.docx, Union Internationale des Télécommunications, 2022-GCA.

UIT. «Revision of Resolution 45 on mechanisms for enhancing cooperation on cybersecurity, including countering and combating spam», https://www.itu.int/md/meetingdoc.asp ?lang=en&parent=D18-WTDC21-220606-TD-0039, Union internationale des télécommunications, 2022-45.

UIT. «Résolution 50 – Cybersécurité», https://www.itu.int/dms_pub/itu-t/opb/res/T-RES-T.50-2022-PDF-F.pdf, Union internationale des télécommunications, 2022-50.

UIT. «Assemblée Mondiale de Normalisation des Télécommunications: Résolution 58 – Encourager la création d'équipes nationales d'intervention en cas d'incident informatique, en particulier pour les pays en développement», https://www.itu.int/dms_pub/itu-t/opb/res/T-RES-T.58-2022-PDF-F.pdf, Union internationale des télécommunications, 2022-58.

UIT. «Revision of Resolution 64 on Protecting and supporting users/consumers of telecommunication/ information and communication technology services», https://www.itu.int/md/D18-WTDC21-220606-TD-0040/en, Union internationale des télécommunications, 2022-64.

UIT. «Revision of Resolution 67 on the role of the ITU Telecommunication Development Sector in child online protection», https://www.itu.int/md/meetingdoc.asp? lang=en&parent=D18-WTDC21-220606-TD-0029, Union internationale des télécommunications, 2022-67.

UIT. «Revision of Resolution 69 on facilitating creation of national computer incident response teams, particularly for developing countries, and cooperation between them», https://www.itu.int/md/meetingdoc.asp?lang=en&parent=D18-WTDC21-220606-TD-0014, Union internationale des télécommunications, 2022-69.

UN, ITU. «Declaration of Principles - Building the Information Society: a global challenge in the new Millennium», *World summit on the information society; Document WSIS-03/GENEVA/DOC/4-E.* Geneva 2003 - Tunis 2005: https://www.itu.int/net/wsis/docs/geneva/official/dop.html, 2003-2005.

UN - ITU. «Documents finals», *Sommet mondial sur la société de l'information,* Genève 2003 - Tunis 2005: https://www.itu.int/net/wsis/outcome/booklet-fr.pdf, Décembre 2005.

VOO J., HEMANI I., CASSIDY D. «National Cyber Power Index 2022», Cyber Project, https://www.belfercenter.org/sites/default/files/files/publication/CyberProject_National%20Cyber%20Power%20Index%202022_v3_220922.pdf, Cambridge, MA 02138: Belfer Center for Science and International Affairs, Harvard Kennedy School, 2022.

WEF. «Global Cybersecurity Outlook 2023 - INSIGHT REPORT - January 2023», https://www3.weforum.org/docs/WEF_Global_Security_Outlook_Report_2023.pdf, World Economic Forum, in collaboration with Accenture, 2023-a.

WEF. «The Global Risks Report 2023», 18th Edition, ISBN-13: 978-2-940631-36-0, World Economic Forum In partnership with Marsh McLennan and Zurich Insurance Group, 2023-b.

WHITE, G. «The community cyber security maturity model», *IEEE International Conference on Technologies for Homeland Security, 15-17 Nov. 2011, https://doi.org/10.1109/HST18791.2011, pp 173-178,* 2011.

WIPO. «Global Innovation Index 2023, Innovation in the face of uncertainty», 16th Edition, https://www.wipo.int/edocs/pubdocs/en/wipo-pub-2000-2023-en-main-report-global-innovation-index-2023-16th-edition.pdf, 2023.

www.ingramcontent.com/pod-product-compliance
Lightning Source LLC
Chambersburg PA
CBHW081100290526
45795CB00006B/1931